무역대국 한국의 세계무역질서재편에 대한 응전

# 한국의 관세정책의
# 변화와 그 전망

무역대국 한국의 세계무역질서재편에 대한 응전

# 한국의 관세정책의 변화와 그 전망

경영학 박사 장진민 著

KSI 한국학술정보㈜

# 머리말

한국은 무역규모 '5천억 달러 클럽'에 12번째로 가입한 대표적인 무역국가로서 2006년 현재 무역의존도가 70%에 육박할 만큼 국가경제에서 무역이 차지하는 비중이 상당히 큰 나라이다. 실로 무역이 없이는 경제성장과 고용 등 국가경제를 논의할 수 없을 정도이다.

또한 무역규모의 성장속도에 있어서도 눈부신 성장을 거듭하고 있는 한국이 어떠한 관세정책을 시행하여 왔고, 앞으로 어떻게 관세정책을 펼쳐 나갈지 살펴보는 것은 그 자체로도 유의미한 일이다.

특히 1967년 GATT체제 이후 새로운 세계 무역질서를 요구하면서 1995년 출범한 WTO체제 이후 모든 분야에서 개방압력이 거세게 몰아치는 상황에서 대표적인 무역국가로서 어떤 관세정책을 수립하는 것이 바람직한 것인가를 모색하는 것 또한 유익한 논의가 되리라 생각한다.

본서는 정부수립 이후 개방화의 진전에 따른 관세율변화추이에 대하여 개괄적으로 검토·분석하되, 특히 1967년 GATT·MTN체제편입 이후 관세율조정의 성과에 중점을 두고 분석하고, 1995년 WTO

체제하에서 관세율구조가 어떻게 변화하여 왔고, 향후 어떠한 방향으로 변화하는 것이 바람직한 것인가를 제시하고자 한다.

　제1장의 서론은 연구의 목적과 범위, 선행연구동향에 대하여 분석하고, 제2장에서는 이론적 연구에 관련된 부분으로서 관세율 조정의 이론적 기초로 관세율제도 및 정책에 대한 기본개념과 차등・균등관세율제도의 비교분석, 실효보호율에 관한 개괄적 연구, 관세율 관련 정책적인 검토와 새로운 관세율정립을 위한 논의를, 제3장에서는 적정관세율체계정립을 위한 차등관세제도와 균등관세율제도의 의의 및 목적을 점검하고 두 제도의 장・단점 및 보완점에 대하여 검토하면서 MTN체제하에서 그동안 전개하였던 UR관세양허협상까지(1948~93년)의 관세인하성과를 분석하고 DDA에서의 관세협상 전반을 중점적으로 기술하였고, 제4장에서는 한국관세율정립방향에 대하여 1984년 이전의 차등관세율정책의 운용과 평가를 회고하고 1984년 이후 균등관세율정책을 검토한 다음, 2007년 이후 DDA결과에 따른 바람직한 한국관세율정립방향을 제시하였다. 끝으로 제5장에서는 한국의 기본관세율, MTN, 양허관세율, FTA체결에 따른 협상관세율, 역관세율 및 관세율 관련 법률체제 정비방안에 대하여 정책제안을 제시하였다.

　그러나 본서의 저자는 외국인으로서 갖는 한계, 즉 한국어 해독능력, 자료수집・분석능력 등 여러 가지 미흡한 점이 많아 추후 이를 보완하고자 함을 밝혀둔다.

　끝으로 본서가 나오기까지 각별한 관심으로 지도해 주신 이춘삼 교수, 자료의 수집과 분석에 조언을 아끼지 않으신 윤영한 박사, 이

광범 박사, 이재영 박사, 본서의 출판을 허락해 주신 한국학술정보
주식회사와 출판사업부 임은정 님 등 여러분들께 마음으로부터 감사
의 뜻을 전하고, 특히 6년이라는 짧지 않은 유학기간 동안 물심양면
으로 보살펴 주신 부모님, 사랑하는 동생 장진화, 장진보에게 이 책
을 바친다.

2007. 12. 29.

장진민

차 례

# 제3장
# 한국 관세율구조의 변화와 특징 ·······························85

# 제5장
# 결 론 ·····················································223

# 참고문헌 ·····················································235

# 제1장

# 서   론

## 제1절 연구의 목적

　한국은 무역법(1957년), 외국환관리법(1961년), 관세법(1949년) 등 이른바 '무역관계 3대 법규'를 각각 제정하고 경제의 국제화·글로벌화를 통한 통상국가 기틀을 마련하는 데 성공한 대표적인 『벤치마킹(bench marking)』대상 국가에 속한다. 그동안 『포지티브 리스트 시스템(positive list system)』에서 『네거티브 리스트 시스템(negative list system)』으로 무역관리방식을 전환하고(1967년), GATT 1947 가입(1967년), IMF 8조국이행(1988년), OECD선진클럽가입(1996년)을 통하여 수입자유화율(輸入自由化率) 68.6%(1978년)에서 2007년 현재 완전개방단계(쌀 등 소수 유예품목을 제외하고)에 이르고 있으며(99.75%)

수입평균관세율(輸入平均關稅率)도 26%(1949~53년)에서 47.7%(1961년)로, 7.9%(1993년)에서 다시 6.2%(2007년 현재)로 미국의 3.1%(2007년), 일본 2.5%(2007년)보다 높기는 하나, 다른 중진국권 국가보다는 개방도 지수가 우수한 편이다.

한편, 수출규모 1억 달러(1964년), 10억 달러(1971년), 100억 달러(1977년), 1,000억 달러(1995년)를 넘어 현재 세계에서 무역규모 5,000억 달러를 넘어선 12번째 '5,000억 달러 클럽' 국가이기도 한다.

그리하여 무역의존도도 21.0%(1962년)에서 55.6%(1990년)로, 2006년에는 69.3%로 높아졌다. 실로 무역이 없으면 경제성장도, 고용도, 부가가치도 논의할 수 없을 정도로 무역이익을 창출한 모범국가에 속한다.

본 연구는 정부수립 이후 한국의 개방화 진전에 따른 한국 관세율 변화추이에 대하여 개괄적으로 검토·분석하고 특히 1967년 GATT·MTN체제[1]편입 이후 관세율조정(關稅率調整) 성과에 대하여 중점 분석하고자 한다.

한국은 1984년 "관세율인하예시제(關稅率引下豫示制)"를 실시하여 1990년대 중반에 균등관세율체계(均等關稅率體系)를 골간으로 하는 현행 관세율 체계의 기본구조를 확립하였다. 이후 국내외적인 경제환경은 매우 급속한 변화의 과정이 있었는데 특히, 1990년 이후 한국 경제가 급속히 개방되고 산업별로 기술발전도 상당한 속도로 진전됨에 따라 산업구조나 수출입구조에도 적지 않은 변화가 일어났

---

1) GATT/WTO체제하에서의 관세인하협상을 다자간무역체제라고 하며 그 밖의 NAFTA·EU·한칠레·한아세안 등에서 논의하는 관세인하협상체제를 지역무역체제라고 한다. 전자는 최혜국대우원칙이 적용되나 후자는 그렇지 않다는 점에서 서로 다르다.(三宅正太郎, 貿易摩擦とがシト, JTA, 1996, p.57)

다. 한 예로 한국의 생산액에서 제조업이 차지하는 비중에는 큰 차이가 없지만, 서비스업이 차지하는 비중이 증가하는 추세인 반면 농림어업과 광업은 각각 절반 정도 감소하였다. 수출에서도 1990년에는 섬유 및 가죽제품의 수출비중이 가장 높았지만, 2000년대 들어서는 조선·철강·반도체·통신·자동차 등의 산업이 주력 수출산업으로 자리바꿈을 하였다.

또한 WTO체제의 확립과 각종 산업차별적인 조세 및 재정정책 수단의 지양 추세로 인하여 관세율정책이 국내의 자원배분에 미치는 상대적 영향은 오히려 증대한 측면도 있다고 여겨진다. WTO체제하에 최초의 다자간 무역협상인 '도하 개발 의제(Doha Development Agenda, DDA)' 협상이 2001년 11월 카타르의 도하에서 개시됨에 따라 전반적인 양허세율(讓許稅率)의 수준인하와 분야별 무세화(無稅化)가 다시 한 번 진전될 전망이다. 이러한 논의의 진행은 향후 어떠한 형태로든지 한국의 관세율 체계에 직간접적으로 영향을 미칠 수밖에 없다.

현실적으로 관세와 관련된 주요 논의는 WCO라는 실질적 기구[2]가 있음에도 불구하고 WTO라는 기구의 틀에서 다자간협상(多者間協商)으로 논의가 진행되고 있다. 지금도 UR 협상에 따른 양허세율인하(讓許稅率引下)와 분야별 무세화 진전이 한국의 관세율 체계에 상당한 영향을 주고 있지만, DDA 협상이 타결된 이후의 더욱 폭넓은 시장개방은 한국 관세율정책에 중요한 외부적 제약으로 작용할 전망이다.[3]

---

[2] WCO(World Customs Organization)는 관세행정을 논의하는 대표적인 국제기구로서 ① 관세기술 및 관세법규의 국제적 수준에서의 단순화 노력, ② 품목분류 및 평가에 관한 조약의 적응과 해석의 통일, ③ 관세절차에 관한 정보의 국제적 교환 및 기술적 지원의 제공, ④ 관세 분야에 관한 연구와 정부 간 협조지원의 역할을 수행하고 있다.

본 연구는 이러한 상황을 염두에 두고 현재까지의 한국 관세율 체계의 변화와 특징들을 살펴보고, 최근 급격하게 변하고 있는 경제 환경을 고려하여 현재까지 진행되고 있는 논의의 주요 현안들과 각국의 논의 동향 및 입법체계 등을 살펴보고자 한다. 이를 통하여 관세율의 변화 방향성에 대하여 거시적 측면에서 전망함과 동시에 이러한 전체적 틀 속에서 한국의 관세 정책 수립에 있어 최적의 대안을 도출해 보고자 한다.

초기 한국의 관세정책(關稅政策)은 주로 재정정책적인 측면에서 재정수입을 목적으로 수립되었다. 그러나 GATT체제 편입에 따른 경제발전과 무역의 확대를 주요한 정책목적으로 설정함에 따라 관세가 무역정책적인 측면에서 중요한 비중을 갖고 다루어지게 되었다. 더욱이 세계경제의 개방화추세에 따라 무역정책의 수단으로서의 관세의 기능은 한층 강화되고 있으며 이에 따라 대부분의 국가들을 국내 경제여건의 변동에 신속하고 적절하게 대응할 수 있도록 관세제도를 서둘러 정비하기에 이르렀다.

한국에 근대적인 관세제도가 실시된 것은 1880년 '한·일 통상협정' 체결 이후이다. 그러나 한·일 합병 이후 한국이 자주적인 관세제도를 수립한 것은 1948년 정부수립 이후로 거슬러 올라간다.[4]

---

3) DDA 협상은 2007년 5월 현재 잠정적으로 중단된 형태이다. 실제로 2006년 7월 WTO 사무총장인 파스칼 라미(Pascal Lamy)는 "DDA의 모든 분야 협상을 일시적으로 중단한다(suspend)"고 선언하기도 하였다. 그러나 현재 DDA 협상은 분야별로 논의되기 시작되고 있으며, 2007-8년도를 거치면서 본격적으로 논의가 재개될 것으로 보는 견해가 우세하다. 왜냐하면 모든 회원국들이 WTO 중심의 다자간 무역체제의 중요성과 필요성을 절실하게 인식하고 있기 때문에 종국적으로는 DDA 협상의 타결은 시간의 문제일 뿐 결국에는 합의될 것으로 보는 견해가 우세하다.

4) 한국의관세사에 대한 자세한 내용은 이춘삼, 한국관세 100년사, 관세청 1978. 참조, 한편 세계관사에 대한 자세한 분석은, 朝倉弘敎, 世界關稅

그 후 한국의 관세율정책은 1950년대와 1960년대에는 재정수입 확보에 우선순위를 두었다. 당시 한국의 경제발전수준이 매우 미약하고 무역량이 그렇게 많지 않았던 관계로 1960년대와 1970년대까지만 해도 수입조정을 위한 무역정책으로서 직접규제방식을 주로 채택하였고 관세의 비중은 상당히 미약하였다.

그러나 1980년대 중반 이후 개방화, 국제화의 추세와 그에 따른 한국 국내기업의 효율성 제고를 위한 민간주도형(民間主導型) 시장경제체제(市場經濟體制)의 정비를 목표로 직접규제방식을 점진적으로 지양해 나갈 수밖에 없었으며, 이에 따라 가격기구에 의한 간접규제방식인 관세의 중요성이 높게 되었다.

그런데 중요한 무역정책수단으로서의 관세에 의한 무역의 보호효과는 여러 요인들에 의해서 복합적으로 결정되고 있으며, 또한 관세 이외의 보호수단에 의한 여러 가지 보호조치와 동시에 취해지고 있는 상황에서는 관세만으로 제반 영향 정도를 평가한다는 것은 별로 의미가 없게 되었다.

특히, 1995년 WTO 출범 이후 제 분야에서 개방이 확산되기 시작한 한국의 경제는 수입자유화율인상 및 관세율인하라는 동시 개방속도를 거의 선진국수준으로 접근하기에 이르렀다. 이에 본 연구는 한국 및 세계경제환경의 변화에 따라 한국정부수립 이후 현재까지 58여 년 기간 동안 특히 1967년 GATT 다자간 무역체제편입 이후와 1999년 신WTO MTN 체제강화 후 한국의 관세율 구조가 어떻게 변화되어 왔고 향후 어떠한 방향으로 재정립되어야 할 것인가를 분석하는 데 목적을 두고 있다.

---

史研究, JTA 1975. 참조.

# 제2절 연구의 범위와 방법

## 1. 연구의 범위

관세에 관한 연구는 관세율 이론·정책 분야, 관세법 및 제도 분야, 관세 행정 및 실무 분야, 관세사(關稅史) 및 비관세연구 분야로 대별되는데, 본 연구는 관세율정책을 기본으로 하되 관련법제 및 관세사를 연계하여 복합적이고도 총체적인 연구를 수행하고자 한다.

여러 국가에서 다자간무역체제하에 관세율조정이 있었으나, 한국은 어떠한 기조하에 한국산업과 관세율조정을 시대별로 조화·정립하여 왔는가를 분석하고자 한다. 따라서 제1장의 서론은 연구의 목적과 범위, 선행연구동향에 대하여 분석하였다. 제2장에서는 이론적 연구에 관련된 부분으로서 관세율 조정의 이론적 기초로 관세율제도 및 정책에 대한 기본개념과 차등·균등관세율제도의 비교분석, 실효보호율(實效保護率)에 관한 개괄적 연구, 관세율 관련 정책적인 검토와 새로운 관세율 정립을 위한 논의점에 대하여 연구하였다.

제3장에서는 적정 관세율체계 정립을 위한 차등관세제도(差等關稅制度)와 균등관세율제도(均等關稅率制度)의 의의 및 목적을 점검하고 두 제도의 장·단점 및 보완점에 대하여 검토하였다. 아울러 MTN 체제하에서 그동안 전개하였던 UR관세양허협상(關稅讓許協商)까지 (1948~93년)의 관세인하성과를 분석하고 DDA에서의 관세협상전반

(關稅協商全般)을 중점적으로 논의하였다.

제4장에서는 한국관세율 정립방향에 대하여 1984년 이전의 차등관세율정책의 운용과 평가를 회고하고 1984년 이후 균등관세율정책을 검토한 다음, 2007년 이후 DDA결과에 따른 바람직한 한국관세율 정립방향을 제시하였다.

끝으로 제5장에서는 연구 결론을 요약하고 한국의 기본관세율, MTN, 양허관세율, FTA체결에 따른 협상관세율, 역관세율 및 관세율 관련 법률체제 정비방안에 대하여 정책제안을 제시하였다. 그러나 본 연구자는 외국인으로서 갖는 한계, 즉 한국어 해독능력, 자료수집·분석능력 등 여러 가지 미흡한 점이 많아 추후 동 연구 분야에 대한 심도 있는 추가연구를 통하여 이를 보완하고자 함을 밝혀둔다.

## 2. 연구의 방법

본 연구의 목적을 달성하기 위하여 다음과 같은 연구 방법론을 활용하기로 한다. 우선, 다자간체제하에서 한국의 관세율조정의 연구·조사를 위해서 한국의 관세율(關稅率)의 변천추이, 실효보호율, 차등관세율 그리고 균등관세율제도 등에 관한 계량화된 자료 제시가 필수적이므로 본 연구를 전개함에 있어서 관세율과 관련한 시대별 도표를 제시하여 분석 및 평가하고자 한다.

과거의 관세율조정 정책에 관한 자료는 내용의 신뢰성을 위하여 각종의 분석자료, 정책자료 및 참고도서를 인용하여 활용하기로 한다.

이를 위하여 주요 관세관련 문헌·자료 등은 산업자원부 및 관세청의 각종 발표 자료 및 정책 등을 중심으로 하고 관련 분야의 주요 연구기관으로는 한국무역협회(KITA), 한국무역투자진흥공사(KOTRA)를 비롯하여, 한국조세연구원, 한국관세무역연구원 등의 자료와 관련 web-sites를 이용하여 한국의 관세율조정에 관한 내용을 참고하였으며, 한국의 각종 무역통계는 정부에서 발간한 자료를 수집하여 다자간무역체제하의 한국의 관세율조정 정책의 변천추이를 고찰하였다.

# 제3절 선행 연구의 동향

본 연구와 관련된 선행연구는 다음의 표에서 보는 바와 같이 매우 다양하다. 이와 관련된 연구는 1970년대부터 시작되었다고 볼 수 있는데, 연구 초기에는 관세율이 가지는 경제적 효과가 어떻게 되며, 이를 기반으로 관세 관련 정책을 어떻게 수립하여야 하는가가 가장 큰 연구의 대상이었다.

1970-80년대에는 관세율정책에 대한 연구가 주류를 이루고 있는데, 특히 GATT체제의 진화가 거듭됨에 따라 관세율이 점차 인하되는 흐름 속에서 각국의 관세 관련 정책의 지침과 방향성을 어떻게 설정할 것인가가 가장 큰 관심사를 이루었던 것으로 보인다. 1990년대 이후의 연구에서는 WTO체제의 본격화와 FTA에 따른 지역협정

체결에 따른 당해 국가 간의 최적 관세율도출(最適 關稅率導出)에 초점을 맞춘 연구로 연구 방향이 변해가고 있음을 알 수 있다.

한국 내의 최적관세(最適關稅)와 관련된 연구들은 순수하게 이론적인 연구들과 한국의 현황을 반영하여 최적관세율을 계산하려 한 연구들로 구분할 수 있다.

전자의 예로 이준구(1985),[5] 이기동·유건우(1998)를[6] 들 수 있다. 이준구(1985)는 부분균형모형을 이용하여 국내시장 독점기업이 있는 경우 수출규모 최대화라는 정책목표를 갖는 정부 입장에서의 최적관세율정책을 논하고 있다. 이기동·유건우(1998)는 2국 복점(duo-poly) 모형을 이용하여 반덤핑법의 유무에 따른 각국의 사회적 총 후생(總厚生) 최대화를 위한 관세전략을 논하고 있다. 이상의 연구들은 모두 부분균형모형(部分均衡模型)을 이용하고 있으며 실제 한국 경제의 현실을 고려한 구체적 최적관세의 계산은 시도하고 있지 않다.

〈표 1-1〉 관세 분야에 대한 한국과 다른 국가 주요 연구논문

| 저자(연도) | 논문제목 | 비 고 |
|---|---|---|
| 이춘삼(1983) | 한국의 관세율정책결과에 대한 체계적 분석 | 산학재단 연구용역과제 |
| 이준구(1984) | 관세율촉진을 위한 최적관세이론 | 한국경제학회 |
| 이춘삼(1997) | 21세기 한국 관세정책·행정 발전방향연구 | 관세청 연구용역과제 |
| 이춘삼(1990) | 개방경제시대에 대응한국관세환급제도의 효율적 운영방안 | 재경부 연구용역과제 |
| 류경덕(1989) | 실효보호율 측정에 의한 관세율조정에 관한 연구 | 무역학회지 |

---

5) 이준구, "수출촉진을 위한 최적관세 이론", 『경제학연구』, 한국경제학회, 1984.
6) 이기동·유건우, "불완전경쟁 시장에서의 반덤핑법의 수입과 최적관세의 결정", 『국제경제연구』, 한국국제경제학회, 1998.

| 저자(연도) | 논문제목 | 비 고 |
|---|---|---|
| 선근태・최봉(1996) | 한국산업부문의 실효보호관세율에 관한 연구 | 무역학회지 |
| 이용기(1998) | 무역자유화와 한국수입농산물의 최적 관세율 결정 | 한국경제학회 |
| 정재호・이명헌(1999) | WTO뉴라운드에 대비비 관세율정책의 현황과 개편방향 | 한국조세연구원 |
| 정재호・이명호(2003) | 기본관세율 전면개편을 위한 적정중심 관세율 및 가공단계별 세율 차등폭에 대한 분석 | 한국조세연구원 |
| 이춘삼(2000) | 한국관세제도 전면개편에 관한연구 | 재경부 연구용역과제 |
| 이원영(2000) | 관세율조정의 경제 효과분석 | 한국개발 연구원 |
| 박상태(2002) | 한국관세율체계의 적정성과 개선방향에 관한연구 | 건국대 박사학위논문 |
| 김용대(2005) | 연산 일반균형모형을 이용한 한국의 관세인하 정책의경제적 효과 분석 | 단국대대학원박사 학위논문 |
| Corden, W・M(1994) | Import Restriction and Tariff | Oxfort: Clorendon press |
| Corden, W・M(1994) | Trade policy and Economic Welfare | Oxfort: Clorendon press |
| Johson, H・G | Tariffs and Economic Development | MIT press |
| OECD(1997) | Indicators of Tariff & Non−tariff | OECD |
| 津田昇(1971) | 關稅制度入門 | 海文堂 |
| 野奇正剛(1980) | 東京 라운드의 全貌 | 日本關稅協會 |
| 朝倉弘教(1983) | 世界關稅史研究 | 日本關稅協會 |
| 池本淸(1983) | GATTと關稅理論 | 國際問題 |
| 三宅正太郎(1985) | 貿易摩擦とがシト | 日本關稅協會 |
| 日本大藏省(1988) | 관세율표론 | 日本大藏省關稅研究所 |

한편, 한국의 현황을 반영하여 최적관세율을 구체적으로 계산하려한 연구들로는 이용기・양승만(1995)[7]과 이용기(1998)[8]를 들 수 있

---

7) 이용기・양승만, "쇠고기 수입자유화의 경제적 효과와 최적관세율", 『산경연구』, 영남대학교 산경연구소, 1995.
8) 이용기, "무역자유화와 한국 수입농산물의 최적관세율 결정", 『경제학연구』, 한국경제학회, 1998.

다. 이 가운데 이용기·양승만(1995)은 부분균형모형을 이용하여 쇠고기 수입자유화 시에 농민의 생산자 잉여에 가중치를 부여한 사회의 총 후생 최대화를 위한 최적관세율을 계산하고 있다. 이용기(1998)는 일반균형모형(一般均衡模型)의 틀 안에서 다른 부문의 관세율을 조정할 수 없고 특정부문의 관세율만이 조정 가능한 상황에서 사회적 후생을 최대화하기 위한 차선(second best)의 최적관세율 조건을 도출하고 이것을 한국의 주요 수입 농산물에 적용하여 품목별로 구체적인 최적관세율을 계산하였다. 이러한 이용기(1998)의 연구는 최적관세의 문제를 일반균형의 틀 안에서 다루고 이를 한국의 구체적 상황에 적용하고 있다는 점에서 의의가 있다. 그러나 한 품목의 최적관세를 도출할 때 다른 모든 품목들의 세율은 변경 불가능한 상황을 전제로 하고 있어서 전반적인 관세율 체계를, 일정한 제약하에서, 사회적 후생을 최대화하기 위해 어떻게 조정하는 것이 좋은가 하는 것은 논의하고 있지 않다. 이상의 검토에서 알 수 있듯이 한국에서 일반균형모형에 입각한 최적관세율 계산에 입각한 연구는 찾기 어려운 실정이다.

다른 한편, 일반균형계산모형은 국내외를 막론하고 관세율의 변화를 비롯하여 조세 및 각종 정책의 변화가 경제 전반에 미치는 영향을 평가하기 위해 폭넓게 사용되고 있다. 그런데 한국의 경우 현실적으로 논의되고 있는 정책의 시나리오의 경제적 효과를 예측하기 위해서 일반균형계산모형이 사용되는 예는 많으나, 최적의 조세정책 바로미터를 찾기 위해 일반균형계산모형이 사용된 예를 찾기는 힘들다.[9]

---

9) 조세정책 분야가 아닌 주제와 관련해서는 신동천·윤덕룡(1999)이 북한 경제에서 투자의 우선순위를 계산하기 위해 일반균형계산모형을 사용한 바가 있다.(신동천·윤덕룡, "통일비용과 적정투자배분", 『경제학연구』, 1999.)

이상과 같은 선례연구를 참조하여 본 연구는 GATT / WTO의 MTN 체제하에서 한국 관세율 구조의 큰 변화, 즉 차등관세율체제(Tariff Escalation Rate System)의 채택과 그 운용성과와 균등관세율체제(Uniform Tariff Rate System) 채택·운용시기의 산업구조 변화 등을 정리함으로써 향후 관세정책을 수립할 때 중요한 기초자료로 활용될 수 있을 것으로 기대된다.

# 제2장

# 관세율 체계 분석

## 제1절 관세율정책 일반론

### 1. 관세율정책의 의의

관세율정책(關稅率政策)은 수출입 상품에 대한 관세율의 수준을 결정하는 정책으로서 관세정책 중에서 가장 중요한 정책이다. 관세율정책은 산업구조를 결정하고 무역규모와 정부의 재정정책에도 중요한 영향을 미치며 물가정책과도 연관이 크다. 지난날 한국의 무역정책과 산업정책은 수출을 장려하고 수입을 제한하는 기조하에서 관세율정책과 관세 이외의 정책수단, 즉 비관세장벽(非關稅障壁)[1]의 수단을 가지고 이를 효과적으로 조정하여 왔다. 그러나 UR 협상에 의거 성립된 WTO의 기본목표는 국제간에 교역되는 모든 상품의 관세화를 통하여 완전한 자유무역을 추구하는 데 있다. 따라서 종전과 같이 비관세장벽의 수단을 사용할 수가 없게 되었으며, 관세율정책만이 산업조정과 통상정책을 위한 유일한 대외적 수단으로 남게 되었다.

산업정책과 관련한 관세정책[2]으로는 관세율정책을 포함하여 관세감면, 관세 환급, 보세제도 및 최근에 도입을 추진한 자유무역지역제도(自由貿易地域制度) 등이 있으며 그중에서도 수입물품에 대한 관세율정책이 한국에서는 산업정책 또는 무역정책에 가장 큰 영향을 미쳤다고 할 수 있다.


## 1) 관세율의 개념

관세율은 수입물품에 대하여 적용되는 세율을 말하며 수입물품에 대한 관세는 "과세표준×관세율=관세액"에 의하여 계산되게 된다. 여기서, 종가세(從價稅)인 경우 과세표준은 물품의 과세가격, 관세율은

---

1) 비관세장벽(non－tariff barrier: NTB)은 관세 이외의 방법으로 정부가 외국물품의 수입을 억제하려는 정책으로서 수량제한, 수입허가제, 각종 과징금, 외환할당 등 직접적으로 무역을 제한하는 방법과 보건, 위생검사, 내국세제도 등 간접적으로 무역을 제한하여 국내산업보호와 수출을 장려하기 위한 정책 수단을 말한다.
2) 관세정책에서 좁은 의미의 관세정책은 관세율, 보세제도, 관세의 부과와 정수에 수반되는 정책을 의미하며, 넓은 의미로는 자유항, 관세동맹, 자유무역지대에 관한 정책 등으로 나눌 수 있다.(林泓根·姜二秀, 『關稅法』, 三英社, 1976, p.87.)

백분율(%)이 되고, 종량세(從量稅)인 경우 과세표준은 물품의 과세 수량, 관세율은 1단위 수량당 금액으로 나타나게 된다.


## 2) 관세율의 체계

관세율 체계를 구분할 때 후술하는 바와 같이 균등관세율체계와 차등관세율체계로 크게 구분할 수 있다. 차등관세율체계는 품목별로 모두 다른 관세율을 적용하는 체계를 의미하며, 반면 균등관세율체계는 품목별로 균등한 단일세율(單一稅率)을 적용하는 경우를 의미한다.

한편, 중심관세율체계(中心關稅率體系)는 균등관세율체계와 차등관세율체계의 중간개념으로 전체 품목에 대해 동일한 관세율을 적용하는 것은 아니지만, 대부분의 품목에 대하여 일정한 중심세율을 적용하는 경우를 의미한다. 따라서 균등관세율체계에 더 가까운 개념이지만 모든 품목에 균등한 세율을 적용하지는 않는다는 차이점이 있다. 현재 한국 관세율 체계가 대부분의 품목에 대하여 중심관세율 8%대를 점유하고 있다.[3]


## 3) 관세율의 종류

관세율을 크게 나누면 기본관세율(基本關稅率), 탄력관세율(彈力關稅率), 양허관세율(讓許關稅率)이 있다. 우선, 기본관세율은 한국 의

---

3) 정재호・류덕현, "우리나라 산업구조 및 실효관세율 변화 연구", 한국조세연구원, 2004. 12, p.17.

회에서 법률의 형식으로 제정한 세율을 말하며, 관세법 별표 관세율표에 품목별 세율이 기재되어 있으며, 탄력관세율은 탄력관세제도(Flexible Tariff System)에 의해 적용되는 세율을 의미한다.

여기서 '탄력관세제도'란 관련 법률에 의하여 일정한 범위 안에서 관세율의 변경권(變更權)을 행정부에 위임하여 관세율을 탄력적으로 변경할 수 있도록 함으로써 급격하게 변동하는 국내외적 경제여건 변화에 신축성 있게 대응하여 관세정책을 보다 효과적으로 수행하는 제도이다.

이러한 탄력관세율의 종류에는 다음과 같은 것이 있다.

① 덤핑방지관세(관세법 제51조 내지 제56조)는 외국의 덤핑판매에 대하여 국내 산업을 보호할 필요가 있을 경우 부과된다.

② 상계관세(관세법 제57조 내지 제62조)는 외국에서 보조금 또는 장려금을 받은 물품의 수입으로 인한 국내산업의 피해방지를 위하여 부과되는 것이다.

③ 보복관세(관세법 제63조 및 제64조)는 한국의 무역이익을 침해하는 나라로부터 수입되는 물품에 대하여 피해상당액의 범위 안에서 관세부과 것이다.

④ 긴급관세(관세법 제65조 내지 제67조)는 특정물품의 수입증가로 인하여 국내 산업이 피해를 받거나 받을 우려가 있을 때 부과되는 제도이다.[4]

⑤ 농림축산물에 대한 특별긴급관세(관세법 제68조)는 국내외가격차에 상당한 율로 양허한 농림축산물의 수입물량이 급증하거나 수입가격이 하락하는 경우 양허한 세율을 초과하여 부과하게 된다.

⑥ 특정국물품 긴급관세(관세법 67조의 2)는 국제조약 또는 일반적

---

4) 2007년 현재 긴급관세부과 품목에는 깐마늘(HSK 0703.20−1000), 냉동마늘(HSK 0710.80−2000), 초산조제마늘(HSK 2001.90−9060) 등이 있다.

인 국제법규에 의하여 허용되는 한도[5](限度 cell ceiling) 안에서 대통령령이 정하는 국가를 원산지로 하는 물품이 들어와 국내 시장을 교란할 때 부과되는 관세이다.

⑦ 조정관세(관세법 제69조 및 제70조)는 물품 간 세율불균형 해소, 국민보건, 환경보전, 소비자 보호, 국내 시장 및 산업기반 보호 등을 목적으로 부과하게 된다.

⑧ 할당관세(관세법 제71조)는 특정물품의 수입촉진, 수입가격이 급등한 물품의 국내가격 안정, 세율불균형 해소를 목적으로 특정 물품의 수입에 대하여 일정한 수량의 쿼터를 설정하여 놓고 그 수량 또는 금액만큼 수입량에 대하여는 무세 내지 저세율을 적용하고 그 이상 수입량에 대하여는 고세율이 적용된다.

⑨ 계절관세(관세법 제72조)는 가격이 계절에 따라 현저하게 차이가 있는 물품으로서 동종물품, 유사물품, 대체물품의 수입으로 인해 국내시장 및 산업이 피해를 받거나 받을 우려가 있을 때 부과되는 것이다.[6]

⑩ 편익관세(관세법 제74조 및 제75조)는 관세에 관한 조약에 의해 관세상의 편익을 받지 아니하는 특정국가에서 생산된 특정 물품이 수입될 때 기존 외국과의 조약에 의해 부과하고 있는 편익의 한도 내에서 관세에 관한 편익을 부여하는 것이다.[7]

한편, 양허관세율(국제협력관세)은 한국의 통상과 대외무역증진을

---

5) 한도양허(cell ceiling binding) 미양허 품목에 대해 현행 관세보다 높은 세율을 정해 그 이상으로는 올리지 않겠다고 양허하는 것을 의미. UR 농산물협상에서 국내·외 가격차만큼의 관세 상당치보다는 낮은 세율로 양허한다는 의미한다.
6) 2007년 현재는 부과품목 없음.
7) 편익관세의 적용대상국가와 관련된 사항은 "관세법 시행령 별표 1" 참조.

위하여 특정국가 또는 국제기구와 조약 또는 통상협정 등으로 정한 세율이다. 양국 간 협정에 의한 세율 또는 다국 간 협정에 의한 세율로 분류할 수 있는데, WTO협정 일반 양허관세율, WTO협정 개도국 간의 양허관세율, 방콕협정 양허관세율, 개발도상국 간 무역특혜제도(GSTP) 양허관세율, 특정국가와의 관세협상에 따른 국제협력관세율이 있다.

이러한 양허관세율이 적용대상 국가를 살펴보면, 협정세율은 협정의 종류에 따라 당해 협정에 가입한 국가에서 생산된 물품에 한하여 적용이 가능하므로 원산지 증명서에 의거 원산지를 확인하고 양허세율을 적용하게 된다. 이러한 협정종류별 적용대상국은 다음과 같다.

WTO협정 일반 양허세율은 총 150개국에 적용되는데 분야별로는 WTO협정비준국(미국, 영국, 일본 등 138개국), 편익관세적용국(중국, 러시아 등 36개국), 쌍무협정에 규정된 최혜국조항적용국(네팔, 대만 등 10개국)으로 분류할 수 있다. 또한 WTO협정 개도국 간 양허관세, 방콕협정, GSTP(해당협정 가입국), 특정국가와의 관세협상에 따른 국제협력관세(WTO양허세율적용국가) 등이 있다.

〈표 2-1〉 한국의 관세율 부과순위

| 순 위 | 관세율 및 내용 |
|---|---|
| 1순위 | 덤핑관세율, 보복관세율, 긴급관세율, 농림축산물에 대한 특별긴급관세율, 상계관세관세율 |
| 2순위 | 편익관세율, 국제협력관세율. 단, 3, 4, 5, 6 순위 세율보다 낮은 경우에만 적용하고 농림축산물 양허 관세율(WTO 별표 1나 및 3다)은 잠정관세율 및 기본관세율보다 우선 적용함 |
| 3순위 | 조정관세율, 계절관세율, 할당과세율(할당관세율의 경우 일반특혜관세율보다 낮은 경우에 한하여 우선 적용함) |
| 4순위 | 일반특혜관세율 |
| 5순위 | 잠정관세 |
| 6순위 | 기본관세 |

자료: 관세법의 규정을 참조작성.

양허세율의 적용은 기본세율·잠정세율·조정관세율·계절관세율·할당 관세율에 우선하여 적용된다.[8] 다만, WTO양허관세규정 별표 1의 나 및 3의 다 세율(농림축산물 양허관세)은 기본세율 및 잠정세율에 우선하여 적용된다.


### 4) 관세율결정의 의의

관세율이란 수입물품의 가격과 관세액과의 관계를 나타낸 것(즉 과세표준×관세율＝관세액)으로 과세표준과 함께 관세액을 결정하는 주요 요소이다.

관세는 관세율 조정을 통하여 국내산업보호와 자원의 배분기능, 재정수입확보기능, 소득의 재분배기능, 소비억제의 기능, 교역조건개선 및 국제수지개선기능 등을 발휘할 수 있게 되므로 관세율은 관세정책의 근간을 이룬다고 볼 수 있다.

일국의 관세율을 결정함에 있어서는 그 나라의 경제여건(즉 산업의 보호육성, 물가의 안정, 고용의 증대 등), 재정상태, 외국과의 경제적·정치적 관계, 국민경제상의 긴요성 등을 종합적으로 고려하여 조정되는 것이다. 일반적으로 생활필수품 경과·사치품 중과 및 원료품경과·완성품중과의 두 가지 원칙이 있다.

생활필수품경과(生活必需品輕課) 사치품중과(奢侈品重課)원칙이란 생활필수품의 세율은 낮게 하고 사치품의 세율은 높여서 국민생활의 안정을 도모하고 사치와 낭비풍조를 억제하려는 경제정책적 측면과 사회정책적 목적에서 나온 것이다.

---

8) 단, 양허세율이 낮은 경우에만 우선 적용된다.

원료품경과(原料品輕課) 완성품중과(完成品重課)원칙이란 관세율표에 모든 물품을 종류마다 가공단계별로 게기하여 놓고 저가공의 물품에는 저세율(低稅率)로, 가공도가 높아감에 다라 점차 고세율(高稅率)로 함으로써 고가공제품의 수입을 억제하여 국내가공·제조업을 육성하고 고용증대, 국제수지개선 등의 효과를 올리려는 데 목적이 있다.

또한 조세법률주의(租稅法律主義)에 의거 관세율을 제정하거나 개정하려면 입법절차를 거쳐야 하나, 오늘날 급변하는 경제정세하에서는 관세정책도 신속한 대처가 요망되므로 관세율의 조정방안으로 탄력관세제도를 도입하게 되었다.[9] 이 밖에 일국의 관세율을 어떻게 정하느냐에 관하여 실효보호관세율과 최적관세율이론이 도입되고 있다.


## 5) 재정관세율의 결정

관세는 원래 재정수입을 목적으로 부과되었지만 오늘날의 관세는 재정수입 목적보다 오히려 국내산업보호에 역점을 두고 있다. 그러나 여기서는 이론을 단순화를 하기 위하여 관세가 오직 재정수입만을 위하여 부과한다고 가정하고 재정수입의 극대화를 위하여 어떠한 수준에서 관세율을 결정하여야 할 것인가를 살펴보기로 한다.

관세율이 지나치게 높으면 수입량이 줄게 되어 재정수입도 감소될 것이며 관세율이 과도히 낮으면 수입량은 증대될지 모르나 재정수입

---

9) 한국에서의 탄력관세제도 도입은 1967년 제15차 관세법 개정 시 GATT 가입을 계기로 국내산업의 적정보호, 국내물가안정도모, 자원의 안정적 확보, 세율불균형시점을 목적으로 도입하게 되었다.(본 제도에 대한 상세분석은 이춘삼, 한국통상법, 1999, 법문사. pp.428-47 참조.)

은 오히려 축소될 것이다. 그러나 실제에 있어서 관세율이 재정수입의 극대만을 위하여 결정되는 경우는 거의 없고 산업구조·경제개발·재정수요 등을 고려하여 결정되며 재정관세율(財政關稅率)은 일국의 총재정수요(總財政需要)의 크기에 따라 정책적으로 결정된다.


## 6) 보호관세율의 결정

국내산업의 보호를 위해 관세를 부과하게 되는 이유는 국산품과 동일한 외국물품이 국산품보다 저렴하게 수입됨으로써 국내 산업을 위협하기 때문이다. 특히 무역거래가 자유화되면 우수한 품질의 외국물품이 저가로 수입되어 국내 산업을 위협하게 된다. 그리하여 국내 산업을 보호육성하기 위해서는 외국에서 수입되는 물품에 대해 적절한 관세를 부과하여 가격을 인상시켜 줌으로써 국산품에 대하여 경쟁력을 제고시켜 주어야 한다. 이처럼 국산품에 대한 국제경쟁력을 제고시켜 주기 위한 관세율을 책정하기 위하여 제품의 국내가격과 국제가격(수입가격)과의 차이를 분석한 국내외 가격차액율(價格差額率)이 고려되어야 한다. 이때의 관세율은 100%로 결정되어야 한다.

$$관세율 = \frac{외국산품가격 - 국산품가격}{외국산품가격} \times 100 = 국내외가격차율$$

이와 같이 세율을 결정하는 요소 중에서 가장 중요한 것이 내외가격차라고 할 수 있지만 이 밖에도 여러 가지 요소가 있다. 가령 중요산업용 기계·기구와 같이 내외가격차는 크지만 그 차이만큼 그대로 관세를 부과한다면 오히려 공업발전을 저해할 우려가 있으며, 사치성물품과 같이 내외가격차는 크지 않지만 그만큼의 관세부과로서는 국내 산업을 충분히 보호할 수 없는 경우가 있다. 그리하여 관세율은 내외가격차 이외에도 부가가치라든가 국민경제상의 긴요성·가공도 등 제반 여건을 고려하여 결정된다.


## 2. 차등관세율체계


관세율체계를 구분할 때, 균등관세율체계와 차등관세율체계로 크게 구분할 수 있다.[10] 차등관세율체계는 품목별로 모두 다른 관세율을 적용하는 체계를 의미하며, 반면 균등관세율체계는 품목별로 균등한 단일 세율을 적용하는 경우를 의미한다.

한편, 균등관세율체계와 차등관세율체계의 중간개념으로서 '중심관세율체계'도 생각할 수 있는데, 이는 전체 품목에 대하여 동일한 관세율을 적용하는 것은 아니지만, 대부분의 품목에 대하여 일정한 중심세율을 적용하는 경우를 의미한다.[11]

후술하는 실효보호관세론에 의하면 일반적으로 중간투입재의 관세율

---

10) 정재호·류덕현, "우리나라 산업구조 및 실효관세율 변화 연구", 『정책보고서 04-03』, 한국조세연구원, 2004. pp.17-18.
11) 따라서 중심관세율 체계는 균등관세율 체계와 더 근사한 개념으로 볼 수 있지만, 모든 품목에 균등한 세율을 적용하지 않는다는 점에서 차이가 있다고 볼 수 있다. 한국의 관세율 체계는 그 대표적인 사례로 볼 수 있으며, 실제로 대부분의 품목에 대하여 중심세율 8%를 적용하고 있다.

이 낮아야 완제품의 실효보호율(實效保護率)이 높다는 결론에 도달한다.[12] 실제로 1960년대 선진국들의 관세구조는 전형적으로 수입원재료에 대해서는 관세를 면제하는 반면, 완제품의 수입에 대해서는 관세를 높게 부과하였기 때문에 그들의 관세구조가 겉보기보다는 오히려 보호주의적이었음을 지적한 것은 바로 실효보호관세론자들이었다.[13]

이와 같이 대부분의 선진국들의 관세구조는 가공도가 높음에 명목관세율도 높은 소위 "Tariff Escalation"현상을 보이고 있다. 그 결과 선진국들의 관세구조는 결과적으로 후진국의 공업화를 저해하는 장애가 된다는 지적이 많았다.[14] 왜냐하면 후진국의 저가공 수출품에 대한 실효보호는 낮으나 선진국 간에 이루어지는 고가공산품에 대해 실효보호 비율이 상대적으로 높기 때문에 후진국의 수출은 부가가치가 낮은 상품의 수출에 치중하지 않으면 안 되었기 때문이다.

한편, 후진국이 스스로 차등관세구조(差等關稅構造)를 취할 때의 문제점으로는 소비재의 수입대체를 촉진하거나 또는 자본재와 고부가가치의 중간재를 필요로 하는 상품은 항상 해외에 의존하게 되어, 그 결과 국제수지의 악화를 초래하여 스스로 성장을 제한(self-limiting type of growth)하게 된다.

그러나 명목관세율(名目關稅率)의 차등화가 바로 실효보호율의 차등화를 뜻할 수도 있지만, 일반적으로 투입비율이 각각 상이하고 투입방식이 다르므로 반드시 명목관세율의 차등화(差等化)가 실효보호

---

12) 정재호 외, "관세율 체계 개선을 위한 연구: 국제비교 및 일반균형 모형의 응용", 『정책보고서 03-03』, 한국조세연구원, 2003, p.102.
13) M. B. Krauss, "A Geometric to International Trade", Oxford, Basil Blackwell, 1979, p.50.
14) H. G. Johnson, "The Theory of Effective Protection and Preference", op. cit., pp.337~339.

율의 차등화를 가져오는 것은 아니다.

이렇게 본다면 차등관세구조는 자원배분의 효율성을 저하시킬 수도 있다. 왜냐하면 과도한 차등구조로 인해 비효율적인 수입대체산업의 육성이나 중간재의 해외의존(海外依存)을 유발시킬 수 있기 때문이다.

차등관세율(경사관세율)제도는 경제가 개발도상에 있는 대부분의 국가(1984년 이전의 한국의 관세구조의 예)의 관세구조에서 흔히 볼 수 있는 제도이다. 차등관세구조의 주목적은 원재료를 저가격으로 수입하고 동시에 고가공제품의 수입을 규제하여 가공제조업이 가급적 자국 내에서 이루어지도록 하는 데 있다.


## 3. 균등관세율체계


균등관세율제도는 한때 Austria[15]가 복잡한 수입수량제한과 제관세율제도를 균등관세로 대체하여 가격기구에 맡겨 해결하자는 제안을 한 바 있는데 무엇보다 단순하다는 점이 가장 큰 설득력이 있다고 한다.[16]

---

15) Schumpeter, Joseph Alois(1883~1950). Austria 태생의 미국 경제학자로 오스트리아의 빈대학교를 중심으로 발전했기 때문에 그러한 명칭으로 불린다. 그 이론은 소비자의 주관적 평가로서의 효용을 재화의 가치의 궁극으로 생각하고 근대적 인간의 경제활동에 대한 내면적 합리성으로서 한계효용 체감·균등의 법칙을 전개하고 생산재가치는 소비재에서 파생한다는 귀속이론을 구상하는 등 효용가치론 위에서 모든 경제체계를 구축하였다. 그 후 Schumpeter, Joseph Alois에 이르러서 그 주류는 점차로 효용가치론을 버리고 일반 균형이론에 접근해 갔다.

16) W. M. Corden, 『The Theory of Protection』, pp.180~198.

그런데 A. O. Krueger는 균등관세구조를 채택하여 실효보호율을 균등화하자는 주장은 실제로 복잡한 경제구조하에서는 불가능하다고 지적한 바 있다.[17] 즉 관세 이외의 모든 보호구조(가령, 환율이나 내국세제 등)가 동일하여 실효보호율에 미치는 영향이 같을 때에 한하여 명목관세의 균등화가 실효보호의 균등화를 가져올 수 있을 뿐 일반적으로는 그러하지 못하다는 것이다. 그러므로 실효보호율을 균등화하기 위해서는 오히려 매우 복잡한 명목관세구조를 필요로 할 수 있다는 점을 주시하여야 한다.

따라서 단순한 것은 실효보호율의 균등화를 목적으로 하지 않고 단지 실효보호율에 있어서 과도한 격차를 피할 목적으로 명목관세구조를 균등화하는 것이다.

한편, W. M. Corden은 명목관세율의 균일화에 대해 실효보호율의 완전한 균등화를 달성하는 것을 하지 않고, 단지 과도한 실효보호율의 차를 줄일 목적으로 몇 가지의 기본적인 명목관세율을 갖는 것이 때로는 비교우위가 있는 유치산업(幼稚産業)이나 중소기업 등의 육성에 있으며, 원자재의 상대적인 가격상승에 따라 가격인상요인이 되므로 가격경쟁력이 약화될 수 있다는 점을 들고 있다.

균등관세율제도의 주목적은 수입상품에 대해서 관세상 차별을 두지 않음으로써 관세의 경제적 중립성을 유지하여 자원배분의 왜곡을 방지하고 자원을 자연적으로 배분되게 하여 비교우위산업으로의 자연스러운 특화가 이루어지도록 하는 데 있다.

---

17) 한국개발연구원, "새로운 산업정책의 모색을 위한 국제 심포지엄 보고서", 한국개발연구원, 1982, pp.198~199.

## 4. 차등관세율체계와 균등관세율체계의 비교 분석

전술과 같이 관세구조는 크게 '차등관세율제도(tariff escalation structure)'와 '균등관세율제도(uniform tariff structure)'로 대별된다. 전자는 가공도가 낮은 상품일수록 저율의 관세를, 가공도가 높은 상품일수록 고율의 관세를 부과하는 관세구조를 말하며, 후자는 가공도에 관계없이 동일한 관세율을 부관하는 관세구조를 말한다.

즉 이론상 차등관세율제도는 가공도가 높을수록 명목보호뿐만 아니라 실효보호를 결과적으로 높게 부여하는 구조이며, 균등관세율제도는 명목보호를 모든 상품에 균일하게 부여함으로써 결과적으로 실효보호도 균일하게 하는 관세율제도이다.


### 1) 균등관세율체계 옹호론과 비판론: 전통적 이론

Corden(1958)[18]의 제안 아래 균등관세율 체계를 옹호하는 이론과 이를 비판하는 이론이 제기되어 왔다. 우선 직관적으로 균등관세율 체계가 재화들 간의 상대가격체계(相對價格體系)를 왜곡시키지 않으므로 국경보호에 의한 효율성의 상실을 최소화한다는 견해가 있다. 그러나 Jonhnson(1964)은 관세부과에 다른 수입에서의 왜곡을 고려할 경우 균등관세율체계는 일정한 수준의 산업보호를 달성하면서 사회적 비용을 최소화하는 체계가 되지 못함을 보여주었다.

---

18) Corden, W. M., "Import Restrictions and Tariffs: A New Look at Australian Policy", Economic Record 34, pp.331~346, December 1958.

균등관세율체계를 옹호하는 보다 세련된 논의는 실효보호율(effective protection)개념을 이용하는 것으로 모든 산업에 대하여 동일한 실효보호를 제공하기 위해서는 균등관세율체계가 적합하다는 견해이다.[19]

그러나 Corden(1974)[20]은 수출재가 수입 투입재를 사용하거나 수입재가 수출 투입재를 사용하는 경우 균등관세율 체계가 균등 실효보호율을 가져다주지 못함을 보여주었다. 이에 따라 Corden은 3개 내지 4개의 관세율 수준을 정하고 지나친 실효보호율의 격차를 시정하는 접근방법이 현실적일 것이라고 제안하였다.

다른 한편, 균등관세율을 비판하는 강력한 이론적인 논거는 역탄력성(逆彈力性)의 논리이다. 즉 관세의 일정한 세수기여(稅收寄與)를 중요한 정책상의 제약조건으로 받아들일 경우, 역탄력성[21] 원칙에 따라 수입수요 탄력성에 반비례하여 관세율이 설정되는 것이 최적이라는 점이 이론적으로 정립되어 있다. 수입수요탄력성(輸入需要彈力性)은 품목에 따라 상당한 차이가 있을 것으로 보는 것이 현실적이므로 이 기준에 따를 때에도 균등관세율체계는 사회적 최적을 보장하지 못할 것이다.

이상과 같은 이론적 논의는 균등관세율체계가 경제적 효율성의 달성이라는 측면에서 반드시 우월하다고 보기 어려운 측면이 많음을 보여준다. 이에 따라 균등세율체계가 가지는 관세행정상의 단순성이 균등세율의 옹호논거로 제시되기도 한다. 그러나 균등관세율체계가

---

19) 예컨대 Harberger(1990).
20) W. M. Corden "Trade Policy and Economic Welfare", Oxford University Press, 1974.
21) 역탄력성법칙(inverse elasticity rule)은 어떤 상품의 세율은 그 수요의 가격탄력성의 역에 비례해야 한다는 것을 의미한다. 이 법칙은 기본적으로 최적물품세의 램지규칙의 특별한 경우로서 모든 상품이 서로 독립재일 때 램지규칙은 역탄력성법칙으로 단순화되는 것이다.

위에서 고려한 문제점으로 인해 사회적 최적세율체계와 괴리(乖離)된 것이라면, 행정상의 단순성으로 인한 편익이 그 괴리에 의한 비용을 상쇄하고도 남음이 있는가에 대해서 의문이 제기될 수 있다.


### 2) 정치경제학적 논의

균등관세율의 사회적 적정성과 관련된 정치경제학적 논의는 관세율이 생산자단체의 로비에 의해서 또는 특정한 산업을 중시하는 정부의 고려에 의해서 결정된다고 보고 이때 관세율 결정의 대원칙을 균등세율로 정하는 경우 그렇지 않은 경우에 비해서 국민경제적으로 더 좋은 결과를 가져오는가를 살핀다.

첫째, 균등관세율체계가 차등관세율체계에 비하여 관세율 인상을 위한 경제 내의 로비활동 총량을 줄이는 효과가 있다고 볼 수 있다. 이것은 로비활동을 둘러싸고 산업 간에 일종의 무임승차(無賃乘車) 문제가 발생하기 때문이다. 즉 정부가 균등관세율체계를 명확한 원칙으로 정하여 놓게 되면, 관세에 의한 보호효과가 가장 큰 산업이 대표로 관세율 인상을 위한 로비를 하게 되고, 다른 산업은 이에 무임승차하려고 하므로 결국 사회적으로 자원이 절약되는 효과가 있다는 것이다.

둘째, 수입 중간재가 국내에서 생산되지 않고 수출재 생산에 사용되지 않는다면 균등관세율체계가 차등관세율체계에 비하여, 수입 중간재를 투입재로 이용하는 국내 수입가능재 생산자들의 로비활동을 감소시키고 사회적 후생을 증대시킨다. 단, 수입 중간재가 수출재 생산에 사용되는 경우에는 균등관세율체계를 수출재 투입 중간재에 대한 관세환급제도(關稅還給制度)로 보완한 것이 차등관세율체계보다 우월하다.

셋째, 정부가 특정한 산업 분야의 생산자 잉여를 중시하여 정책결정을 함으로써 효율성 상실이 발생하는 경우, 제도적으로 균등세율체계를 확정해 놓으면 효율성 상실의 정도를 줄일 수 있는 가능성이 있다. 이 경우, 특혜를 부여받는 산업이 국민경제에서 치지하는 비중이 작을수록 균등관세율체계가 경제적 후생을 증대시킬 가능성이 커진다는 것이 이론적으로 밝혀져 있다.


## 3) 운영 방향

한국의 경우 지난 1984년 이후 20년이 넘도록 유지하여 온 균등관세체계를 버리고 차등관세율체계로 전환한다는 것은 사회적 비용을 유발한다는 차원에서 바람직하지 않다. 따라서 이상의 장단점 논의에도 불구하고 향후 관세율체계에 있어서는 그동안의 균등관세율체계를 지향하는 관세정책의 기조를 장기적으로 그대로 유지하더라도 고부가가치, 유망산업의 경쟁력배양 등 산업정책의 목적을 달성하기 위하여 약간의 차등적인 관세율의 설정이 필요한 부분에 대해서는 차등관세율체계를 예외적으로 인정하여 운영해야 할 것이다.

# 제2절 실효보호율 이론의 일반적 고찰

## 1. 실효보호율 이론의 전개

### 1) 배 경

관세부과의 주요 목적 중 하나는 국내산업의 보호에 있다. 그러나 관세 이외의 수단에 의한 국내산업보호조치가 함께 취해지고 있는 경우에는 관세에 의한 국내산업의 보호 정도를 파악하는 데에는 많은 문제점이 있다.22) 예컨대, 수입수량을 직접적으로 규제하는 수입할당제도 및 국내 산업에 대한 각종 보조금제도 등이 관세제도와 병용되고 있는 경우 관세만으로 국내 산업에 대한 보호 정도를 평가한다는 것은 별 의미가 없는 것이다.

따라서 관세율의 내용에 입각하여 국내의 산업별 보호 정도를 비교하거나 국가 간의 국내 산업보호 정도를 비교·평가할 수 있는 것은 관세 이외의 국내 산업보호수단이 동원되고 있지 않거나, 관세 이외의 수단들이 활용되고 있다 하더라도 그 보호 정도가 산업 간에 또는 국가 간에 큰 차이가 없는 경우에 한한다. 그러나 일단 이와 같은 경우에만 국한시켜 본다 하더라도 관세율 정도에 의한 산업보

---

22) W. M. Corden, "The Stucture of Tariff System and Effect Protective Rate" Journul of Political Economic vol.74. 1996. p.222.

호 정도를 파악하는 데 따르는 문제점들이 근본적으로 제거되는 것은 아니다.

관세에 의한 국내산업 보호효과는 관세율이 주어졌다 할 때 ① 관세부과에 대한 소비자들과 생산자들의 반응 정도, ② 수입이 국내생산과 소비에서 차지하는 비중, ③ 수입품과 국내생산재화 간의 대체성(代替性) 정도 등 여러 요인들에 의하여 복합적으로 결정된다. 더구나 이들 요인의 내용은 국가별로, 시간별로, 또한 품목별로 매우 다양한 것이 특징이다. 그럼에도 불구하고 통상적으로 관세율이 높으면 국내산업보호효과가 큰 것으로 인식되는 경우가 보통이며, 이러한 관습은 국제간의 국내 산업보호 정도를 비교하는 과정에서 흔히 사용되어 왔다. 그렇다면 이러한 방법이 갖는 근본적인 문제점은 무엇인가.

명목관세율의 국제적 비교를 통해 국내 산업보호 정도를 국제적으로 비교·평가하는 데 있어 가장 흔히 사용되어 온 방법으로서는 다음의 두 가지를 들 수 있다.

첫째, 품목별 관세 지급액이 품목별 수입액에서 차지하는 비중을 가중치로 한 품목별 명목관세율의 가중 평균치를 구하고 이를 국제간에 비교하는 방법이 그것이다.

둘째, 품목별 명목관세율의 단순 평균치를 구하고 이를 국제간에 비교하는 방법이 그것이다.

그러나 이들 두 방법은 모두가 중요한 문제점들을 내포하고 있다. 즉 관세율의 가중평균방법(加重平均方法)에서는[23] 관세율이 낮아 수입규모가 큰 품목의 가중치는 큰 반면, 높은 관세율이 적용되어 수

---

[23] 가중 평균 관세율 $= \sum \dfrac{(\text{수입액} \times \text{관세율})}{\text{총수입액}}$

입이 저조한 품목의 경우는 매우 적은 가중치(加重値)가 주어지게 된다. 특히 관세율이 매우 높아 수입이 전혀 이루어지지 않는 품목의 경우(수입금지적 관세)에는 가중치가 영(0)으로 되어 평균세율에 전혀 영향을 미치지 못한다.

한편, 관세율의 단순평균방법에서는[24] 모든 품목에 대하여 동일한 비중이 주어지고 있다는 데 문제가 있다. 특히, 동일품목의 경우 국가별로 그 품목이 수입 면에서 차지하고 있는 중요도가 다르기 마련인데, 이를 무시한 관세율의 단순평균이 큰 의미를 갖는 것으로 볼 수 있다.

평균관세율이 갖는 이상과 같은 문제점을 극복하기 위한 방법들이 그동안 여러 측면에서 모색되어 왔는데, 그중에서도 개별품목의 명목관세율을 그 품목이 세계 무역에서 차지하는 비중으로 가중 평균하는 방법이 중요한 대안으로서 제시되기도 하였다. 그러나 이 방법도 명목관세율의 국제적(또는 산업 간) 비교가 갖는 문제점을 완전히 극복할 수는 없다. 왜냐하면 원료와 시설재 등 중간재에 또한 관세부과가 좀 더 가공된 재화나 최종재화에 대한 관세의 보호율과에 미치는 영향은 전혀 고려되고 있지 않기 때문이다.


## 2) 실효보호율의 의의

실효보호율[25]은 특정상품의 수입에 관세를 부과할 때 그 상품의

---

24) 단순산술 평균 관세율 = $\dfrac{총세율}{총세목}$

25) 실효보호율을 유효보호율, 실질보호율(real rate of protection), 부가가치 보호율(rate of protection of value added) 혹은 묵시적 보호율(implicit

국내 산업에서 발생한 부가가치의 증가율을 의미한다. 즉 관세 등의 보호정책으로 야기되는 국내산업의 부가가치 변화율을 실효보호율(effective rate of protection)이라고 한다. 따라서 최종수입품에 관세를 부과하는 경우와 중간투입 원자재에 부과하는 경우에 각각 그 보호 효과가 다를 것이다.

이와 같이 관세부과로 인한 국내산업의 보호 정도를 측정하기 위해서는 명목관세율뿐 아니라 투입산출구조와 중간재 수입에 부과되는 관세효과도 아울러 고려하여야 한다.

따라서 관세부과로 인한 국내산업 보호정책의 실질적인 효과는 명목적인 관세율에 의해서가 아니라 실효보호율에 의해서 측정되어야 한다. 그러므로 실효보호율은 일국의 개별기업이 받는 보호의 정도를 평가하는 데 극히 중요한 척도이다. 그리고 이것은 산업의 보호율에 대한 국제비교에도 중요한 의미를 갖는다.[26]

## 2. 실효보호율과 내국세 및 환율

환율이 평가절상(revaluation)되면 수입경쟁상품 및 수출상품의 국내가격이 인하된다. 바꾸어 말하면 비무역생산상품(非貿易生産商品)의 상대가격은 상승하게 된다. 그 결과 수입경쟁상품에 대한 수요는 일부 회복되고 또 수출상품에도 수요가 일부 자원으로부터 이동함으로

---

rate of protection)이라고도 한다.
26) 노승혁, 『관세론』, 형설출판사, 1994, p.56.

써 세 가지 상품시장의 균형이 회복될 것이다.

따라서 관세부과에 수반하여 환율이 평가절상(平價切上)되면 그 상승분만큼 관세의 산업보호효과는 상계되어 버린다. 즉 관세부과에 따른 수입경쟁상품의 자원의 가격상승의 환율이 평가절상으로 일부 상계된다. 이러한 경우에는 실효보호율의 목적(자원의 이동방향을 예측시키는 것)을 확보하기 위하여 당초 산정된 실효보호율의 값에서 환율의 평가절상분을 공제할 필요가 있다.

수출상품을 생산하는 산업의 구매력 감소는 관세부과에 의한 것으로 말하자면 관세부담의 일부가 사실상 수출산업에 전가·귀착하였다고 할 수 있을 것이다.

엄밀한 의미에서 실효보호는 관세뿐만 아니라 환율이나 내국세제 및 기타 무역정책이나 보호 구조를 고려하여 산출한 총보호가 부가가치를 중대시킬 수 있다고 할 수 있다. 그러나 이것은 이론적으로는 비교적 만족스럽다고 할 수 있으나, 실질적인 가치가 별로 없다. 왜냐하면 이러한 개념만으로는 실제로 실효보호율을 측정하기 어렵기 때문이다.

그 결과 많은 국가에서 산업정책의 기준으로 삼고 있는 실효보호율은 부분균형분석하에서 일부 주요 변수를 감안하여 도출한 것으로서 이미 설명한 명목관세율로 나타낸 실효보호율의 공식이 일반적으로 이용되고 있다.

## 3. 실효보호율과 자원배분효과

대부분의 개도국들의 관세구조는 제품·반제품 등 가공단계가 높은 상품일수록 고율의 관세를 부과하는 관세정책을 실시하고 있다.

이 현상은 관세의 차등관세율(tariff escalation rate) 또는 관세의 차등률(tariff escalation)이라고 한다. 한국의 관세구조도 1984년 이전에는 "Tariff Escalation" 현상을 나타내고 있었다.

선진국에서의 "Tariff Escalation"은 선진국들은 개발도상국들로부터 수입할 수 있는 고도의 기술을 요하지 않으며, 비교적 저가공 노동집약적인 상품에의 실효보호율의 선진국들 사이에서의 교역에는 이롭게 구성되었다는 것이다.[27]

또 개발도국의 선진국 관세구조의 모방은 개도국에서도 중간재가 많이 필요하지 않은 소비재의 실효보호율이 대부분의 자본재와 고도의 가공도를 요하는 중간재를 필요로 하는 상품들의 그것보다 낮다는 것이다. 따라서 이런 관세정책은 개도국으로 하여금 소비재의 수입대체를 촉진시키거나 자본재와 고도의 가공을 필요로 하는 상품은 대외에 의존하게 만들며 이런 성장은 한계(限界)에 부딪히게 된다는 것이다.

이상에서 전개된 바와 같이 관세의 실효보호율은 일국의 관세정책의 방향과 관세구조의 패턴을 결정하는 핵심적 요인이 된다.

대부분의 국가에서는 산업용 원자재의 수입에 대해서는 관세의 감면조치를 취하고 있는 반면 완제품·반제품 등 가공단계가 비교적 높은 상품의 수입에 대하여 고율의 관세를 부과하는 이른바 체증적(遞

---

27) 한국관세협회, 『관세』, 1975년 6〜7월호, p.25.

增的)인 관세율정책을 실시하고 있다.28) 이 체증의 관세구조하에서는 수입원자재인 투입물에 대한 명목관세율이 반드시 최종완성품에 대한 명목관세율보다 낮아야 하고 최종완성품에 대한 그 관세율이 실효보호율보다 낮지 않으면 안 된다.

이러한 관세정책이 대외무역에 적용된 때 교역상대국은 심각한 영향을 미치게 된다. 즉 교역상대국은 이러한 관세정책의 방향에 따라 가공을 하지 않는 원재료의 수출은 관세의 감면조치에 따라 수입확대의 효과를 도모할 수 있는 데 비해 가공단계가 높은 제품·반제품의 수출은 타격을 받지 않을 수 없게 된다. 따라서 선진제국(先進諸國)에서 실시하고 있는 체증의 관세정책은 후진제국의 제품·반제품의 대선진국수출을 억제할 뿐 아니라 나아가 후진국의 공업화를 가로막고 있다.29)

그러나 관세조정의 목적이 자원배분의 효율성 증가에 있다면 실효보호율 구조만으로는 그 목적 달성이 불가능하다는 것이다.

우선 관세 이외의 여러 가지 구조의 왜곡요인(歪曲要因)을 알아야 한다. 즉 관세로 인한 왜곡 이외에도 내국세구조, 시장구조의 독과점 정도, 수출보조로 인한 왜곡 등을 고려하여야만 실효보호율과 자본배분의 효율성을 관련시킬 수 있다.

지금까지의 실효보호이론은 단순히 실효보호율과 명목관세율이 다르다는 사실만을 실증적으로 보여준 데 불과하였으며 시장구조가 다 다르고 관세 이외의 가격왜곡(price distortion)이 다를 때는 관세율을 균등화하였다고 해서 자원배분의 효율성이 증가하지 않기 때문이다.

---

28) 김규창, 『관세법』, 형설출판사, 1980, p.24.
29) Sidney J. Wells, International Economics, George Allen & Unwin LTD, London 1972, p.82; 신현종·배연수, 『국제무역론』, 법문사, 1973, p.230.

그리고 기본생산요소들과의 관계를 살펴보면 생산요소 간의 대체는 크게 두 가지 유향으로 나눌 수 있다. 그 하나는 중간투입재 간의 대체이며, 다른 하나는 중간투입재와 본원적 생산요소 간의 대체가 그것이다. 생산된 투입재 간의 대체가 가능하다고 하면, 생산자는 관세가 부과되지 않는 투입재로 대체하려고 할 것이다. 따라서 관세가 부과된 경우 대체가 허용될 때와 대체가 허용되지 않을 때를 비교하면 실효보호율은 대체가 허용되지 않을 경우가 낮을 것이다.

대체성 문제에 논의의 여지가 많은 것은 본원적 생산요소와 투입재 간의 대체인데, 실효보호율을 두 가지로 정의할 수 있다.[30] 왜냐

---

30) 그 하나는 1966년 W. M. corden의 논문[*]과 1969년의 J. Anderson 및 S. Nayade 논문[**]에서 유래된 것으로, 이것을 J. N. Bhagwati and T. N. Srinivasan[***]이 Corden – Anderson – Nayade정의라 하였다. 이 정의에 의하면 실효보호율을 자유무역 시와 비교하여 관세구조가 설정된 경우에 산출물 / 1당위당 명목부가가치의 변화율이라고 한다. 다른 하나는 1969년에 W. M. Corden[****]연구와 1968년에 J. C. Leith의 논문[*****]에서 유래된 것으로 이것을 J. N. Bhagwati and T. N. Srinivasan은 Corden – Leith Definition라고 하였다. 이 정의에 의하면 실효보호율을 자유무역 시와 비교하여 관세구조가 설정된 경우에 부가가치물의 가격의 변화율이라 한다.

 * W. M. corden의 논문: "The Structure of a Tariff System and the Effective Protective Rate" opcit., 1966, pp.221~237.

** J. Anderson 및 S. Naya의 논문: J. Anderson and S. Naya, "Substitution and Two Concets Effiective Rate of Protection" American Economic Review, 59, No.4, 1969, pp.607~612.

*** J. N. Bhagwati and T. N. Srinivasan: Lectures on International Trade, Massachustts, The MIT Press, 1983, pp.127~129.

**** W. M. corden, "Effective Protective Rates in the General Equilibrium Model: A Geometric Note", Oxford Economic Papers, 21, No.2 1969, pp.135~141.

***** J. C. Leith, "Substitution and Supply Elasticties in calculating the Effective Protective Rate", Quarterly Journal of Economics, 82, No.4, 1968, pp.588－601.

하면 대체가 허용된 경우와 대체가 허용되지 않은 경우의 정의에 의한 실효보호율은 서로 일치하지 않기 때문이다.[31]

Corden-Anderson-Nayade의 정의에 의한 실효보호율은 대체가 허용되는 경우, 완제품에 대한 관세가 투입재에 대한 관세보다 높을 때에는 대체가 허용되지 않는 경우에 비하여 실효보호율이 낮게 평가된다. 반대로 완제품에 대한 관세가 투입재에 대한 관세보다 낮을 때에는 실효보호율이 높게 평가된다.

Corden-Leith definition의 정의에 의하면 완제품이나 투입재화에 대한 관세의 크기에는 관계없이 대체가 허용된 경우가 대체가 허용되지 않은 경우보다 항상 과대평가(過大評價)된다.

그러므로 실효보호율의 정의를 어느 쪽에 의거하여 분석하든 간에 부분균형분석하에서 대체가 허용된 경우에는 비록 오차의 방향은 알 수 있지만 올바른 실효보호 정도를 정확히 측정할 수 없다는 단점이 있다.

한편, 본원적 생산요소와 투입재 간 또는 투입재 상호 간의 엄밀한 비대체성의 가정을 철폐하여 대체성을 인정할 경우 실효보호율이 어떻게 변화하는가를 Australian를 대상으로 측정하였다.[32]

이 실증적 연구에서 대체탄력성(代替彈力性)[33](elasticity of substitution)에 따라 실효보호율이 매우 달라질 수 있다는 사실을 발견한다.[34]

---

31) 이 문제는 다소 복잡한 전개과정을 가지고 있으므로 생략하고 코든과 앤더슨 및 나야의 연구결과만을 소개하고자 한다.(W. M. Corden, "The Structure of a Tariff System and the Effective Protective Rate", op. cit.; J. Anderson and S. Naya, op. cit.)

32) G. P. Sampson, "Effectiv Protection and the Substitution Problem: Australian Case" Economic Record 51(June 1975), pp.249~252.

33) 대체탄력성은 생산요소의 상대가격의 변화에 따라 생산요소결합비율이 변화하는 정도를 나타내는 것이다.

34) G. P. Sampson, op. cit. pp.249~252.

## 4. 실효보호율과 외환가치

환율의 변동은 수입대체산업에서 외환을 절감하는 비용과 수출산업에서 외환을 얻는 비용에 영향을 준다. 이는 환율이 수출산업과 수입대체산업 간의 자원배분에 영향을 준다는 의미이다. 이 경우에 외환비용(the cost of foreign exchange)의 측정에 대하여 발라사와 시드로스키(B. Balassa and D. M. Schydlowsky)에 의해 연구되었다.[35]

완전경쟁시장을 가정하여 모든 산업이 국제시장에서 경쟁할 수 있도록 하는 것이 정책목표의 우선순위가 있다면 실효보호율에 의해서 정정되어야 한다. 그 이유는 중간투입재를 산업이 당분간 비효율적이라 해서 그것이 그 중간재를 필요로 하는 제품선정에 영향을 주어서는 안 되기 때문이다.

실효보호율은 요약해서 주로 생산함수와 관세구조여하에 의하여 좌우되고 있는 것이다.[36] 그러나 엄밀히 말한다면 실효보호율에 영향을 미치는 주요소는 이들 이외에도 여러 가지 요소들이 있다. 그러한 것은 실효보호율 그자체가 현실의 국내시장가격 체계하에서 실질적으로 이루어지는 것이므로, 보호율은 자유시장가격(또는 자유무역가격)수준을 1국국내시장가격수준으로 이끌게 하는 관세수준뿐만 아니라 움직이는 국내가격수준 그 자체에 영향을 주는 모든 요인에 의해서도 좌우된다고 보아야 할 것이고, 또 당해산업을 직접적으로 보호·육성할 보조금에 의해서도 좌우된다고 보아야 한다는 것이다.

---

35) B. Balassa and D. M. Schydlowsky, "Equilibrium Tariffs, Domestic Cost of Foreign Exchange and The Equilibrium Exchange Rate", J. P. E. May / June Vol.76, 1968, pp.340~360.
36) 실효보호율에 미치는 기타 요인에 대한 설명을 보여주고 있다.

실제로 국내의 가격(또는 상대가격)에 영향을 미치는 조세와 보조금 그리고 모든 공·사의 규칙 등 국내산업의 부가가치를 자유시장에서의 부가가치와 다르게 하는 요소가 되는 것이다. 이와 같이 관세 이외에도 실효보호율에 영향을 주는 이들 요소를 변경시킴으로써 관세구조의 변경과 똑같은 효과를 실효보호율에 줄 수 있다는 것이다. 이러한 것은 관세구조에 대한 기본이론의 확장을 의미하게 되는 것이다. 실효보호율에 영향을 주는 조세 중에서 개인이나 법인의 소득세는 일반세로서, 그 전가(轉嫁)가 비용의 부가가치 구성분을 형성하는 원래의 생산요소에 대해서 이루어진다고 보아도 무방하므로, 실효보호에 큰 영향을 미치지 않을 것이나 간접세 내지 물품세(物品稅)는 그와 다르다. 원래 간접세로서의 물품세는 생산에 대해서가 아니라 소비에 대해서 부과되도록 된 것이다. 이것은 관세를 부과한 후의 수입품의 가치에 대한 조세의 조정으로 이루어지는 것이다.

이와 같은 주요 세제에 대해서는 명목관세를 논의할 때는 언급되지 않는다. 왜냐하면 이와 같은 조세의 조정이 수입품에 대해서뿐만 아니고, 국산품에 대해서도 동일하게 부과되는 것이기 때문이다. 그러나 그러한 조세가 국내생산자에게는 중간투입비용을 증대시키고 자유무역상태의 생산자에게는 아무런 영향을 주지 않는다는 것을 감안한다면, 국내생산자는 물품세가 그렇게 부과된 만큼 비교열위에 서게 되는 것이다. 이러한 상황에서는 그 국내생산수준으로 돌아갈 수가 있게 되는 것이다. 때문에 이러한 간접세는 관세만큼 정도의 비보호의 효과를 가지고 실효보호율에 영향을 미치는 것이다.

한편, 보조금은 그와는 정반대로 작용하여 국내생산자의 비교우위를 높이는 촉진적인 보호효과를 가지고 실효보호율에 영향을 미치지만, 실효보호율에 영향을 미치는 국내규제는 비보호적인 효과로서 작용한다. 그런데 이들 국내규제의 종류는 무수히 많아 이러한 모든 것을 감안하여 실효보호율을 계산하기가 힘든 것이다. 때문에 실효보호율을 계산할 때는 간접세와 보조금을 더 고려하여야 하고, 이를 위해서는 적어도 최종완성품과 중간투입물의 국내시장가격을 관세로서 뿐만 아니라 간접세와 보조금으로 조정하여 주어야 할 것이다.


## 5. 실효보호율 이론의 문제점과 시사점


### 1) 마이너스 실효보호율의 의미

'마이너스 실효보호율'이란 관세부과 후의 부가가치가 자유무역하의 부가가치보다 작은 경우를 의미한다.

먼저 수출재생산이 관세가 부과되는 수입중간재를 사용하는데 이를 상쇄하는 최종재에 대한 보조금을 받지 못하는 경우이다. 이러한 마이너스의 실효보호율은 후진국에서 관세구조가 제대로 정립되지 않는 상태에서 일어난다.[37]

두 번째 단위당 수입중간재의 투입액이 최종재의 가격을 상쇄할 만큼이다. 외국의 기업이 최종재의 시장점유율을 높이기 위해 전략적으로 부품에 높은 가격을 설정한다. 이는 일반적으로 수입대체전략상의 유치산업보호의 경우라 말할 수 있다. 즉 후진국에서 유치산

---

37) 김세원, 『무역정책』, 무역경영사 1996, p.121.

업보호정책을 펴는 경우에 발생되는 마이너스의 실효보호율을 말한다. 실효보호율이 실제로 측정되고 정책에 적용되기 시작한 것은 1965년 이후 여러 학자들에 의해 실효보호율에 관한 체계적인 연구가 발표된 후의 일이다. 그러나 실효보호율을 정식화하고 측정하는 데는 아직까지 고려하여야 할 많은 문제점들이 있다. 예컨대 명목관세 외에 가격구조에 미치는 요인인 내국세, 보조금, 시장의 독과점 정도, 환율 및 국내외물가 등도 아울러 고려하여야 한다. 특히, 실효보호율을 정식화하는 데는 비현실적인 가정을 전제로 하고 있기 때문에 다음과 같은 문제점이 있음을 지적할 수 있다.

## 2) 실효보호율의 문제점

첫째, 실효보호율을 정식화 및 측정하기 위한 가정에 의하면, 투입계수는 일정하고 대체되지 않는 것으로 가정하고 있다. 그러나 현실적으로 생산함수의 투입계수는 일정하지 않고 변동될 수 있으며 생산요소 간에도 대체가 가능하다. 이와 같이 대체성의 존재는 현실의 실효보호율과 계측된 실효보호율과의 불일치를 야기한다. 즉 실효보호율 계측상 오차가 생긴다는 것이다. 요컨대, 국내생산요소와 수입투입재 간에 대체성이 존재하는 경우에 현실의 실효보호율과 계측된 실효보호율과는 반드시 일치하지 않는다. 따라서 계측된 실효보호율은 현실의 대체탄력성이 크냐, 작으냐에 따라 과대평가되거나 과소평가되기도 한다. 결국, 현실적으로 대체성이 존재한다면 단수한 공식에 의한 실효보호율 계측결과는 위와 같은 문제를 내포하고 있다는 것이 된다.

둘째, 실효보호율을 계측하는데 비교역재(非交易材)는 존재하지 않는다고 하는 가정이다. 왜냐하면, 사실상 중간재 또는 투입재는 국내에서 자급되는 경우가 많기 때문이다. 그런데 이와 같은 사실상의 비교역재가 실효보호율의 측정에 있어서 교역재(交易財)라고 취급되고 있다는 것이다. 그렇다면 이러한 사실상의 비교역재가 점하는 비중이 매우 클 경우, 현실의 실효보호율의 계측결과는 실제의 값보다 과대평가될 것이다. 실효보호율을 계산할 경우, 사실상의 비교역재를 고려하지 않는 투입계수의 근사치의 의미로 수입투입계수가 사용된다면 실효보호율 계측치는 훨씬 작아져 명목관세율에 가깝게 된다. 따라서 비교역투입재에 대한 이유로 실효보호율의 계측결과를 이용하는 데는 신중을 기하여야 한다. 특히, 각국은 무역구조, 생산구조 등이 다르기 때문에 실효보호율의 계측결과를 국제적으로 비교한다는 것은 문제가 있다.

셋째, 실효보호율을 정식화·계측하는 데 있어서 부분균형모델을 사용하고 있기 때문에 보호를 받는 산업에 더 많은 자원을 배분받는지의 여부를 판정하기 어렵다. 왜냐하면, 관세정책은 보호를 산업의 상품보다 비교역상품 가격을 상대적으로 낮게 하고 이로 인해 비교역상품으로 수요의 대체가 일어나게 하기 때문이다. 같은 이유로 명목관세를 부과한 상품이나 수출보조금을 받는 상품의 수요는 비교역상품으로 대체된다. 만약 이러한 수요의 변동이 사실이라면 생산요소시장에도 영향을 미치게 된다. 이를 좀 더 구체적으로 살펴보면, 상품에 대한 수요의 변동은 생산요소의 소요를 변동시켜 생산요소의 상대가격을 변동시키고 이로 인해 요소 간에 대체가 일어나게 된다. 따라서 비교역재가 존재하고 교역재와 비교역재 간이나 혹은 요소 간에 대체관계가 성립될 수 있다고 하면, 보호를 받는 산업의 자원배분이 반드시 유리하게 된다고 단언할 수 없다.

넷째, 실효보호율에 의한 산업별 등급이 과연 비교우위성을 나타내느냐 하는 문제이다. 실효보호율이 마이너스(−)를 나타낸다고 하여 반드시 비경제성을 의미하는 것은 아니다. 따라서 실효보호율은 보호 전과 보호 후의 부가가치로부터 계산되므로 실효보호율을 비교우위성의 지표로 이용한다는 것은 잘못이라고 볼 수 있다.

다섯째, 실효보호율로서 자원배분의 효율성을 파악하려고 한다면 실효보호율의 구조만으로는 불가능하다는 것이다. 관세 이외의 여러 가지 가격구조의 왜곡요인을 알아야 한다. 관세 이외의 왜곡요인으로 파악하여야 할 것은 보조금비율, 내국세구조 및 시장구조의 독과점정도 등이다.


### 3) 실호보효율의 시사점


관세가 해당산업의 부가가치에 미치는 종합적인 효과를 측정해 주는 분석도구로서 실효보호율의 시사점은 다음과 같다.

첫째, 제품차별화에 따라 관세를 부과하는 대상품목이 다양해지면서 각 산업의 제품별(또는 부품별) 관세부과율이 각각 다를 경우, 관세구조의 변화가 해당산업에 미치는 종합적인 산업보호효과를 측정해 주는 유용한 분석도구로 실효보호율이 사용된다. 그러므로 단지 각 품목관세율의 단순한 산술적인 합산으로는 종합적인 산업보호효과를 측정할 수 없다.

둘째, 실효보호율은 관세부과로 인하여 어떤 산업이 실제적으로 얼마나 보호를 받고 있는가를 나타내고 있기 때문에, 관세구조에 따라 실효보호율이 달라지고 이에 의해 소득분배구조의 변화효과를 파악하는 데 유용하다.

셋째, 관세구조의 높은 산업으로 이동시킴으로써 실효보호율은 자원배분구조의 예측에 필요한 기초자료로 유용하다. 관세구조의 변동은 산업별 실효보호율을 변동시킴으로써 국내에 제한된 자원을 의도적인 산업부분으로 이동시킬 수 있다. 따라서 실효보호율은 자원의 효율적 배분을 위한 정책의 기초자료로 활용될 수도 있다.

끝으로, 그러나 실효보호율은 명목관세(nominal rate of protection: NRP)와는 다른 관세부과에 따라 어떤 계층이 얼마나 이익을 얻고 손실을 보는가 하는 관세의 후생효과 분석에는 도움이 되지 못한다고 볼 수 있다.


# 제3절 관세율 관련 정책 검토


## 1. 무역자유화와 관세율정책


### 1) 서론적 고찰

무역자유화의 보완을 위한 관세정책의 변수로는 관세율조정(關稅率調整)과 탄력관세제도 등의 활용정책 등을 들 수 있다. 우선, '관 세조정정책'이란 수입물품의 가격과 관세액과의 관계를 나타내는 관세율의 조작에 의하여 국내산업의 보호육성, 물가의 안정, 고용의 증대 등 경제발전에 기여하는 것을 목적으로 하는 관세정책이라 할 수 있다.[38]

관세는 관세율의 조작을 통하여 국내산업보호와 자원의 배분기능, 재정수입 확보기능, 소득의 재분배기능, 소비억제의 기능, 교역조건 개선 및 국제수지개선기능 등을 발휘할 수 있게 되므로 관세율정책은 관세정책의 근간을 이룬다고 볼 수 있다.

관세는 무역에 대한 직접적 규제조치가 강화하게 행하여지고 있는 상황하에서는 제 기능을 발휘하지 못하고 국내경제에 미치는 영향도 미약하지만 자유무역이 추진되어 무역장벽이 제거되면 관세의 제 기능이 발휘되어 국내경제에 미치는 영향이 지대(至大)하여진다. 따라서 무역자유화로 수량제한 등 직접 무역규제체제를 관세율로 대체함과 더불어 과세율조정정책을 통하여 가공도별로 품목 간의 균형을 유지하도록 하여 자원의 합리적 배분을 기하고 개발도상국의 국내산업과 독점산업 또는 성장산업의 보호의 정도를 달리함으로써 경제성장과 조화를 이루도록 하며, 물가나 산업정책 등 제반 정책과 보조를 맞추도록 운용되어야 한다.


## 2) 관세율 조정의 기본 요인

관세율구조의 조정을 위해서는 첫째, 실효보호율의 정확한 측정이 필요하다. 실효보호율은 산업의 보호 정도와 그 효과를 계량화하여 국내산업의 실질의 보호와 자원의 배분 정도를 나타내므로 관세율조

---

38) 이춘삼, 『국제관세제도론』, 동성출판사, 1996, p.169.

정에 있어 실효보호율을 산출할 필요가 있게 된다.

실용보호율의 개념은 관세는 일반적으로 국내산업의 보호효과를 가져다준다는 종래의 관세이론에 반대하여 1960년대 후반부터 자국과 타국의 관세구조를 파악하기 위한 분석도구로 관세율정책 면에서 활용되었다.

실효보호율이란 관세 등 보호정책에 의하여 발현되는 국내부가가치의 상승률로 어느 상품에 대한 관세의 보호효과를 밝히려고 한다면 당해 상품의 생산에 사용되는 원료와 반제품에 부과되고 있는 관세를 고려하여야 한다는 것이다.[39]

이렇듯 관세의 실효보호율은 어느 산업이 관세에 의하여 받는 보호의 정도를 의미하므로 실질의 보호수준은 명무관세율에 의하여 결정되는 것이 아니고 실효보호율에 의하여 지배를 받게 되어 관세의 실효보호율은 일국의 관세율정책의 방향과 관세구조의 패턴을 결정하는 기본요인이 된다.

둘째, 국내외가격차율과 국산화율을 검토할 필요가 있다. 무역거래가 자유화되면 양질의 외국물품이 저가로 수입되어 국내 산업을 위협하게 된다. 그리하여 국내 산업을 보호육성하기 위해서는 외국에서 수입되는 물품에 대해 적절한 관세를 부과하여 가격을 인상시켜 줌으로써 국산품에 대하여 가격 경쟁력을 제고시켜 주어야 한다.

이와 같이 국산품에 대한 국제경쟁력(國際競爭力)을 제고시켜 주기 위한 관세율을 책정하기 위하여 제품의 국내가격과 국제가격(수입가격)과의 차이를 분석한 국내외가격차율이 고려되어야 한다.

일반적으로 국내외가격차율의 산출식은 '국산품가격-수출품가격/수입품가격×100'으로 표시될 수 있으나, 실제의 적용에 있어서는 자료

---

39) W. M. Corden., op. cit, 1966, p.222.

및 산출의 편의를 위하여 '국내공장도가격 / 수입가격×100'으로 산출하기도 한다. 한편, 제품의 투입 재료에 대한 국산재료의 비중, 즉 중간투입물의 자급도를 산출하여 국산화율을 비교, 검토할 필요가 있다.

그리하여 관세율 조정대상 품목의 국산화율이 높고 국제경쟁력이 있는 품목순으로 보호도를 낮추고 국산화율이 낮은 품목 중 육성대상품목은 보호도를 높이는 것이 일반적이다.

셋째, 전방관련도(前方關聯度) 문제로서, 전방관련도(감응도계수)는 각 산업의 최종수요가 한 단위씩 증가할 때 그 산업부문이 받는 영향의 정도를 나타내는 것이다. 영향력계수가 산업관련분석에 있어 어떤 산업이 타 산업에 주는 파급효과를 뜻하는 데 반하여, 감응도계수(感應度係數)는 어떤 산업의 타 산업에 대한 파급효과를 의미한다. 따라서 감응도계수가 높은 산업들은 타 산업으로부터 원재료를 구입하거나 타 산업에 제품의 원료를 판매함으로써 관련관계가 높아 국민경제에 미치는 생산 및 부가가격치유발효관가 크기 때문에 관세 측면에서는 보호 순위에 우선된다.[40]

$$A\text{국가 } i\text{산업의 감응도 계수} = \sum_{\beta}\sum_{j=1}^{n}\pi\frac{\alpha\beta}{ij} \bigg/ \bigg(\sum_{\alpha}\sum_{\beta}\sum_{i=1}^{n}\sum_{j=1}^{n}\pi\frac{\alpha\beta}{ij} \bigg/ 240\bigg)$$

$$A\text{국가 전산업평균 감응도 계수} = \sum_{\beta}\sum_{j}^{n}\sum_{j}^{n}\pi\frac{\alpha\beta}{ij} \bigg/ \bigg(\sum_{\alpha}\sum_{\beta}\sum_{i}^{n}\sum_{j}^{n}\pi\frac{\alpha\beta}{ij} \bigg/ 10\bigg)$$

단, $n$ = 부분 수, $\pi$ = 생산 유발 계수

넷째, 무역자유화에 대처하기 위한 관세율을 조정함에 있어서 특히 상품의 경쟁력 판단이 중시된다. 상품의 경쟁을 평가하는 비교우

---

40) 이춘삼, 전게서, 1996, p.170.

위성 판단에는 여러 가지 방법이 있다.

그 한 방법으로 한 나라가 다른 나라에 비해서 상대적으로 보다 풍부하게 부존(賦存)된 생산요소를 보다 집약적으로 사용할 때 생산되는 상품이 비교우위성을 갖는 경향이 있다는 Heckscher-Ohlin[41]의 정리에 의한 비교우위도 측정을 들 수가 있다. 그러나 이러한 Heckscher와 Ohlin의 한 나라의 산업과 무역은 생산요소의 상대적 부존상태에 의존한다고 하는 요소부존비율에 대하여는 Leontief[42]에 의하여 검증되어 수출품과 수입품의 생산에 투입된 노동과 자본의 비교에 의하여 정반대되는 결론에 도달한 바 있다.

비교우위도를 판단하는 또 다른 방법으로는 Balassa[43]의 현시적 비

---

41) Heckscher-Ohlin의 정리는 비교우위의 원인을 각국의 생산요소 부존량의 차이에서 설명하고, 또한 생산요소의 상대가격이 국제간에 균등화하는 경향이 있다는 일련의 이론을 말한다. 이 정리에는 두 가지 명제가 있다. ① 제1명제: 무역 당사국 간에 생산요소의 부존량에 차이가 있고, 생산물마다 요소집약도가 다르기 때문에 비교생산비에 차이가 발생하여 무역이 일어난다. ② 제2명제: 생산요소가 국가 간에 이동되지 않더라도 상품무역에 의하여 생산요소의 상대가격이 국제간에 균등화하는 경향이 있다.

42) W. Leontief 1947년의 미국의 무역구조를 분석한 실증결과를 말함.
무역이론의 기초모델로 평가되는 Heckscher-Ohlin 정리에 의하면, 국제무역에 서 각국이 풍부하게 소유하고 있는 생산요소를 이용하는 재화의 생산에 특화하는 것이 비교우위의 원칙이다. 자본이 풍부한 나라는 자본집약적인 재화를 수출하고, 노동집약적인 재화를 수입하게 된다.

43) B. Balassa의 경제 통합: 분석은 경제관계를 통일하여 하나의 경제권을 형성하는 것을 말한다. 다시 말하면 각국 경제 간에 각종 차별대우가 존재하지 않는 상태로 각국 간의 경제관계로서는 가장 고도화된 것이다. B. Balassa는 경제 통합의 유형을 다음과 같이 분류한다. 경제통합은 ① 가맹국 간의 자유무역지대 구축, ② 가맹국 간의 관세장벽을 철폐하고 역외국가에 대해서는 대외공통관세를 적용하는 관세동맹, ③ 공동시장 형성, ④ 가맹국 간 재정·금융 및 노동정책을 상호조정하는 경제동맹, ⑤ 초국가적인 기관을 만들어 모든 경제정책을 통일시키는 전면적인 경제통합 등으로 구분하고 있다.

교우위성판단이 있다. 현시적 비교우위성을 파악하는 구체적인 방법으로서는 상대적 수출수행능력이나 수출/수입의 비율 또는 국내가격과 국제가격과의 비율을 들 수 있다. 이 중 국내가격의 비율은 가격결정의 왜곡현상으로 수출경쟁력 정도를 정확히 반영하지 못하는 경우가 많으나 국내소비자에 대한 수출가격에 대한 지원 정도를 감안할 때 현실적으로 활용가능한 지표로서 가치가 크다고 할 수 있다.

끝으로, 국가의 정책목표나 중점시책 등을 복합적으로 고려하여야 한다. 즉 국민경제상의 긴요도나 정책목표에 따라 정부가 추진하고자 하는 경제개발계획이나 중점시책 등을 관세율조정을 통하여 지원할 수 있다.

물가안정이나 산업구조고도화를 위한 생필품이나 중화학공업투입 원재료의 관세율인하 환경보전사업을 지원하기 위한 공해방지시설이나 자원개발, 특히 태양열에너지 개발사업을 지원하기 위한 관련시설재의 관세율인하정책이 그 좋은 예이다.


## 3) 정책방향에 부응한 관세율정책

무역자유화의 추진과 더불어 수입규제는 수입금지나 허가제에 의한 직접규제로부터 관세에 의하여 시장기능을 통한 간접적 수입규제로 전환하게 된다.

따라서 기존의 무역계획과 관세율에 의한 이중보호를 받고 있던 국내 산업은 오직 관세율에 의해서만 보호를 받게 되며 무역관리의 완화와 더불어 점차 관세가 제 기능을 발휘하게 됨에 따라 물가안정이나 공해대책 등 국내경제에 미치는 영향력이 또한 지대하여진다. 특히,

국내경제는 무역자유화라는 문호개방과 더불어 국제경제환경(國際經濟環境)의 변화에 보다 민감하게 작용하게 되며 외국의 의도적인 덤핑행위 등의 불공정거래행위의 위험이 상존하게 된다.

그리하여 국내산업계의 변화와 국제무역환경의 변화 등 급변하는 국내외경제여건에 부응하여 능동적이고 효과적으로 대처하여야 할 필요성이 절실하여진다.

그러나 기본관세율이나 잠정관세율 등의 국정세율이나 GATT 양허세율(讓許稅率)이나 개발도상국의 양허세율 등의 협정세율과 같이 법정화된 세율만으로는 관세율이 경직적으로 운용되어 급변하는 경제현실에 부응하지 못하게 될 가능성이 있다. 따라서 수입개방으로 인하여 발생할지 모르는 수입급증이나 덤핑 등의 비상사태에 효과적으로 대처하고 국내 산업발전이나 국내물가안정대책에 부응하며 교역상대국과 무역진흥을 꾀하는 등 무역의 확대균형과 경제의 안정을 위하여 탄력관세율의 적절한 활용이나 관세율의 조정 등 관세율조정정책의 탄력적 운용은 중대한 의의를 갖는다.

이상에서 살펴본 바와 같이 무역자유화에 따라 관세는 물가, 산업, 무역, 재정 등 여러 부문의 정책수단과 긴밀한 관계를 맺고 있음을 파악하였다. 이제 그 당면과제와 운용방향을 정리하여 보면 다음과 같이 제시할 수 있다.

첫째, 무역자유화의 점진적인 확대에 따라 무역관리가 수출입공고 등 직접적인 수입규제방식(直接的인 輸入規制方式)에서 관세에 의한 간접규제방식(間接規制方式)으로 전환하게 됨과 더불어 관세정책의 당면과제는 물량의 수급조절에 의한 물가의 안정과 수출기반강화를 위한 효율적인 산업개발 및 경쟁력촉진, 그리고 무역자유화에 따른 문제점 보완에 역점을 두어야 하고,

둘째, 이와 더불어 산업구조개편을 위한 설비투자의 지원과 투자재원의 조달 및 공업화의 부산물인 공해방지와 환경보전, 복지사회구현을 위한 소비자의 후생과 사회보장의 확충 등 경제정책의 기본목표실현에 관세상의 지원과 대책이 있어야 하며, 셋째, 또한 미국·중국, 일본·중국의 관세개선과 중국의 근대화구상, 선진국의 보호무역주의 경향의 심화 등 국제무역환경의 변화(國際貿易環境의 變化)에 능동적이고 기동성 있게 대처하기 위한 대외관세활동의 활성화가 요구되고, 끝으로 관세정책변수인 관세율조정이나 관세감면제도, 탄력관세제도 등은 물가안정, 산업의 보호육성, 재정수입확보 및 무역진흥 등의 복합적 정책목표에 부합되도록 정책적 융합(policy mix)을 이루도록 할 것이며, 장래 관세율조정정책이나 관세제도는 이러한 방향으로 운용돼야 할 것으로 판단된다.


## 2. 무역정책과 관세율정책[44]


관세는 수출입물품을 과세대상으로 관세의 다양한 기능을 통하여 재정 수입이나 산업보호 외에 무역을 진흥시키거나 무역을 억제하는 작용을 한다.

무역정책은 대외무역거래를 대상으로 무역 등 일국의 대외 경제활동상에서 나타나는 모순을 극복하기 위한 방책이라고 할 수 있다. 이와 같은 모순을 극복하기 위해 무역을 촉진시키기도 하고 무역을

---

44) 이춘삼, 전게서, 1996, p.175.

억제하기도 한다.

따라서 관세는 수입과징금·수입할당제·외환관리·수입예치금·수출신용 등과 더불어 무역정책의 주요 수단이 된다. 이러한 정책적 도구로서의 관세는 무역장벽의 하나로서 수입제한조치로도 활용된다. 그러나 이러한 정책수단은 수출과 수입이 상호 밀접하게 관련되어 있으므로 반드시 수입규제나 수출장려의 일방만을 위하여 이용된다고는 할 수 없고 오히려 관세 및 관세제도는 정책목표에 따라 무역억제를 위한 무역정책과 무역진흥을 위한 무역정책으로 다방면에서 활용될 수 있다.

결국, 관세부과로 인한 부담이나 이익을 어떤 경제 주체에 전가하도록 할 것인가의 결정문제는 무역정책상 중요한 의미를 가진다. 교역상품에 대한 관세의 부과는 무역거래량의 감소를 초래하므로 관세정책은 일반적으로 무역제한정책의 하나로 활용된다. 그러나 관세부과 시 개별상품에 대한 각기 상이한 관세율의 무역상품구조를 바꾸어 놓을 뿐 아니라 다양한 관세제도는 정책목표에 따라 무역제한정책이나 무역진흥정책으로 운용될 수 있다.

무역제한을 위한 관세정책수단으로서는 수입수요를 조절할 수 있는 관세율조정정책과 특수관세제도를 들 수 있다.

특수관세제도(特殊關稅制度)에 의한 무역제한은 자국 상품에 대하여 교역상대국이 불리한 차별대우를 하는 경우 상대국으로부터의 수입품에 대하여도 보복적인 관세를 부과하는 보복관세제도, 수출국의 수출장려금 등의 지원에 의한 저가수입품의 수입수요증대를 억제하기 위한 상계관세, 수입상대국의 덤핑으로 인한 수입증대를 억제하기 위한 덤핑방지관세, 계절적인 수입수요증대를 조절하기 위한 계절관세, 일정량을 초과하는 양의 수입에 대하여는 보다 높은 관세율을 적용하여 수입을 제한하는 관세할당제 및 비상시 수입억제를 위한 긴급관세 등을 들 수 있다.

한편, 무역진흥을 위한 관세제도로는 관세환급제도, 관세감면제도, 보세제도, 자유항제도 및 편익관세제도 등을 들 수 있다.

관세환급은 징수한 관세를 환급해 주는 사후면세제도로서 능률적인 수출지원을 할 수 있으며, 관세감면제도는 시설재나 원자재의 수입에 대하여 관세를 감면함으로써 관세가 갖는 가격인상효과를 배제할 수 있어 수출지원효과를 기대할 수 있다.

보세제도는 국내의 일정지역에 한하여 수입화물에 대한 관세를 부과하지 않음으로써 중계무역 및 가공무역의 진흥을 도모할 수 있다.

자유항제도는 국가영토의 일부를 관세영역 외에 두고 관세가 갖는 수입억제기능을 완전히 배제하여 수출입화물의 자유로운 이동을 허용하는 제도로서 중계가공무역을 통하여 무역진흥을 위하여 활용될 수 있다. 그러나 자유항제도는 외국물품의 자유로운 수입으로 국내 산업을 위축시킬 우려가 있으며 밀수의 위험성이 크고 사치성물품이 염가로 거래되어 소비수준만 높일 가능성이 있어 관세정책으로 채택하는 데는 특히 신중하고 충분한 조사연구가 요구된다.

편익관세제도는 특정국에 대하여 협정세율의 범위 내에서 유리한 세율을 적용하는 관세제도로서 이를 적절히 활용함으로써 무역확대효과를 기대할 수 있다. 그 외 수입면허 시에 징수하여야 할 관세 등의 징수를 일정 기간 유예하는 징수유예제도, 특정물품에 대하여 일정 기간 동안 관세를 분할하여 납부하도록 하는 분할납부제도도 무역확대정책으로 활용될 수 있을 것이다.

이상의 다양한 관세제도는 시의(時宜)에 따라 적절히 운영됨으로써 무역진흥의 실효를 거둘 수 있으며, 대외적으로는 WTO나 UNCTAD

(United Nations Conference on Trade and Development),[45] ESCA
P,[46] WCO(World Customs Organizationl),[47] ASEAN(Association of
South East Asian Nations)[48] 등 국제기구에 적극적으로 참여함으로
써 대외관세활동을 통한 통상장벽을 완화하고 무역을 확대할 수 있
을 것이다. 이와 더불어 무역자유화에 의하여 가세된 무역규모의 확
대에 따른 신속 간편한 통관, 과세가격결정을 위한 공정 신속한 평
가 등 관세행정의 능률적인 운용은 무역진흥에 보탬을 줄 것이다.

## 3. 물가정책과 관세율정책[49]

관세는 그것을 누가 부담하느냐에 따라 수입업자를 거쳐 소비자가
부담하는 관세의 전전(forward shifting)의 경우와 수출자나 생산자가
부담하는 관세 후전(backward shifting)의 경우로 구별할 수 있다. 관

---

45) UN무역개발회의는 UN의 여러 경제기구 가운데 하나로, 선진국과 후진국
   사이의 무역 불균형을 시정하고 남북문제를 해결하기 위해 설치되었다.
46) 방콕협정은 관세·비관세장벽 제거를 통해 ESCAP(아시아 태평양 경제사
   회위원회) 역내 개도국 간의 무역확대를 목적으로 지난 1975년 한국·인
   도·스리랑카·방글라데시·라오스 등 5개 회원국 간에 체결된 특혜무
   역협정을 말한다. 아시아·태평양지역에서는 유일한 UN산하 개도국 특
   혜무역협정이다.
47) 세계관세기구로서 관세제도의 조화·통일을 꾀함으로써 국제무역 발전
   에 공헌하는 것을 목적으로 하는 국제기구이다.
48) 동남아국가연합은 동남아지역의 공동안보 및 자주독립 노선의 필요성 인
   식에 따른 지역협력 가능성을 모색하기 위해 창설된 지역협력기구이다
49) 이춘삼, 전게서, 1996, p.178.

세의 전전의 경우에는 관세부담만큼 수입가격을 인상시키게 된다. 따라서 관세가 전전(前轉)되느냐 후전(後轉)되느냐 하는 것은 수입가격결정에 중대한 의미를 갖는다.

일반적으로 관세의 전가(轉嫁)는 수입물품에 대한 수요량, 국내공급량, 수입의존도, 소비자의 경제력 등에 따라서 결정될 것이다. 대부분의 경우 관세는 전전되어 수입물품의 가격을 등귀시킨다. 가격등귀는 소비수요 및 수입수요를 억제하여 국내물가를 인상시킨다. 더욱이 관세의 부과로 소비자가 높은 가격을 지불하는 것은 수입상품에만 국한되는 것이 아니고 국내에서 생산되는 동종의 상품에 대하여도 높은 가격을 지불하지 않으면 안 된다.

따라서 관세는 수입원가의 상승요인으로 관세가 갖는 기능을 통하여 수입상품의 가격에 영향을 미치고, 수입상품의 가격은 그 경제의 수입의존도와 각각 수입상품수요의 가격탄력성에 따라 물가수준 전반에 영향을 미치게 된 다. 따라서 관세는 물가조절을 위한 정책수단으로 운용될 수 있다.

물가의 등귀는 국민경제의 안정기조(安定基調)를 파괴할 뿐만 아니라 경제성장을 저해하고 완전고용을 어렵게 하므로 정책당국은 물가인상이 초래하는 국민생활의 불안을 해소시키기 위해 모든 장단기 정책 수단을 동원하게 된다.

물가정책이란 물가의 극심한 변동은 경제 질서를 혼란을 시키고 기업의 생산 활동을 위축시키므로 이것을 제거 내지 완화시키려는 정책이라고 할 수 있으며, 이러한 물가정책은 상품가격 또는 생산재 수요의 가격을 조정함으로써 국민경제의 안정 및 발전을 기하는 데 그 목적이 있다.

일반적으로 물가가 등귀하는 원인은 인건비·원자재가격 등의 생산비가 오르는 데서 연유하는 코스트 푸시(cost push)요인과 수요가 공급을 초과하는 디맨드 풀(demand pull)요인이 있다.

J. M. Keynes[50]는 물가가 등귀하는 인플레이션의 주요인을 초과수요에 바탕을 두고 있고, 화폐수량설(quantity theory of money[51])은 통화량의 증가에 근거를 두고 있지만, 소비수요의 증가나 투자수요의 증가 등으로 공급은 줄고 수요는 팽창하는 경우 이를 관세 측면에서 볼 때 고율의 관세부과는 수입수요를 감소시켜 물가앙등을 초래할 것이고, 관세장벽의 제거를 통한 무역자유화는 물가를 진정 내지 안정시키는 데 크게 기여할 것이라고 말한다.

어떻든 근본적인 물가정책은 수요와 공급의 양 측면에서 그 대책

50) J. M. Keynes의 『일반이론』에서 설명한 개념으로 원칙적으로는 자본주의의 체제를 유지하면서 자본주의의 발달에 의하여 발생한 모순을 극복하기 위한 보강책이다. 제2차대전 후 영국 노동당의 정책이나 미국의 뉴딜(New Deal)정책 등이 이 이론을 적용했던 예이다.
51) 물가수준의 변동을 통화량의 변동으로 설명하는 경제이론으로서 이 이론은 후에 인플레이션과 디플레이션의 원인을 해명하는 형태로 발전했다. 17세기 영국의 철학자 존 록크와 18세기 스코틀랜드의 철학자 흄 등에 의해 발전되었던 화폐수량설은 당시 화폐와 부(富)를 동일시하던 중상주의에 대항하는 주요한 이론적 무기였다. 이에 따르면 한 나라에 화폐가 축적될 경우 그에 부응하여 물가가 상승한다. 그러므로 중상주의가 국부(國富) 증진의 수단으로 삼고 있는 국제수지 흑자는 국내의 통화량을 증대시킬 뿐 국부를 증대시키지는 못한다. 19세기 보호무역주의에 대한 자유무역주의의 승리는 화폐수량설에 힘입은 바 크다. 또한 화폐수량설은 19, 20세기에 걸쳐 경기순환론과 환율이론에도 응용되었다. 1930년대 통화팽창정책이 디플레이션에 대한 치유책으로서 효과가 없자 그 타당성을 의심받기 시작했다. 당시 경제학자들은 화폐의 공급보다는 투자수준·정부지출수준 등이 경제활동수준을 결정하는 데 더 큰 영향을 미친다고 주장했다. 1960년대 경제이론의 흐름은 또다시 역전된다. 전후 인플레이션의 경험과 화폐-물가 간의 새로운 실증자료들을 통해 화폐수량설은 명예를 회복했다. 화폐수량설은 물가안정과 완전고용의 유지를 목표로 하는 정부의 정책에서 화폐 스톡의 크기가 매우 중요한 변수임을 시사해 준다.

이 강구되어야 한다. 물가상승이 초래하는 국민생활의 압박을 해소하기 위한 물가정책은 단기정책으로서는 직접적인 가격정책으로서 상품가격의 직접통제를 들 수 있고, 장기정책으로서는 간접적인 가격정책으로서 물량의 수급균형을 들 수 있으나, 경제규모의 대형화 및 국제화시대에 있어서는 직접적인 가격통제는 많은 부작용을 야기하기 때문에 간접적인 가격정책으로서의 물량의 수급조절책이 바람직할 것이다. 이러한 관점에서 볼 때 관세율 조정은 수입수요의 조절기능(輸入需要의 調節機能)을 통하여 재화의 공급 측면에서 물가정책을 보완하는 작용을 한다. 특히, 농수산물과 같이 자연조건에 따라 수급에 기복이 심한 경우에는 관세가 물가정책의 정책수단으로서 차지하는 비중이 더욱 클 것이다.

이처럼 물가의 등귀는 경제성장이나 수출신장 그리고 소득의 증가를 상쇄하는 결과를 초래하고 국민경제생활에 지대한 영향을 미치므로 국민경제의 발전과 국민생활의 안정을 위해서는 물가안정이 극히 중요하다. 따라서 세계 모든 나라는 경제성장이나 완전고용과 더불어 물가안정을 경제정책의 주요 목표로 삼고 있다.

관세는 수입상품 물가인상을 통하여 수입수요를 조절하고 국내물가를 등귀시키는 요인이 되므로 관세가 물가에 미치는 영향력을 고려해서 관세정책을 외환정책 등과 같이 물가안정을 위한 경제정책의 일환으로 파악하고 운용할 수 있다.

일반적으로 국내물가가 등귀할 경우에는 물가등귀의 선도적 역할을 하는 품목의 수출을 가급적 억제하고, 이와 동시에 당해 품목의 수입을 개방하는 정책이 효과적이다. 이와 더불어 재화의 수급불균형에서 야기되는 국내비정상가격의 형성은 관세율의 조정을 통하여 수급의 균형을 유지하고 정상시장가격에 도달하게 할 수 있다. 이와 같이 수입자유화는 물가안정과 직결되는 정책수단이며, 관세율조정은 물가상승을 진정시킬 수 있는 관세정책수단이 된다.

한편, 국내물가와 외환시세는 함수관계에 있기 때문에 국내물가는 국제수지의 개선과 외환시세의 안정을 통하여 진정시킬 수 있다. 물가안정을 위한 관세정책이 실효를 거두기 위해서는 관련 정책과 조화를 이루어야 할 것이며, 또한 전술한 물가평형관세제도, 즉 계절관세, 차액관세와 관세할당제 등을 탄력적으로 운용하여 국내물자의 수급을 원활히 하고 독과점의 횡포로부터 소비자를 보호하여야 한다.

## 4. 산업정책과 관세율정책[52]

관세는 반대급부 없이 강제적으로 징수되는 조세의 일종으로 국가경제의 발전에 따라 관세의 기능과 역할도 변천되어 왔다.

관세는 중세부터 근대국가가 성립함에 따라 수출입화물에 대한 통행세, 하천세 등 내국관세로서의 성격을 띠고 국가권력유지를 위한 조세수입의 증대를 위하여 활용되었으나 국가의 기능과 역할이 치안, 국방으로부터 복지후생으로 옮겨감에 따라 관세도 국내의 유치산업보호와 수입대체산업육성정책수단으로 등장하게 되었다 함은 주지의 사실이다.

이는 관세가 외국, 특히 선진국으로부터 수입되는 양질의 저가제

---

52) 이춘삼, 전게서, 1996, p.180.

품에 대하여 부과됨으로써 관세의 가격효과나 수입수요억제기능(輸入需要抑制機能)을 통하여 단위당 생산비가 높은 국내물품의 생산을 가능하게 하고 국내 산업을 보호, 육성하는 역할을 하기 때문이다. 따라서 관세는 금리나 외환율, 정부보조, 수입쿼터, 금융기관대출 등과 같이 산업정책목표를 달성하기 위한 주요 산업유인책의 하나로서 무역자유화와 더불어 보다 중요한 산업정책수단으로서의 의미를 가질 수 있다.

여기서 '산업유인책'이란 산업정책목표를 달성하기 위한 수단이며 민간기업의 수익성에 영향을 주는 모든 시책을 포함한다. 시장경제체제하에서 산업을 직접 담당하는 것은 국영기업보다는 민간기업이 대부분이므로 시장경제체제하에서 산업정책이란 정부의 대산업유인책(對産業誘因策)으로 귀결될 것이므로 국내유치산업의 보호, 육성에서 더 나아가 의도적인 자원배분과 산업개발을 위해서도 보호관세가 산업정책수단으로 활용될 수 있다.

어느 나라를 막론하고 국내산업보호는 산업정책이나 무역정책의 가장 중요한 목표의 하나가 되고 있다. 그 이유는 외국상품의 국내유입의 경우 국제경쟁력이 약한 국내 산업은 생산 활동이 위축되어 실업이 발생하게 되며 국민의 소득수준이 낮아지고 국가의 경제성장을 저해하기 때문이다. 따라서 모든 나라는 국내산업을 보호, 육성하기 위하여 강력한 보호조치를 취하고 있다.

국내산업보호를 위한 정책수단으로서는 관세와 비관세장벽을 들 수 있다. 무역자유화 및 개방체제로의 이행에 따라 비관세장벽이 제거 내지 완화될 것이므로 관세는 강력한 수입규제수단이 된다. 이러한 수입규제 및 국내산업보호를 위한 보호관세는 수입을 감소시킬 정도의 고율이어서 때로는 국가의 재정수입을 감소시키기도 한다. 따라서 산업정책과 관련된 관세정책은 재정정책과 관련된 관세정책과 조화를 이루어야 한다.

한국과 같이 자본축적이 부족하고 국내시장이 협소하며 대외지향적인 경제개발정책을 채택하고 있는 오늘날에 있어서는 산업개발과 산업구조의 고도화를 추진하기 위하여 산업정책과 관련된 관세정책이 우선하게 된다.

산업의 보호, 육성을 위한 관세정책수단으로는 관세율제도, 관세감면제도, 특수관세제도 등을 들 수 있다.

관세율제도에 의한 산업의 보호·육성은 관세율조정방법에 의한다. 한 나라의 관세체계는 원재료의 생산상황, 중간재의 생산상황, 완제품의 생산상황, 기술수준 등을 종합적으로 고려하여 책정하는 것이 일반적이지만, 산업정책과 구체적인 산업정책목표도 그 조정기준의 요인이 된다.

산업의 중화학공업화를 지향하기 위한 산업구조개편을 위하여서는 중화학공업화를 보호, 육성하여야 할 것이며, 자체자원이 부족할 경우 중화학업 제품에 대하는 고율관세를, 수요원자재에 대하여는 저율의 관세를 적용하여야 할 것이다. 그러나 산업의 국제경쟁력 강화를 위하여 관세장벽으로 보호될 유치산업선정(幼稚産業選定)에 신중을 기해야 하며 일단 보호, 육성키로 선정된 산업이라 할지라도 관세장벽을 시한부로 적용하고 그 보호기간 동안에도 보호의 정도를 연차적으로 감소시켜야 할 것이다.

한편, 산업정책의 중요한 정책수단으로서 앞에서 설명한 탄력관세제도의 기동성 있는 활용이 요청된다. 따라서 이들 관세정책의 산업정책과의 조화로운 운용은 국내산업 보호, 육성과 중요한 연계를 갖는다.

## 5. 재정정책과 관세율정책[53]


관세란 국가권력에 의하여 반대급부 없이 강제적으로 징수되는 금전이기 때문에 조세의 일종으로서 관세의 재정수입기능을 통하여 국가의 재정수입을 확보하는 재원이 되며, 다른 조세에 비하여 징수가 용이(徵收가 容易)하므로 국가의 중요한 세원으로서 재정정책과 밀접한 관계가 있다.

연혁적인 측면으로 볼 때 관세의 발생초기에는 고대도시국가의 도로, 교량, 항만시설, 창고 등의 사용료 또는 수수료의 성격을 띤 조세로서 군주의 재정수입을 목적으로 하여 부과되었으며, 근세에 이르기까지 구미각국에 있어서 세입의 대종을 이루었다. 그리하여 국고의 수입을 목적으로 하는 재정관세를 세입관세 또는 수입관세라고도 한다.

한때 미국도 관세수입이 총재정수입의 98%를 차지한 적이 있으며, 오늘날에도 저개발국에서는 관세가 국고수입에서 큰 비중을 차지하고 있다.

개도국에서 재정수입 중 관세의 비중이 큰 것은 관세가 내국세에 비하여 행정에 간편하기도 하지만 관세는 국내 산업보호기능 등 경제개발 계획내지 경제정책목표와 쉽게 조화할 수 있다는 데에도 기인한다. 그러나 1인당 국민소득이 500달러를 넘어서면 관세의 세입원으로서의 비중이 급격히 줄어드는데 이는 관세에 의한 보호에 의하여 수입대체산업(輸入代替産業)이 육성되어 관세의 세원인 수입을 억제하게 되고 경제가 성장됨에 따라 국내산업의 부가가치의 총국민소득 중에서 차지하는 비중이 크게 증가하고 수입물품의 비중이 줄

---

53) 이춘삼, 전게서, 1996, p.182.

어들기 때문이다.

관세는 과세목적에 따라서 국고의 수입을 목적으로 하는 재정관세(財政關稅)와 유치산업의 보호육성 및 기존산업의 유지를 위하여 부과되는 보호관세(保護關稅)가 있다. 선진국에 있어서는 자국의 산업보호 또는 무역역조의 시정을 위한 수입품에 대한 관세부과가 조세수입의 증대를 가져오게 되나 개발도상국에 있어서는 재정수입의 확보를 위한 관세부과 보호의 효과를 나타낸다.

재정관세는 또한 외국상품의 수입에 대하여 부과되므로 재정관세를 통한 조세수입 정부정책과 무역상대국의 수출확대정책과는 원칙적으로 상충된다. 그러므로 전 세계의 무역확대를 위해서는 무역장벽이 되고 있는 관세의 철폐가 필요하며 더욱이 재정수입을 목적으로 하는 재정관세의 폐지가 요망된다. 그러나 개발도상국에 있어서는 자국 산업보호상 관세의 철폐나 관세율의 대폭적인 인하는 불가능하여 경제개발에 소요되는 막대한 투자재원의 조달을 위해서도 재정관세는 불가피하다. 따라서 과거 무역자유화를 적극 추진하고 있는 한국에 있어서도 관세가 재정정책상 중요한 의미를 지니고 있었다.

한편, 재정수입과 관세정책과의 관계를 보면 관세는 재정수입을 증대시키는 동시에 수입제한을 통하여 국내 산업을 보호하므로 관세가 갖는 이러한 양면성으로 인하여 관세정책에 있어서도 재정정책적인 측면과 산업정책적인 측면으로 구분할 수 있다. 재정수입증대를 위한 관세정책은 가능한 한 수입수요억제를 완화하고 수입자유화에 의한 세수증대를 도모하게 된다. 반면, 산업정책과 관련된 관세정책은 수입수요를 억제하여 자국 산업발전에 역점을 두게 된다. 따라서 재정정책적인 관세정책과 산업정책적인 관세정책은 상호, 역비례의 관계에 있다고 볼 수 있다.

일반적으로 관세의 부과는 자유무역을 제한하고 자원의 최적배분을 저해하며 비능률적인 국내 산업을 보호하게 되므로 관세는 인하 또는 철폐되어야 한다는 주장이 설득력이 있으나, 기업의 자본축적이 부족하고 경제발전의욕이 충만한 개도국에 있어서는 투자재원의 상당부분을 외국자본에 의존하고 있는 형편이므로 관세의 재정수입기능과 세수증대를 위한 관세정책적인 배려는 경시될 수가 없다. 그러나 미시적인 재정이익이나 산업이익은 거시적인 국가이익과 균형·조화를 이루도록 하는 것이 관세정책과제라고 할 수 있다. 또한 무역자유화는 수입액의 증가와 더불어 관세율정책이나 관세제도상의 구조적 전환이 없는 한 관세수입을 증가시킬 것이나 무역자유화가 재정수입의 증대를 위한 정책적 고려에 의해 추진이 되어서는 안 될 것이며, 따라서 국내에서 전혀 생산되지 않는 기초원자재에 대한 수입관세부과는 문제가 있다.

# 제4절 적정관세율체계 정립을 위한 논의

## 1. 기본방향

기본관세율정책방향을 논의함에 있어 우선 관세율체계 측면에서 살펴보면 이론적으로나 현실적으로 현재 한국이 지향(指向)하고 있는 균등관세율제도가 차등관세율제도에 비해 반드시 효과적인 제도라고 말할 수는 없다고 본다.

따라서 관세율을 책정함에 있어서 지나치게 균등관세율제도에 집착하는 것은 바람직하지 않다고 판단된다. 그렇다고 하여 과거 20여 년 동안 유지하여 온 균등관세율체계를 유지하지 않고 차등관세율체계로 전환한다는 것도 또한 사회적 비용을 유발한다는 차원에서 바람직하지 않다고 본다. 따라서 앞으로의 관세율체계에 있어서는 그동안은 균등관세율체계를 지향하는 관세정책의 기조를 장기적으로 그대로 유지하더라도 유치산업의 보호와 유망산업의 경쟁력 배양 등 산업정책의 목적을 달성하기 위해서 약간의 차등적인 관세율의 설정이 필요한 분야에 대해서는 차등적인 관세부과를 예외적으로 인정해야 할 것이다.

아울러 한국의 현행 관세율 수준의 평가에서는 현재의 수준이 적정수준보다 약간 낮은 것으로 파악된다. 따라서 평균관세율수준을 높이는 데는 신중을 기해야 할 것이다. 왜냐하면 첫째, 세계는 UR, APEC 등 국제경제협력을 통하여 관세율 인하 등 무역 장벽을 제거하는 방향으로 진행하고 있는데 관세율을 상향조정하는 경우 세계로부터의 비난을 감수하여야 하고 특히, 한국의 주요 수출시장인 미국 등 일부 국가의 역반응을 초래하여 수출을 약화시킬 가능성이 크다. 둘째, 관세율은 한번 공표하고 나면 국제적인 약속으로 인식하게 되므로 쉽게, 자주 바꿀 수 있는 성질의 것이 아니다. 따라서 앞으로의 경제발전 및 실명제 실시가 내국세 부과능력을 증대시킬 것이므로 장기적으로 중심세율을 인상할 필요는 없다고 본다. 다만 앞서 언급한 바와 같이 일부 품목에서 현행 관세율에 큰 문제를 느끼고 있다면 평균관세율 수준에 크게 영향을 주지 않는 범위 내에서 관세율 조정을 검토할 수 있을 것으로 본다.

더욱이 최근 글로벌화·개방화가 진전됨에 따라 관세정책은 점차 산업구조 조정정책으로서의 기능 측면에서 효과적인 수단이 되지 못하고 있다. 그러나 관세의 산업정책으로서의 기능을 포기하기에는 아직 이르다고 판단된다. 왜냐하면 과거와 같이 직접적인 수입규제가 불가능하게 됨에 따라 관세정책의 산업구조유지 정책으로서의 기능은 오히려 더 중요시되어야 할 것이기 때문이다.


## 2. 비경쟁 원자재와 중간재의 무세화 논의


비경쟁 원자재 및 중간재에 부과되는 관세를 제거함으로써 국내산업의 가격경쟁력을 제고해야 한다는 주장이 제기될 수 있으나 비경쟁 원자재 및 1차 가공품 중 관세세입에 큰 영향을 미치지 않는 한도 내에서 일부품목의 무세화(無稅化)는 고려할 수 있으나 전면적인 무세화는 바람직하지 않다. 그 이유는 첫째, 이들 품목은 수입이 한국의 총수입에서 차지하는 비중이 상당히 높아 이들 품목에 대한 관세율을 인하하면 관세수입이 크게 감소할 것으로 예상된다. 현재 한국의 관세수입이 국민소득에서 차지하는 비중은 한국의 경제발전 수준 등의 여건에 비추어 낮은 상태이다. 따라서 교체재원을 마련하지 않은 채 관세수입을 크게 감소시키는 정책을 수행하는 것은 바람직하지 않다.

둘째, 뿐만 아니라 부존자원이 부족한 한국은 앞으로 자원절약적인 산업구조로 이행해 나가야 하는데 관세(생산과 소비의 왜곡을 동시 초래)보다는 생산의 왜곡을 초래하지 않는 소비세가 우월한 세제이나 단일세율을 적용하는 부가가치세제를 택하고 있는 한국에서는 소비세제를 통해서 원자재 및 중간재의 사용에 대한 세부담(稅負擔)을 전반적으로 강화하는 것은 어렵다. 한국에서도 석유류에 부과하는 특별소비세가 이와 같은 기능을 수행하고 있긴 하지만 이를 비경쟁 원자재 및 중간재에 대하여 전반적으로 확대하는 것은 부가가치세제도의 원칙과 상치되는 것이라고 할 수 있다. 장기적으로는 확대를 검토해 볼 수 있으나 상당기간 동안은 관세에 의존해야 할 것이다.

## 3. 종량세제 확대도입 논의

일부 산업에서는 후발개도국으로부터 들어오는 저가수입품과의 경쟁이 치열해지고 있거나 앞으로 치열해질 것으로 전망되고 있고 이에 부응하여 국내 산업을 보호하기 위하여서는 저가품의 수입급증이 예상되는 일부 품목에 대해 현행 종가세 대신 종량세를 확대 도입할 필요가 있다는 주장이 제기될 수 있다. 종량세제 도입 여부는 다음 사항을 종합적으로 고려하여 신중히 결정하여야 할 것이다. 첫째, 종량세제(從量稅制)를 도입할 경우 이는 저가품 생산업체를 보호하는 반면 상대적으로 고가품 생산업체에 대해서는 불리한 대우를 한다는 것을 의미한다. 그러므로 생산요소는 고가품 제조업체에서 저가품 제조업체로 이동하게 될 것인데 과연 이러한 이동이 장기적인 산업구조 조정이라는 측면에서 바람직한 것인가에 대하여 심각히 고려해 보아야 할 것이다.

둘째, 수입품에 부과하는 종량세는 환율이 인상됨에 따라 그리고 수입제품의 가격이 인상됨에 따라 세부담이 상대적으로 약화되므로 이러한 경우에는 종량세를 부과한 소기의 목적을 달성할 수 없다. 셋째, 한국의 농산물 관련 정책을 안전한 비교우위론에 따르는 방향으로 전환하지 않는다면 적어도 어느 정도의 보호는 필요하며 이러한 농업부문의 보호는 저가수입품으로부터의 보호를 의미한다. 따라서 농업부문에는 종량세를 도입하는 것이 타당하다고 보나 다음과 같은 문제점이 예상되므로 주의를 요한다. 첫째, 현재 상대적으로 낮게 책정되어 있는 비양허농산물(非讓許農産物)에 대한 기본관세율의 종량세로 환산하는 과정에서 세율을 높게 책정할 경우 GATT의 Standstill 조항 위반이라는 지적이 제기될 수 있다. 둘째, 종량세제도는 종가세에 비해 저가품에 상대적으로 많은 관세를 부과하므로 저가품의 수입억제에는 기여하나 동시에 저가수입품의 가격인상을 초래함으로써 국내 물가상승 요인으로 작용할 수 있다. 셋째, 종량세가 효율적으로 적용되기 위해서는 수입품의 품종, 품질, 가공도 등에 따라 품목분류를 세분화하고 종량세율을 결정해야 하는 등 기술적인 문제가 따른다.

## 4. 관세율 조정과 실효관세율 수준의 고려여부

관세율과 수입의존도 그리고 무역특화지수 측면에서 볼 때 관세율정책이 분명 한국 산업구조에 영향을 미치고 있음을 알 수 있다. 특히, 수입의존도의 경우에는 명목관세율이 영향을 미치고 있어 수입의존도를 정책적으로 조정할 경우 명목관세율을 이용할 필요가 있겠다. 또한 실효관세율이 무역특화지수에 양(＋)의 관계로 영향을 미치고 있는 연구결과도 나타났다.[54] 따라서 현재까지도 정책적으로 관세율구조를 조정할 때 실효관세율 수준을 고려 대상에 포함시켰던 것은 적절한 것이었다는 평가를 할 수 있고, 향후에도 관세율구조를 개편할 때 실효관세율 구조를 살펴볼 필요성이 높아졌음을 의미한다.

이는 곧 실효관세율에서 음(－)의 보호수준을 나타내고 있는 역관세 품목들에 대한 조정이 필요한 것으로 해석될 수 있다. 현재 집적회로, 컴퓨터 및 주변기기 등과 같이 한국 수출을 주도하고 있는 산업들에서 역관세 현상이 나타나고 있는데 이를 시정할 경우 무역특화지수가 더 개선될 수 있는 것으로 결과를 통해 해석할 수 있기 때문이다.

실효관세율을 높이는 방법 중의 하나로는 최종재에 대한 관세율을 높이는 것도 있지만, 이는 WTO체제에서 특히 ITA 협정에 의해 무관세가 추진된 최종재에 대해서는 선택할 수 없는 정책이므로 이보다는 중간재에 대한 전반적인 관세율 인하와 함께 선별 작업을 통해 중간재를 크게 두 부분으로 나누어 성장잠재력이 없거나 고부가가치 산업이 아닌 경우에 원자재와 유사한 관세를 부과하고, 반면 고부가가치 부품 및 소재 산업에 대해서는 중심관세율 수준의 관세를 부과하는 방안을 생각해 볼 수 있다. 즉 성장잠재력이 없거나 고부가가치 산업이 아니라면 중간재 세율을 원자재에 가깝게 낮추고 이로 인

---

54) 정재호 외, "우리나라 산업구조 및 실효관세율 변화연구", 한국조세연구원, 2004, p.110－140.

해 소비재의 수입의존도가 증가하여 국내대체산업이 피해를 입을지 모르지만 결국보다 부가가치 창출이 큰 자원으로의 재분배를 유도할 수 있을 것이다. 최적의 자원재분배를 유도하는 것이 관세율정책이 가지는 큰 역할 중의 하나이다. 한편, 성장잠재력과 고부가가치 산업으로 분류될 수 있는 부품 및 소재 산업에 대해서는 중심관세율 수준의 관세를 부과하여 국내 산업을 보호할 필요가 있고 이런 관세율 구조를 통해 자원 재배분(再配分)을 통해 국가경제발전에 이바지할 수 있을 것이다. 구체적인 중간재 선별 역시 향후 개별 산업별 세부연구를 통해 집중적으로 분석되어야 할 분야로 여겨진다.

특히, 정책에 반영되기 위해서는 산업별로 구체적인 핵심 부품 및 소재 산업 연구와 함께 업체별 실태조사도 함께 시행되어 실질적으로 그 산업에 종사하는 분들의 의견수렴이 필수적이다. 또한 이를 한국통일상품분류품목표, 즉 HSK(Harmonized System of Korea)와 연계시키는 작업이 함께 이루어진다면 정책에 즉시 반영될 수 있을 것이다.

# 제3장

# 한국 관세율구조의 변화와 특징

## 제1절 국제 관세율 조정정책의 기조 변화

### 1. 세계 관세율 변화추이

관세정책시대는 근세 통일국가의 성립기인 중상주의(重商主義) 사상이 지배적인 당시에 태동한 것이지만, 영국이 자유무역주의를 국시로 하고 독일과 미국의 보호무역주의로 영국에 대항한 시기부터 관세정책은 현저한 발전을 보게 되었는바, 아래서 국제관세정책의 태동기인 중상주의시대로부터 산업자본주의시대, 독점자본주의시대 및 최근

의 국제협력시대에 이르기까지 제반 국제관세정책의 기조를 살펴보고
자 한다.


### 1) 중상주의시대[1]의 관세

16세기, 17세기에 걸쳐 유럽에 있어서는 근세국가(近世國家)가 잇
따라 형성되고 각국은 경쟁적으로 식민지와의 사이에 왕성한 무역을
하였으나 당초의 무역은 향료무역이라는 용어가 나타내 주는 바와
같이 식미지산의 향료, 귀금속 등의 사치품을 본국으로 가지고 와서
폭리를 취하는 것이 그 주목적이었다. 그러므로 무역은 본국과 식민
지와의 국민경제운영에 직결되어 있지 않았으며 국제분업은 성립되
어 있지 않았다.

원래의 중상주의 사상은 최초의 중금주의(重金主義)에서 거래차익
주의로 그다음에는 무역차액주의(貿易差額主義)로 발전하였는바 이
무역차액주의의 목표는 수출촉진 및 수입금지에 의한 수출초과, 즉
가급적 많은 금은을 획득하는 것이었다. 따라서 이 당시에는 자국
내에서 생산할 수 있는 상품수입 또는 각국에 불리한 무역차액을 초
래하는 수입에 대하여는 고율의 관세를 부과하고 때로는 전면적으로
수입을 금지한 일도 있었다.[2]

---

1) 중상주의시대를 16세기 초－18세기 말로 보는 학자가 있는가 하면, 다소
   막연하지만 17세기－18세기로 보는 학자도 있어 통일성이 없다.
2) 최병선, 『무역정치경제론』, 박영사, 1999, p.277.

## 2) 산업자본주의시대의 관세

18세기 후반 영국에 있어서는 산업혁명이 일어나 공장제 생산체제가 정비되어 생산력이 급격하게 확대된 결과 자국 상품의 수출이 급증하였다. 또한 이보다 약간 떨어지기는 하지만 유럽대륙 제국도 동일한 과정을 밟아서 무역을 유대로 하는 국제분업(國際分業)이 확립하게 되었다.

그러나 영국은 가장 먼저 산업혁명을 경험한 만큼 공장제생산 내지 자본제생산이 다른 나라보다 앞서 있었고, 따라서 국제경쟁시장에서 무역에 대한 보호간섭이 필요하지 않게 되었을 뿐만 아니라 오히려 해로운 입장이 되었다. 관세부과의 결과 식량 및 원료가격이 등귀(騰貴)하여 생산비를 인상시켜 공업생산력의 발전을 저해하기 때문이며, 특히 저렴한 곡물의 자유수입은 당시로서는 최대의 요망이었다. 말할 것도 없이 생산비의 인하는 국제시장에 있어서의 경쟁을 우세화(優勢化)하여 수출을 촉진하고 수출증진은 생산확대로 생산비의 대폭인하를 가능한다. 이 같은 사정에서 철저한 자유무역론이 출현하게 되었던 것이다.

그러나 19세기 말부터 20세기에 걸쳐서 공업생산력의 발전이 지속적으로 이루어졌던 독일과 미국의 공업제품은 공업생산력이 현저히 발전한 영국의 공업제품과 세계시장에서 경쟁할 수밖에 없었다. 그러나 당초 독일과 미국의 자본제생산은 세계시장에서 영국에 비하면 도저히 비교할 수 없을 정도로 유치한 단계에 있었으므로 이 격차를 해소(解消)하려면 국가의 보호가 필요하였다.

국가의 보호는 관세정책에 구체화되어, 이른바 보호관세가 외국상품 특히 영국 상품의 수입을 억제하기 위하여 설치된 것이다.

즉 산업자본주의시대에는 당시에 선진국이던 영국 경제를 배경으로 "보이지 않는 손(invisible hand)"의 경제적 섭리를 바탕으로 보호관세의 철폐를 주장하는 아담스미스의 자유무역이론에 대항해서 당시의 후진국이던 독일·미국·프랑스에서는 보호관세이론이 체계적으로 정립되었다. 환언하면 독일의 역사학파 리스트(F. List)는 유치산업보호론(幼稚産業保護論)을, 미국의 해밀턴은 공업보호관세이론을 전개했으며, 프랑스의 나폴레옹은 보다 강력한 직접규제로서 대륙봉쇄령을 내렸던 것이다.

이와 같이 독일과 미국의 산업보호관세는 어디까지나 자국의 유치산업(幼稚産業)을, 자본주의 선진국과의 경쟁상 잠정적으로 보호하는 것을 목적으로 하는 것이었으므로 자국 산업이 질적으로 향상하고 양적으로 발전하여 외국과 경쟁할 수 있게 된다면 그것은 당연히 철폐되어야 하는 것으로 예상되었다.[3]

이로써 근대국가의 성립 초기인 중상주의시대에는 관세가 절대왕정의 재정수입의 80%를 담당할 정도로 국고수입의 주종을 이루었으나 산업자본주의시대로 이행되어 감에 따라 관세기능은 재정수입확보의 기능에서 산업보호의 기능이나 수입규제기능으로 그 주 기능이 변천되어 왔다.[4]


## 3) 독점자본주의시대의 관세

미국 및 독일산업의 비약적인 발전은 트러스트, 콘체른, 카르텔과

---

3) 이춘삼, 『무역학개론』, 박영사, 1990, p.69.
4) 최병선, 전게서, 1999, p.359.

같은 기업독점권의 형성을 촉진하여 이른바 독점자본주의의 형태로 이행하게 되는바, 독점자본주의하에 있어서의 관세는 보호관세에서 독점관세(獨占關稅)로 그 특성이 변하게 되고 동 독점관세는 국제무역에 있어서 새로운 의의를 가지고 강력한 영향을 미치게 되었다. 이러한 시대에 있어서의 독점관세는 자동적인 가격조정 기능이 정지되므로 계속적이며 조직적인 덤핑판매가 가능하게 된다.

즉 독점상품의 국내가격을 고의로 높게 결정하여 이것을 소비자에게 강요하는 한편 그 수출가격을 현저히 낮게 결정하고, 반면에 외국상품의 자국으로의 수입은 관세장벽을 설정하여 봉쇄하는 것이다. 물론 이 같은 덤핑에 대해 피해국은 이것을 감수 묵인할 리가 없으며, 부당염가매매방지관세(不當廉價賣買防止關稅)를 설정하여 대항보복책을 강구하게 되고, 독점자본주의가 성숙하여짐에 따라 국제무역 분야에서는 독점관세와 부당염매방지관세와의 공방이 계속됨으로써 경쟁적인 관세율 인상의 움직임이 일어나게 되는바, 이러한 움직임은 미국은 1883년부터, 프랑스는 1881년부터, 독일에서는 1879년부터 계속되었다.

이러한 경쟁적인 관세율 인상은 근린궁핍화정책(近隣窮乏化政策) 및 식민지정책과 연결되어 1930년의 대공황을 전후해서 절정에 이르렀으며, 이때의 경쟁적인 관세율 인상 현상을 관세전쟁(tariff's war)이라고 한다. 이러한 관세전쟁은 제2차 세계대전 종전 시까지 계속되어 세계 무역을 계속 축소시켰으며, 공황의 깊이를 더욱 깊게 하는 원인이 되었다.

## 4) 제2차 세계대전 이후의 관세

상기와 같은 관세전쟁의 피해를 제거하기 위하여 국제적으로 관세협상이 계속되는 가운데 세계적 대공황을 극복하기 위하여 자유경제기조가 통제기조로 전환되면서 국제무역 활동에 있어서도 전통적인 관세정책에서 수입통제 및 외환관리로 이행하게 되었다.

한편 GATT에서 케네디라운드를 포함한 7차에 걸친 관세인하 협상의 성공으로 선진국의 관세율은 평균 10% 이하의 수준으로 GATT에 기속(binding)되게 되었다. 따라서 더욱이 선진 각국이 변동환율제도(變動換率制度)를 채택함에 따라서 무역장벽으로서 관세율의 역할을 점차 그 기능을 잃어가고 있다.[5]

그러나 관세가 전적으로 그 존재 이유를 상실하여 관세정책이 없어진 것이 아니라 무역정책상 종래와 같은 지배적 지위에서 전락되었을 뿐이며, 직접적인 수량통제 등을 보조하는 역할을 경시할 수 없는 것이다. 이에 따라서 각국에서는 국내 이해관계집단의 이익을 직접적으로 반영할 수 있는 무역통제수단으로 비관세장벽을 빈번하게 도입하게 되어 이에 비관세장벽이 범람하는 시대를 맞게 됨에 따라 제무역협상면(諸貿易協商面)에서도 관세장벽에 못지않게 비관세장벽의 제거에 많은 관심을 집중시키고 있는 것이다.[6]

종전을 앞둔 1944년부터 한국전쟁까지의 1940년대 후반은 전후의 경제 부흥과 무역 확대를 위하여 범세계적인 협력기조로서 브레튼우즈(Bretton Woods) 협정에 따라 국제통화기금(International Monetary Fund)과 세계은행(International Bank for Reconstruction and Devlo-

---

5) 이춘삼, 『국제통상법』, 법문사, 1999, p.70.
6) 상게서, p.71.

pment)이 창설되었고, 하바나 헌장(Havana Chart)의 정신에 따라 세계경제를 이끌고 간 전후의 3두 마차로서 GATT가 무역의 자유화에 의한 세계 무역의 확대를 추구하고, IMF가 환율의 안정과 대외결제의 자유화를 통해 국제거래를 원활히 하며, IBRD는 장기자본의 조달과 공급으로 전후 경제의 부흥과 경제개발을 위하여 설립되었다.

또한 UN에서는 자발적인 경제 부흥과 개발을 위한 지역경제의 협력기구로서 아시아에서는 ECAFE(United Nations Economic Commission for Asia and Far East 후에 ESCAP: Economic and Social Commission for Asia and the Pacific으로 개칭됨). 유럽에서는 ECE(United Nations Economic Commission for Europe). 아프리카에서는 ECA(United Nations Economic Commission for Africa). 라틴아메리카에서는 ECLA (United Nations Economic Commission for Latin America)가 설립되어 지역적이 협력체제가 구축되어 전후의 세계경제 전망을 밝게 해 주었다. 또한 1950년대의 10년은 한국전쟁을 계기로 동서 냉전이 더욱 격화되어 미·소를 양극으로 하는 원조무역이 주축을 이루던 때이다. 이 시기에는 원조에 의해 일방적으로 무역이 이루어졌기 때문에 무역질서나 무역장벽은 문제시되지 않았으며, 선·후진국을 막론하고 미·소의 전후 부흥원조, 구호원조, 개발원조가 정치적인 관계에 의해 일방적인 무역통로를 통하여 무역이 이루어진 시기이다.

## 2. GATT체제(1948~1994)하에서
## 세계관세인하 동향

### 1) 다자간 일반관세협상 개요

GATT의 일반관세협상(一般關稅協商)은 GATT 체약국단의 주최하에 참가를 희망하는 모든 국가가 상호 다각적인 관세인하협상을 행하는 것으로 GATT 제28조 27)에 근거한다. 실제로 GATT 창설 이후 현재까지 개최된 다자간 협상은 모두 8차례가 있었는데, 이들 관세협상은 GATT 가입국의 증가 및 협상 주도국의 이해관계에 따라 협상방식, 특히 관세인하방식에 있어 차이를 보여 왔다.

이를 자세히 살펴보면 제1-5차, 제6차, 제7차, 그리고 제8차 협상방식이 큰 차이를 보이고 있다. 그럼에도 불구하고 다음과 같은 일반적 공통점을 볼 수 있는데, 협상 초기에는 서비스, 무역관련 투자, 무역관련 기술장벽, 반덤핑 등 매우 광범위한 협상의제를 다루었으나, 협상 막바지에는 관세인하 협상에 주력하는 양상을 보여 왔다.8)

---

7) 그 내용을 개략적으로 살펴보면 다음과 같다. 즉 각국은 관세가 국제무역을 확장하는 데 장애가 될 수 있음을 인정하여 각국의 상이한 상황을 고려한 상호적이고 호혜적인 교섭을 수시로 개최할 수 있다. 또한 이러한 교섭 절차는 선택적인 산품별로 또는 관계 회원국이 수락하는 다각적인 절차를 적용하여 수행될 수 있으며, 그 결과 관세의 인하 혹은 평균관세가 특정 수준을 초과하지 않는다는 약속으로 행하여진다. 그리고 저개발국의 산업보호, 국가재정, 기타 관계 당사국의 특별한 사정을 고려할 기회를 부여함으로써 상호 호혜적인 협상이 되도록 한다는 내용이 명시되고 있다.

8) 이명헌・정재호, "뉴라운드 대비 관세정책 개발을 위한 연구: 과세율 변화 파급효과 분석을 위한 모형 개발", 『연구보고서 00-06』, 한국조세연

이는 관세가 과거에 비해 많이 낮아졌기 때문에 향후 논의 과제에서
는 관세인하가 중요한 의제가 되지 않을 수도 있다는 견해도 있으
나, 개도국은 여전히 높은 관세수준을 유지하고 있으며, 선진국의 경
우도 개도국의 관심품목에 대해 높은 관세(tariff peaks)를 부과하고
있다. 또한 관세인하를 통한 시장접근 확대는 다자간 협상의 가시적
인 성과를 부각시키는 데 있어 매우 적합하므로 New Round[9] 협상
에서도 이는 여전히 중요한 의제로 볼 수 있다. 다만, 제9차 협상인
DDA의 경우에는 논의가 진행 중이므로 이들에 대한 방향성 및 구
체적 성과는 아직 미지수이다.

〈표 3-1〉 GATT 다자간 관세인하 주요 의제 및 특징

| 구분(장소) | | 시 기 | 참가국 | 주요 의제 | 관세인하방식 |
|---|---|---|---|---|---|
| 1차 | 제네바 | 1947 | 23 | -45,000개 품목 관세인하 | Item by Item |
| 2차 | 앙시 | 1949 | 33 | -5,000개 품목 관세인하 (1948 대비 관세율 25% 인하) | Item by Item |
| 3차 | 토르케이 | 1950 | 34 | -관세인하 | Item by Item |
| 4차 | 제네바 | 1956 | 22 | -관세인하 | Item by Item |

구원, 2000. 12. pp.25-26.

9) GATT 체제에서 개최된 8차례의 다자간 협상에서는 라운드(Round)라는
명칭이 사용되었는데, Round의 의미는 여러 회원국들이 원탁에 둘러앉
아 동등한 지위를 가지고 협상한다는 의미에서 붙여졌다고 할 수 있다.
그러나 이러한 'Round'라는 용어에 대하여 개도국들이 저항감을 표시하
기에 이르렀는데, 이는 그동안의 무역협상이 선진국을 중심으로 이루어
졌고 개도국에 대해서는 선진국처럼 발전할 수 있는 또 다른 배려가 필
요하다는 의견에 따라 최근 9차 Round를 'Doha Round' 대신 'Doha
Development Agenda'로 명명하기로 결정하였다.
이는 개도국의 발언권 강화와 협상의제 및 협상목표에 개발도상국의 입
장을 폭넓게 반영하여 개도국도 함께 참여함으로써 WTO가 범세계적인
성격(Universal Nature)의 체제로 자리잡고자 하는 의도가 내포된 것이라
하겠다.

| 구분(장소) | | 시기 | 참가국 | 주요 의제 | 관세인하방식 |
|---|---|---|---|---|---|
| 5차 | 딜론<br>라운드 | 1961−62 | 45 | −4,400개 품목 관세인하 (평균 관세인하율 7%) | Item by Item |
| 6차 | 케네디<br>라운드 | 1964−67 | 48 | −30,300개 품목 관세인하 (평균 관세인하율 35%)<br>−반덤핑방지 규약 | Linear Tariff Reduction |
| 7차 | 도쿄<br>라운드 | 1973−79 | 99 | −관세인하(평균 관세인하율 34%)<br>−개도국 우대협정 체결<br>−비관세장벽 관련 협정 합의 | Harmonijation Cut |
| 8차 | 우루과이<br>라운드 | 1986−94 | 125 | −관세인하<br>−비관세장벽(NTB) 논의<br>−농업, 섬유, 서비스 무역자유화 확대<br>−지적소유권 보호<br>−WTO 창설 | Formular Cut, 무세화, 조화 등 |
| 9차 | DDA | 1999−07<br>현재 | − | −관세인하<br>−농업, 서비스 분야 추가협상<br>−무역에 영향을 주는 분야의 국내 제도 및 관행의 규범화<br>−최빈 개도국 문제 논의 | 논의 중 |

주: 제5차 협상부터는 라운드(Round)라는 명칭을 부여하였음.
자료: www.wto.org.


## 2) 제1차 – 제5차 관세협상

<표 3−1>에서 보는 바와 같이 제1차 GATT관세 협상에서 제5차 관세협상에 이르기까지 협상에 참가한 국가는 그리 많지 않았다. 또한 협상 대상품목도 대부분 공산품이었기 때문에 국가별로 관심품목의 관세율 인하를 요청하고 협상을 통하여 수용하는 방식을 활용하였다.

'국가별·품목별 협상방식(Bilateral Item −By −Item / Country −By −Country Technique)'[10]이 바로 그것인데, 이 제도의 특징은 관세협상이 호혜적(互惠的) 기초 위에서 시행되는 것을 원칙으로 하고, 쌍방의 양허(讓許)가 균형에 이르렀을 때 타결되는 형태로 진행되었다.

그러나 이 방식은 그 장점[11]에도 불구하고 여러 가지 문제점을 노출시켰다.

첫째, 협상에서 관세인하교섭이 쉬운 품목부터 취급하였기 때문에 협상이 거듭될수록 관세인하가 어려운 품목만이 남게 되었다. 둘째, 관세수준이 높은 국가는 관세인하를 위한 교섭대상 품목이 많지만 관세수준이 낮은 국가는 관세인하 대상품목이 적어 실제 협상에서 불리한 입장이 될 수밖에 없었다. 셋째, 협상국 상호 간에 양허의 균형을 중시하였기 때문에 협상 결과는 축소균형으로 흐르기 쉬웠다. 넷째, 미국, EU 등 세계 무역에서 큰 비중을 차지하고 있는 나라들이 협상을 주도하여 기타 개발도상국들의 관심품목은 협상 대상이 되기가 현실적으로 어려웠다.

이러한 일련의 문제점과 관세협상에 참가를 희망하는 국가가 크게 증가함으로써 제6차 관세협상 이후부터는 새로운 관세인하방식이 논의되었다.

---

10) 이 방식은 각국이 상대국에 대하여 지국이 주요 공급국으로 되어 있는 품목 – 통상 수입국의 당해 수입품의 수입액 기준으로 제1위에서 제3위에 해당되는 품목 – 에 대한 양허 요구표(Request List)를 제출한다. 이 요구를 받은 상대국은 자국이 양허 가능한 품목표(Offer List)를 작성하고 상호교환하고 협상을 통하여 관세인하율을 결정하게 된다.
이 방법은 참가국이 비교적 많지 않은 경우 당사자 간의 의견을 충분히 수렴할 수 있다는 장점이 있으나, 합의도출까지 장시간이 소요된다는 단점이 있다.(이명헌·정재호, 전게서, 2000. 12. pp.27−28.)

11) 이러한 양허상태의 균형을 어떻게 결정할 것인가와 관련하여 문제는 있으나 일반적으로 양허한 품목의 무역액, 관세인하 폭, 양허품목의 장래성 등을 고려하여 결정하였다.

## 3) 제6차 관세협상(Kennedy Round)

1964년 개최된 제6차 관세협상[12]에는 총 48개국이 참여하였는데, 여기에서는 종전의 '국별·품목별 협상방식'의 문제점을 해결하고자 다수의 국가들이 일률적인 관세인하 폭을 적용하는 '일괄선형 관세인하방식(Linear Tariff Reduction Formula)'[13]을 채택하였다.

이러한 방식은 관세인하공식에 자국의 관세율을 적용시킴으로써 협상 참가국이 합의한 협상 대상품목의 관세를 인하시키는 것을 원칙으로 하며, 이 원칙에 적용되지 않는 품목은 예외로 하였다. 그리고 협상 참가국으로 하여금 가능한 많은 품목을 관세인하공식에 의거하여 일률적으로 관세를 인하시키도록 하는 것을 목표로 하였다. 또 다른 특징으로는 관세교섭대상품목으로 광·공업제품에만 치중하던 것을 농수산물까지 포함시켰다는 점이다. 이 외에도 선진국은 개발도상국의 주요 수출관심품목에 대하여 무역장벽을 완화하고자 노력하였으며, 관세장벽뿐만 아니라, 비관세장벽까지도 교섭대상으로 취급하였다.

그 결과 선진공업국들은 곡물, 육류, 낙농품을 제외한 수입품의 70%에 대한 관세를 인하하였고 그 결과 37개국이 관세인하를 양허하고, 그 품목수는 30,300개에 이르렀으며, 약 400억 달러에 해당하는 무역효과를 가져왔다.

---

12) 제6차 협상에는 1963년 사망한 미국의 대통령인 John F. Kennedy의 이름을 따서 명명되었는데 이는 1962년 Kennedy가 미국이 최고 50%의 관세를 인하할 수 있는 법안(Trade Expansion Act)을 통과시킴으로써 제6차 라운드가 열릴 수 있는 초석을 마련한 데서 기인하였다.
13) 이 방식은 일률적으로 모든 품목에 대하여 일정률의 관세(Kennedy Round의 경우 50%)를 인하하는 방식이다.

케네디라운드에서는 관세인하공식에 의거한 일률적인 관세인하 원칙에 적용되지 않는 예외적인 품목을 최대한 줄일 것을 목표로 하였으나, 결과적으로 예외품목이 상당수 있었다는 문제점이 노출되었다. 특히, 공산품과 달리, 농수산물에 대해서는 개발도상국들이 농수산물에 대한 관세의 일괄 인하는 인정할 수 없다는 입장을 강력히 주장함으로써 각국 국내사정에 따라 국별·품목별 협상을 추진하였다. 이에 따라 개발도상국은 GATT의 전면적인 관세교섭에서 큰 성과를 거두지 못하였으며, 그 GATT 관세인하협상은 단지 국제무역에 있어서 선진국가 간의 이해관계를 조정하는 데 불과하였다. 따라서 개발도상국의 GATT에 대한 불신이 증대되는 계기가 되었다.

## 4) 제7차 관세협상(Tokyo Round)

동경라운드는 1973년 99개국이 협상을 시작하여 1979년까지 6년 동안 계속되었다. 1975년 협상을 종결하기로 합의하였으나, 1973년의 오일·쇼크와 미국의 워터게이트 사건 등 국제정세 및 주요국의 국내 정세를 이유로 지체되었다.

이 협상에서는 비관세 장벽을 포함한 전체 무역장벽의 완화 내지 철폐를 목표로 하여 상당한 진전을 이루었다. 관세인하의 방식과 관련하여 GATT 양허관세율을 기준 관세율로 채택하기로 결정하였으나, GATT 비양허품목(非讓許品目)에 대해서는 합의를 이끌어 내지 못하고 국가별로 제안하여 협상을 추진하였다.

결국, 관세인하방식에 있어서 케네디 라운드는 일괄인하방식을 채택하여 관세율의 높고 낮음에 관계없이 일정한 비율로 인하하였지만, 동경라운드에서는 조화인하방식(Harmonization Formula)[14]을 채택하였다. 이 방식에 의하면, 관세율이 높은 품목은 많이 인하하고 낮은 품목에 대하여는 적게 인하하여 고관세 품목이 저관세 품목보다 더 큰 비율로 인하되는 효과를 통하여 관세율의 조화인하(Harmonizing cut)[15]를 유도하고자 하였다. 구체적으로 동경라운드에서 논의된 관세인하방식은 스위스가 제안한 스위스 공식(Swiss Formula)[16]이 채택되었으며, 수입액 가중평균으로 40%의 관세인하를 목표로 한다는 데 합의하였다. 이러한 스위스 공식[17]은 다음과 같다.

$$t_1 = \frac{at_0}{a + t_0}$$

---

14) Harmonization Formula(관세를 인하할 때 높은 세율은 큰 폭으로 내리고, 낮은 세율은 작은 폭으로 내리는 방식) 이는 선형적 관세인하 방식의 경우 최고관세(tariff peak) 품목의 관세율은 여전히 고관세로 남고 가공도별 차등관세(tariff escalation) 문제도 그대로 남는다는 문제점을 극복하기 위해 고안된 방식으로 동경라운드에서 사용되었다.

15) Harmonization Cut(일괄인하방식 또는 관세조화) 동경라운드 협상과정에서 논의된 관세인하 방식의 하나로서 동일 품목에 대한 참가국들의 관세율을 거의 유사한 수준으로 인하시키기 위한 것이다. 동경라운드 관세 조화는 고관세 분야에 대하여 상대적으로 더 큰 비율로 인하하려는 것이었다. 조화가 이루어질 경우 각 품목의 관세는 어느 정도 비슷한 수준으로 맞춰질 것이다. 관세인하에 따른 영향은 주로 민감품목(sensitive items)이 받게 되었다.

16) 정재호·박순찬, "WTO DDA 협상과 관세율 체계 변화 연구", 한국조세연구원, 2006. 12. pp.36－37.

17) 이러한 스위스 공식은 계수 $a$에 따라 관세인하율이 달라지는데, $a$가 작을수록 관세인하율은 커지며, 반대로 큰 숫자를 사용할 경우 그 인하율은 작아지게 된다. 구체적으로 Tokyo Round에서 제시된 계수의 크기는 일본, 미국, 스위스 등이 14를 제안하였으며, EU, 호주 등이 관세인하율을 낮추기 위하여 16을 제안하였다.

(단 $t_1$는 인하 후 세율, $t_0$는 인하 전 세율, $a$는 적절한 양수)

한편, 이러한 스위스 공식의 개념을 도표로 표시하면 다음의 그림과 같이 나타낼 수 있다.[18]

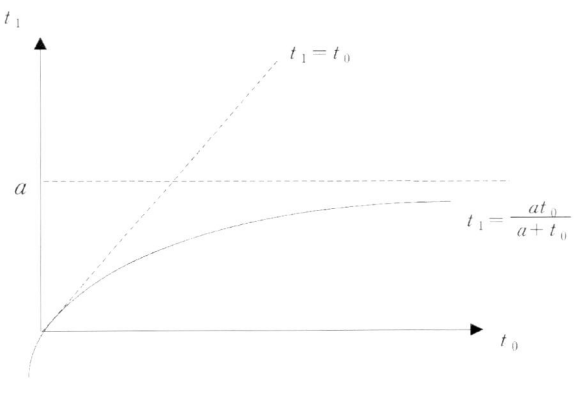

〈그림 3-1〉 스위스 공식의 개념도

광·공산품에 대해 원칙적으로 일괄인하방식(一括引下方式)이 적용되었으며, 농산품에 대해서는 모든 관세 및 비관세조치 협상은 국별·품목별 방식을 적용하였다.

그 결과 각국의 관세인하효과는 세계 무역에 약 1,550억 달러 규모의 영향을 미쳤으며, 미국, 일본, EU 등 선진 9개국의 공산품 관세율은 7.0%에서 4.7%로 인하되었고, 전체적인 관세인하율은 약 3.4%에 이르렀다. 또한 개도국 총수입액의 5.0%에 해당하는 39억 달러의 무역액에 대한 관세율을 인하함으로써 실행관세율 기준으로 개도국의 평균관세율도 동경라운드에 비해 30.0%의 인하가 이루어졌다.

18) 정재호·박순찬, "WTO DDA 협상과 관세율 체계 변화 연구", 한국조세연구원, 2006. 12. pp.36-37.

## 5) 제8차 관세협상(Uruguay Round)

우루과이 라운드는 1986년 우루과이의 푼타델에스테(Punta Del Este)에서 개최된 각료회의 선언에서 출발하였다. 협상출발부터 관세를 인하할 협상대상 기준 관세율을 무엇으로 결정할 것인지에 대하여 개발도상국과 선진국 간의 의견이 충돌되었다. 선진국은 협상대상 기준관세율을 실행관세율을 채택할 것을 주장한 반면, 개도국들은 GATT의 양허관세율을 채택할 것을 주장하였으나 개도국의 의견에 따라 논의가 진행되었다.

구체적으로 UR의 관세인하방식은 일정하게 결정된 인하율에 의해 각국이 재량권을 가지고 관세를 인하하는 것으로 합의되었다. 즉 평균양허관세인하 폭에 있어 공산품의 경우 선진국은 40%, 개발도상국은 33%로 결정하였다. 또한 농산물의 경우 선진국은 6년간 품목별 최저 인하율은 15%, 단순평균 인하율은 36%로 합의되었으며, 개발도상국은 10년간 품목별 최저 인하율 10%, 단순평균 인하율은 24%를 인하하기로 결정하였다.

이러한 관세인하 방식의 장점은 각국이 관세인하대상품목과 인하율이 자국의 품목별 특성과 특수성 등을 고려하여 신축적으로 정할 수 있다는 것이다. 하지만, 단순평균 인하율만을 규정대로 준수하기만 하면 되므로 실질적인 관세인하효과가 크지 않다는 단점도 있다.

UR의 특징은 농산물을 다자간 무역협상에 포함시킨 최초의 협정이라는 점인데, 농산물에 대한 관세인하뿐만 아니라, 그동안 농산물에 대하여 부과되고 있던 보이지 않는 장벽으로 활용되어 왔던 수량제한, 보조금 지급 등의 비관세장벽(NTB: Non Tariffs Barrier)을 모두 관세화하여(without tariffication) 관세정책이 농산물 보호의 핵심

수단이 되지 못하도록 하였다는 것이다.[19] 또한 일정수량에 대해서는 낮은 관세를 부과하는 제도(tariff－quota)[20]를 실시하여 그동안 수입이 제한되었던 농산물에 대해서도 최소물량만큼 수입하도록 하여(minimum market acces) 모든 품목에 대해 회원국 간의 무역이 이루어지도록 하였다. 한편, 이와 같은 관세화조치는 향후 차기 관세협상에서 농산물에 대한 관세협상을 보다 용이할 수 있는 기반을 만들었다고 평가된다.

결국, 이와 같은 UR의 타결로 선진국은 GATT에 양허한 품목수가 HS 품목수의 78%에서 98%, 개발도상국은 21%에서 73%, 시장경제환원국은 73%에서 93%로 크게 증가하게 되었다. 또한 선진국의 경우 평균 관세율이 종전의 6.3%에서 3.9%로 2.4% 인하되었으며, 관세를 부과하지 않는 공산품의 비중도 20%에서 44%로 증가하였다.


## 6) DDA협상(Doha Development Agenda)

DDA협상은 UR협상에 이어 제9차 다자간무역협상이고, WTO출범 이후 최초의 다자간무역협상이다. WTO회원국들은 UR협상이 타결된

---

19) 과거 농산물은 식량안보의 차원에서 특별하게 취급되어 왔던 것이 사실이다. 그 논거로서 농산물을 국제교역질서에 포함시킬 경우 예외적 상황의 도래 －흉년, 단교, 전쟁 등으로 인한 수출의 거부 등 － 시 농산물의 수입국에 큰 위기가 될 수 있다는데 기인한다. 이에 의해 UR 이전의 국제통상질서에서는 농산물과 같은 예외적 분야를 이른바 '회색지대(Gray Area)'로 명명하고 논의대상에서 제외시켜 왔다.(이춘삼, 『국제통상법』, 법문사, 1998, p.275.)

20) 어떤 물품의 수입에 있어서 일정량까지는 낮은 관세율을 적용하고 이를 초과하면 높은 관세율을 부과하는 제도이다.

후 농산물과 서비스 분야의 시장개방이 미흡하다고 판단하여 추가적인 자유화협상을 시작하기로 약속하였다. 그러나 1999년 12월 시애틀에서 개최된 각료회의에서는 여러 분야의 협의에도 불구하고 뉴라운드 출범에는 실패하였다. 그리고 2001년 11월에 카타르의 도하에서 개최된 제5차 각료회의에서 협상의 출범을 공식 선언하였다.

DDA는 UR협상과 마찬가지로 세계 무역의 자유화 및 확대를 통해 세계경제의 활성화 기여한다는 동일한 협상목적을 가지고 있다. 또한 모든 국가가 이익을 누릴 수 있도록 투명한 협상 진행방식을 채택한다는 협상원칙을 가지고 있으며, 협상조직으로 무역협상위원회를 신설하고 있다는 점에서 UR협상과 유사하다.

협상의 주요 내용으로서 농산물 및 서비스시장의 추가개방, 공산품과 임수산품의 시장개방, 반덤핑, 보조금, 지적재산권 등 기존 무역규범의 개정뿐만 아니라, 무역과 환경, 싱가포르 이슈[21] 등의 새로운 무역규범의 제정을 지향한다는 측면에서 유사하다고 할 수 있다. 아울러 단기간에 협상을 완료하기 위해 협상시한을 설정하고 있으며, 협상이행에 있어서는 일괄타결방식(一括妥結方式)을 채택하고 있다.

DDA협상은 세계 무역의 자유화를 통해 세계경제의 활성화에 기여한다는 점에서 기존 협상과 다를 바가 없다. 그러나 DDA협상은 기존 협상과 다음과 같은 점에서 차이가 있다.[22]

첫째, 개도국에 대한 특별대우를 해야 한다는 점이 모든 협상 분야의 고려사항이다. UR협정이 기대만큼 이익이 없었다는 개도국들의 주장을 받아들여 개도국에 도움이 되는 방향에서 협정내용을 이행

---

21) 싱가포르 이슈는 농업과 더불어 칸쿤 각료회의의 최대의 쟁점 이슈로 선진국들은 투자, 경쟁 정부조달 투명성, 무역원활 등 4개의 이슈를 말한다.
22) 강태구 외 3명 『무역학개론』 무역경영사, 2006. p.116.

하기 위한 단계적 조치에 합의하였다. 따라서 개도국들은 DDA협상을 통해 자국의 경제발전을 위한 가시적인 성과를 거두도록 협상전략을 구사할 것이다.

둘째, FTA가 최근 확산됨에 따라 WTO 회원국들 간에 협상에 대한 기본자세가 변하고 있다. 그동안 GATT의 다자간협상이 자유무역 확대의 주요 수단이었으나, 1990년대 들어서 FTA가 급속히 확산되고 있다. DDA협상과 같은 다자간협상이 성공적이지 못할 경우에는 FTA를 대안으로 모색하는 국가들이 증가할 것이다.

셋째, DDA협상은 지난번 UR협상보다 협상의제의 폭이 넓다. DDA 협상에서는 농산품, 서비스 등에 대해 시장개방협상을 조기에 착수하였고, 일정단축을 위해 양허안(讓許案)을 협상 출범 후 2년 내에 제출토록 결정하였다. 또한 환경 이슈가 본격적인 DDA협상의제로 포함되었고, 아울러 투자, 경쟁정책, 정부조달의 투명성, 무역원활화 등 새로운 통상이슈가 제기되어 국제무역규범에서 질적인 변화가 이루어지고 있다.


# 3. WTO체제(1995~) 이후
## 주요국의 관세정책 동향


각국은 자국의 정책목표에 따라 매우 다양한 관세제도를 갖추고 있으며, 이에 따라 상이한 관세 구조를 나타낸다. 관세의 형태 측면에서는 종가세와 종량세가 혼용되고 있으며 각국마다 다양한 특혜세율을 정해 운용하고 있다. 또한 특정 산업부문을 보호하는 차원에서 누진관세나 역관세가 채택된 경우도 있는 반면에 의약품, 건설장비, 철강, 가구, 농기계 등 투입재화에 대해서는 무관세(zero-for-zero)를 적용하는 경우도 늘고 있다.

WTO체제 아래에서 많은 나라들은 양허관세율(bounded tariffs rates)[23]을 낮추고 있다. 비록 대부분의 양허관세율이 실제로 적용되는 최혜국(MFN) 관세율 수준보다 높지만, WTO체제에서 양허관세율의 지속적인 인하는 국제무역을 촉진하는 구실을 하고 있다.

UR 이후에 농산물은 쿼터와 변동 부과금(variable levies) 등의 국경조치가 관세로 전환되는 이른바 관세화 과정을 통해 관세할당(tariff rate quota: TRQ)[24] 제도 아래 놓이게 되었다. 관세할당제도는 정해진 시장접근 물량에 대해서 상대적으로 낮은 관세율(쿼터 내 또는 할당 내 관세율: in-quota rates)을 적용하는 반면에 그 이상의 물량에 대해 더 높은 관세율(쿼터 초과 또는 할당 초과 관세율: out of quota rates)을 적용하는 제도이다. 대부분의 쿼터 초과 관세율과 많은 쿼터 내 관세율이 종량세의 형태로 적용되기 때문에 그 수준에 대한 국가 간 비교는 쉽지 않고 현재 WTO체제하의 DDA협상에서 비농산물 시장접근 분야, 공산품에 대해서는 현재 관세인하공식으로 스위스공식을 사용하기로 합의되었다. 공식에 적용할 계수도 선진국에 대해서

---

23) 다자간 협상 과정을 통해서 국제적으로 공인된 관세이다. 일단 관세를 양허하면 그 이하로 낮출 수는 있어도 더 이상의 관세를 인상하여 부과할 수는 없다.

24) 수입물량의 과도한 증가를 억제하기 위해 일정 기간 내에 수입되는 특정 물품에 대해 할당량까지는 저세율(또는 무세)을 적용, 그것을 초과하는 것에는 고세율을 적용하는 이중세율제도. 사전할당제도(미리 저관세율 적용수량을 정하여 그 수량을 사전에 할당하는 방식)와 선착순방식(저관세율 적용수량을 정해 놓고 선착순으로 저관세율을 적용하는 방식)의 두 가지가 있다.

는 10 이하, 개도국에 대해서는 15~30이 매우 유력하는 형편이므로 가장 일반적인 부여 현황을 중심으로 주요국의 내용을 살펴보면 다음과 같다.[25]은 형편이므로 가장 일반적인 부여 현황을 중심으로 주요국의 내용을 살펴보면 다음과 같다.[26]

## 1) 미국의 관세율 제도

### (1) 개 관

미국은 세계에서 가장 교역을 많이 하는 국가로 전 세계 수출물량의 15%를 차지하고 있다. 미국 관세제도는 1930년에 제정된 '관세법(Tariff Act)' 제402조와 1979년 '무역협정법(Trade Agreements Act)' 제2장에 근거하고 초보호무역주의법으로서 특정이다[27]. 관세체제는 1989년에 공식 채택한 '관세율표(Harmonized Tariff Schedule: HTS)'에 따라 분류되고 여기에 해당 관세율을 적용한다. 수입물품 분류 가운데 앞의 6단위 숫자는 한국을 포함하여 세계적으로 통일되어 사용되고 있다. 그 나머지 세항 분류는 이전에 사용하던 관세율표(TUSA)를 활용하고 있다. 관세율표는 부문(section)과 장(chapter)으로 나눠진다. 부문은 동물, 식물, 기초재료, 화학물질, 기계, 전자 제

---

25) 상세한 내용은 최세균·어명근·하주녕·임정빈, 『WTO 농업협상과 우리나라 식품산업의 대응 방향』, 한국농촌경제연구원·한국식품공업협회, 2003. 참조.

26) 상세한 내용은 최세균·어명근·하주녕·임정빈, 『WTO 농업협상과 우리나라 식품산업의 대응 방향』, 한국농촌경제연구원·한국식품공업협회, 2003. 참조.

27) 신유균, 『관세법/대외무역법의 발전적 개편론』, 한국무역경제, 1994, p.331.

품, 기타로 물품을 구분하고, 장은 부문에서 분류한 제품을 종류와 제조단계에 따라 분류하여 해당 세율을 제시한다.

관세 평가제도 아래 과세가격(관세표준이 되는 가격)은 거래가격을 기초로 정해진다. 과세가격은 수입품의 구매자가 수출 판매자에게 실제로 지불한 거래가격(transaction value)에 기초하며, 이는 GATT 도쿄 라운드에서 채택된 '관세평가협정'에 근거한 것이다. 미국의 관세평가 방식이 한국의 경우와 다른 점은 운임과 보험료가 관세부과 기준액에 포함되지 않는 FOB 기준을 적용하고 있다.

### (2) 관세제도의 현황과 특징

관세는 다양한 형태를 지니지만 대부분의 수입품목은 종가세 대상이다. 종가세율의 범위는 보통 2~7% 수준이며 평균 관세율은 4% 정도이다. 일반적으로 농산물이나 가공단계가 낮은 품목의 경우에 종량세가 부과된다. 최혜국(MFN)에 적용하는 특혜관세는 모든 WTO 회원국과 대부분의 나라에 적용된다.[28] 무역 대상국이 MFN[29] 지위를 얻기 위해서는 1974년 무역법(Trade Act)에 따라 국민의 이주권 인정, 미국과 양자 통상협정 체결 등을 갖춰야 한다.

미국이 개도국에 대해 일방적이고, 호혜적이지 않은 특혜세율을 적용하는 경우도 있다. 예를 들면, CBI(Caribbean Basin Initiative; CBI)[30]

---

28) http://usinfo.state.gov.
29) MFN관세가 적용되는 물품의 관세율은 1996년 6.4%에서 1999년 5.7%로 낮아졌다. 미국에서 MFN관세를 적용받지 못하고 있는 국가는 6개국으로 아프가니스탄, 쿠바, 라오스, 북한, 세르비아 및 몬테네그로, 베트남 등이다.
30) 1983년 7월 미국 의회에서 통과된 카리브지역 경제회복법(CBERA)에 의해 95년 9월 30일까지 효력을 지닌 계획. 미국이 카리브해 지역에서

는 중미와 카리브 연안의 24개 개도국에서 수입하는 대부분의 품목에 대해 관세를 면제하거나 낮은 관세를 적용한다. 또한 미국은 자국이 체결한 무역협정(NAFTA, US－이스라엘 자유무역지역협정)의 대상국에 대해서는 인하된 관세율을 적용하고 있다. 미국이 제조한 원료를 사용해 외국에서 생산된 제품이 수입될 경우, 이에 특별세율이 적용된다. 이 규정은 HTS 9802로서 미국산 원료에 대해서는 세율이 적용되지 않고, 외국에서 더해진 부가가치에 대해서만 세율을 부과하는 것이다. 1996년 기준으로 총 수입품의 8.5%는 이 규정에 의해 특별세율이 적용된다.

미국 2000년도 평균관세율은 4.63%, 가중평균실행관세율은 3.19%이지만 대부분 물품에 대한 관세는 무세 혹은 매우 낮은 관세를 부과하고 있다. 무세가 적용되는 물품은 거의 1/3에 가까우며, 1998년 기준 수입량의 60%에 대해 부과되지 않았다. WTO관세협상의 결과이기도 하지만 자유무역협상정국들과의 교역증가와 협정체결에 따라 관세철폐 동기도 큰 역할을 했을 것으로 여겨진다.

### (3) DDA 이후 미국의 관세율

미국의 품목별 관세율 중 신발류(HS 64)의 평균관세율이 17.23%로 가장 높다. 이 밖에 섬유류의 관세율이 다른 공산품에 비해 높다. 예를 들어 의류(편물제)(HS 61)11.92%, 인조 스테이플 섬유(HS 55)10.99%, 의류(편물제 이외의 것)(HS 62)10.98%, 인조 필라멘트 섬유(HS 54)10.51%, 편물(HS 60)10.10% 등이다. 미국의 평균 실행세율

쿠바로부터 비롯된 사회주의 세력의 확대를 막고 중미·카리브지역 국가들의 경제건설을 촉진하여 체제를 안정시키기 위한 특혜무역정책이다.

이 약 3.7%인 것에 비교해 보면 섬유, 의류, 신발류 등의 관세율이 매우 높음을 알 수 있다.

미국의 관세율에 스위스공식계수 10을 적용하면 모든 세율이 5% 미만으로 인하된다. 즉 미국에서 대표적인 고관세 품목인 섬유, 의류, 신발류의 관세율이 거의 절반 정도씩 하락한다. 이런 결과 스위스공식 계수 10을 적용할 경우 평균관세율은 약 1.9%로 하락한다.

미국의 관세율에 스위스공식계수 5를 적용하면 편물(HS 60)의 평균세율이 3.26%로 가장 높았다. 그 결과 스위스 공식계수 5를 적용하면 대부분의 세율이 3% 이하에 분포하여, 전체 평균관세율은 약 1.4%로 관세장벽이 현재보다 상당 폭 낮아진다.


## 2) 유럽연합(EU)[31]

### (1) 관세제도와 관세제도의 관세현황과 특징

유럽연합(EU)의 관세제도는 1958년에 6개 회원국이 시작한 관세동맹(Customs Union)을 모태로 발전해 왔다. 역내 회원국 사이의 물품이동의 경우 무관세가 적용되고, 제3국에서 들여오는 수입품에 대해서는 공동관세(Common Customs Traiff: CCT)를 적용한다.[32] CCT 회원국에 공통으로 적용되지만 관세율은 수입품의 특성이나 원산지

---

31) EU는 1952년에 출범한 유럽 석탄철강 공동체(ECSC)를 모태로 하여 그 GND EEC(1957년), EC(1967년)를 거쳐 1993년 11월 마스트리히트조약의 발효됨으로써 따라 EC로 개칭하여 탄생되었다. 채형복, 『EU』, 지산 2001. p.11.
32) http://europa.eu.int/

에 따라 다르게 적용된다.

보통 역내에서 생산되지 않는 원료나 가공품에 대해서는 상대적으로 낮은 관세가 부과된다. 반면에 역내에서 생산되는 수출품의 원료 및 반가공 수입품에 대해서는 잠정적 또는 영구적으로 관세부과 금지를 적용하고 있다. 관세체제는 국제관세기구(WCO)가 관장하는 HS (Harmonized System)에 기초해 운용된다. 관세의 종류는 표준관세와 양허관세가 있다. 표준관세는 다시 일반관세와 특혜관세로 나뉜다. 이 가운데 특혜관세는 유럽연합과 아프리카, 카리브해안 국가들, 태평양군도 국가들(ACP 국가) 사이에 맺은 협정에 따라 특혜 조건이 적용되는 경우이다. 한편, 양허관세는 WTO협정에 의해 적용된다.

EU은 WTO 틀에서뿐만 아니라 자유무역협정과 관세협정 등의 수단으로 개별국 또는 국가 그룹과 특혜협정을 맺고 있다. EEA(European Economic Area)는 EU, 아이슬란드, 노르웨이, 리히텐슈타인, 사이의 자유무역협정이다. 또한 EU은 EEA에 포함되지 않은 스위스와 자유무역협정을 맺고 있다. 역내 경제권의 확대를 대비해 EU은 폴란드, 헝가리, 체코, 슬로베니아, 에스토니아, 라트비아, 리투아니아, 불가리아, 루마니아 등 중앙 및 동구권 국가들과 협정을 맺고 상호 관세양허를 통해 무역을 촉진하고 있다.

EU이 개도국의 시장접근을 촉진하기 위해 일방적으로 적용하는 특혜관세도 있다. Lomé 협정의 당사국인 아프리카, 카리브, 연안국, 태평양 연안국들(ACP)에서 수입되는 모든 산업재와 대부분의 농산물에 대해 무관세를 적용한다. 또한 지중해 연안국과 협정을 맺고 특혜관세를 공여한다. 개도국을 대상으로 국제적으로 적용하는 특혜제도(general system of preferenc: GSP) 유럽연합은 GSP 대상국의 제조품과 가공 농산물에 대해 일반세율보다 낮은 특혜세율을 적용하고 있다.

2000년도 EU의 평균관세율은 4.82%, 가중평균실행관세율은 4.41%
이다.[33] EU회원국의 관세당국은 관세 외에 모든 수입물품에 대해
부가가치세(Value Added Tax)와 담배·주류·석유류 등에 대한 개
별물품세(個別物品稅)를 부과하고 있으나 세율 및 관세 대상은 관세
와 달리 국가 따르다. EU회원국의 부가가치세 최저세율은 15%이다.

수입물품의 관세분류는 HS 협약가입에 따라 앞의 6단위는 국제협
정에 맞도록 분류하고 과세가격 평가는 WTO 신평가협약(新評價協
約)에 따르면 물품의 거래가격에 운임과 보험료를 포함한 CIF가격을
과세표준으로 적용하고 있다.


(2) DDA 이후 EU의 관세율도

DDA 이후 EU의 관세율도 미국과 마찬가지로 섬유, 의류, 신발류
에서 높은 관세를 부과하고 있다. 의류(편물제)(HS 61)11.66%, 의류
(편물제 이외의 것)(HS 62)11.56%, 기타 섬유제품(HS 63)10.04%, 신
발류(HS 64)9.87% 등이다. EU의 평균 실행세율이 약 3.6%인 것과
비교하면 이들 관세율이 매우 높다는 것을 알 수 있다.

EU의 관세율에 스위스공식계수 10을 적용할 경우 의류(편물제)
(HS 61)의 평균관세율이 11.66%에서 5.37%로 낮아져, 거의 절반수
준의 감축이 이루어지고 모든 평균세율이 5.4% 미만으로 인하하게
된다.

EU의 관세율에 스위스공식계수 5를 적용할 경우 의류(편물제)(HS

---

33) EU회원국의 관세는 모두 EU세입예산에 편성되고 그중 10%가 징수비
    용으로 각 회원국에 반환된다.

61)의 평균관세율이 11.66%에서 3.49%로 낮아져 모든 평균 세율이 3.55 미만으로 인하하게 된다. 즉 대표적인 고관세 품목인 의류 등의 관세율이 약 3분의 1 정도 낮아지게 된다. 이런 결과 스위스공식 계수 10을 적용하였을 때보다 현재 관세율과 DDA 이후 관세율 간의 격차가 더 벌어지고 있다.

## 3) 일 본

### (1) 관세제도와 관세제도의 관세현황과 특징

일본은 관세법과 관세정율법(關稅定率法)을 근간으로 관세제도를 운용하고 있다. 일본이 적용하는 관세율 종류는 크게 다음 4가지로 구성된다.

① 기본관세율: 기본관세율은 관세 정률법이 정한 세율로서 관세행정에서 기본이 되며, 장기간 적용된다.

② 잠정관세율: 잠정관세율은 국민경제의 건전한 발전을 목적으로 정한 세율로 단기간에 걸쳐 적용된다.

③ 협정관세율: 협정관세율은 WTO협정이나 다른 국제협정에 따라 양허한 관세율을 말한다. 단, 협정관세율은 잠정관세율이나 기본관세율보다 낮은 경우에만 적용된다.

④ 특혜관세율: 특혜관세율은 개도국이나 개도국 지역이 원산지인 특정 물품을 대상으로 일정한 요건을 갖춘 물품에 적용하는 것이다. 특혜관세율의 수준은 보통 선진국 물품에 징수하는 관세보다 낮다. 특혜관세율은 잠정관세조치법(TTML) 제8조 2항의 요

건을 만족할 경우에만 적용된다.

이러한 관세율 적용의 우선순위는 특혜관세율, 잠정관세율, 기본관세율, 순서이다. 관세율표는 1988년부터 일본, EU 등 많은 나라들이 가입한 'HS 조약' 또는 '상품의 명칭 및 분류를 통일하는 국제조약'에 기초한다. 이 조약의 부속서인 'HS 품목표'는 품목을 체계가격에 운반비와 보험료가 더해진 금액이 된다.

일본 특혜관세제도는 개도국이나 개도국이 속한 지역에서 수입되는 물품에 대해 일반 관세율보다 낮은 특혜 관세율을 적용함으로써 개도국의 소득 증대, 공업화 촉진, 경제발전 등을 지원하기 위한 것으로 1971년부터 시행하고 있다. 특혜관세율은 보통 최혜국(MFN)에 적용하는 관세율보다 낮다. 농수산품(HS 1-24류)에 대해서는 '특혜관세율 적용 목록(positive list)' 방식에 따라 73개 품목(HS 4단위 기준)을 선정해 특혜 관세를 적용하는데, 품목별 특성에 따라 세율이 정해지고 실행관세율보다 10~100% 인하된 수준이다. 농수산품에 대한 특혜관세율 공여는 면책조항(escape clause)에 의해 제한된다. 이는 특정시기에 특정 물품의 수입량이 급증해 일본의 국내 산업에 커다란 영향을 미칠 때에는 특혜 관세율의 적용을 정지하는 것이다.

일본은 다양한 형태의 관세율 설정해 관세제도를 운용하고 있다.

첫째, 종가세는 가장 광범위하게 적용되는 관세율의 형태로 수입품의 가격에 비례해 관세를 부과하는 것이다. 종가세의 대상 품목은 주로 상품 간 품질 격차가 크거나 가격 변동이 크지 않는 품목들이다. 일본의 실행세율표에 따르면 종가세 적용대상 품목의 비중은 88%이다.

둘째, 종량세는 수입품의 수, 용적, 중량 등의 수량을 기준으로 관세를 부과하는 것으로 관세율 수입가격 사이에 관계가 없는 경우이다. 종량관세의 대상 품목은 주로 상품 간 품질의 차이가 크지 않거나 가격을 파악하기 어려운 품목들이다.

셋째, 혼합세는 종가세와 종량세를 합친 것으로 선택세와 복합세로 나뉜다. 선택세는 같은 품목에 대해 종가세와 종량세를 모두 정해 이 가운데 보통 세액이 큰 것을 적용하는 방식이다. 복합세는 종가세와 종량세를 함께 부과하는 것이다.

넷째, 차액관세는 수입품목의 가격과 정해진 기준가격 사이의 차액을 세액으로 정하는 방식이다. 이는 돼지고기에 대해 적용하고 있는 방식이다.

다섯째, 슬라이드 관세(slide Tariffs)[34]는 국제 시황의 변동에 따라 가격 변화가 큰 품목에 적용하는 방식으로 가격이 하락하면 적정한 관세를 부과하지만 가격이 일정 수준 이상 상승하면 관세를 부과하지 않는 방식이다. 마지막으로 계절관세는 수입되는 시기에 따라 상이한 세율을 적용하는 방식이다. 현재 바나나, 오렌지, 자몽, 포도 등 과실류에 계절관세를 적용하고 있다. 2000년도 일본의 평균관세율은 5.17%, 가중평균실행관세율은 3.15%이다.

일본의 수입물품 품목분류는 WCO의 통일상품명칭 및 분류체제는 HS협약가입에 따라 앞의 6단위는 국제협약기준, 뒤의 3단위는 일본의 분류체계를 따르고 있다. 수입물품에 대한 관세평가는 WTO의 신평가제도(新評價制度)를 따르되, 한국과 같이 실제지급가격에 운임과 보험료를 포함한 CIF가격을 과세의 기준으로 하고 있다.

이상에서 보는 바와 같이 일본의 관세제도는 한국과 거의 동일하

---

34) 슬라이드 관세(slide Tariffs)는 수입품의 가격이 높아짐에 따라 그 상품에 과세되는 관세액이 감소해 가는 부분(슬라이드부분)이 있는 관세를 말한다.

다고 볼 수 있다.

## (2) DDA 이후 일본의 관세율도

DDA 이후 일본의 관세율은 평균관세율 수준은 미국과 유럽연합보다도 낮다. 특히, 자동차, 전자, 기계류의 관세율은 거의 무세에 가깝다. 이렇게 낮은 관세율 구조에서 일본도 섬유류의 관세율은 매우 높은 수준이다. 일본의 신발류(HS 64) 평균관세율 18.84%로 다른 품목들에 비해 두드러지게 높다. 또한 원피 및 모피제품 및 가죽(HS 41) 10.76%, 가죽제품(HS 42) 10.45%, 모피 및 모피제품(HS 43)12.44% 등의 높은 관세를 부과하고 있다. 이 밖에 미국, 유럽연합과 마찬가지로 섬유류의 관세율이 다른 공산품에 비해 높다. 그러나 미국, 유럽연합보다 약간 낮은 수준이다. 의류(편물제품 이외의 것) (HS 62) 9.42%, 의류(편물제)(HS 61)9.21% 등으로 높은 관세를 부과하고 다른 섬유류는 약 6~7% 관세를 적용한다.

일본의 관세율에 스위스공식계수 10을 적용하면 신발류(HS 64)의 평균이 18.84%에서 6.01%로 인하되고 모든 품목의 관세가 6% 미만으로 인하된다. 가장 높은 관세가 부과되던 신발류의 관세율이 3분의 1로 감축되는 것이다.

섬유류의 관세율이 많이 하락하지만, 전자 및 전기기기, 수송기기, 비금속 제품 등 현재도 무세에 가깝게 부과되는 품목들의 관세율 변화는 거의 없다. 결과적으로 스위스공식계수 10을 적용하면 평균관세율은 약 1.9%로 하락하게 된다.

스위스공식계수 5를 적용하면, 신발류(HS 64)의 평균이 18.84%에서 3.685로 5분의 1로 급격히 하락한다. 대부분의 관세가 3% 미만 수

준으로 평균세율이 1.35%로 현재보다 60% 정도 인하 효과를 볼 수
있다.


## 4) 중국의 관세율 제도

### (1) 개    관[35]

중국의 관세율 변화는 크게 중국이 GATT(WTO) 가입과정과 그
맥을 같이하고 있다고 볼 수 있다. 중국 관세정책의 변화과정은 중국
이 GATT에 정식가입을 신청한 후 GATT에 가입작업반이 설치되어
자격심사를 단행한 1986년부터 1991년까지, 두 번째로 중국의 관세
정책이 규범화되고 폭넓은 범위의 개혁이 이루어진 1992년부터 1995
년까지, 그리고 WTO가입을 위해 대폭적인 관세인하정책을 실시하
게 되는 1996년 이후의 세 단계로 나누어 고찰할 수 있을 것이다.
첫 번째 시기는 중국의 몇 차례에 걸친 수입관세조정을 통해 83
개 관세품목에 대하여 세율을 낮추었다. 하지만 관세율을 보면 1990
년대 초 선진국의 평균관세율인 5~6%, 개도국의 15% 전후로 인하
되었음에 비해, 중국의 평균관세율은 43.2%(1991년)로 높았다. 수입
관세 중 면세를 제외하고 일반세율은 8~270%, 우대세율은 2~220%
의 구조를 지니고 있었다. 또한 관세특혜정책으로 1990년 상해에서
처음으로 보세구역을 지정하였으며, 그 후 12개의 보세구역과 보세
창고를 지정·건립하였다.
두 번째 시기는 1991년 10월 중국은 GATT에 대해 1992년 이후

---

35) 이춘삼, 『중국통상법』, 대왕사, 2004, pp.56-59.

3~5년 사이에 평관 관세율을 1992년 절반으로, 2000년까지 개도국 평균수준인 15% 전후로 인하할 것을 약속했다. 이에 따라 중국은 1992년 세계 각국이 채용하고 있는 상품분류목록(HS code)을 사용하여 대폭적으로 관세를 조정하였다. 이때의 대폭적인 관세인하는 일부 중점상품, 국내에서 장기적으로 수입하는 원자재, 국내에서 생산이 불가능한 선진기술제품, 개도국에서 생산되는 일부 제품, 국제시장에서 경쟁력이 있는 국내 상품을 포함하였다. 중국은 이 시기에 이와 같은 대폭적인 관세조정을 통하여 WTO의 회원국이 되려 했으나 실패하였고, 다시 한 번 WTO에 가입하기 위하여 대폭적인 관세인하를 단행하지 않을 수 없게 되었다.

세 번째 시기는 장쩌민(江澤民) 국가주석은 1995년 APEC 오사카 회의에서 1996년까지 4,000개 이상의 세목에 대한 관세율을 인하하며, 인하 폭을 30% 이상으로 할 것을 발표하였다. 이에 1996년부터 꾸준한 관세인하는 2000년 16.4%까지 인하되었다.

## (2) WTO가입과 DDA 이후 중국의 관세율도

중국은 그동안 개방정책의 추진 및 WTO 가입의 추진과정에서 수차례에 걸쳐 관세율의 인하 또는 조정조치를 단행하였다. 중국은 2001년 평균관세율이 15.3%에서 2005년까지 9.4%로 단계적으로 인하하기도 하였다.

중국의 WTO가입의 조건들은 1999년 11월 중국과 미국 간의 협상내용과 2000년 중국과 유럽연합 사이에 협상내용을 골자로 하여 이미 대체적 내용들이 공표되어 있었다. WTO가입조건은 주로 중국의 시장개방의 내용을 담고 있는데, 크게 농업과 공산품 그리고 서

비스영역으로 구분하여 내용을 살펴볼 수 있다.[36]

〈표 3-2〉 WTO가입 전후 중국의 관세율 변화추이

(단위: %)

| 기　간 | 인하품목수 | 평균인하 폭 | 평균관세율 |
|---|---|---|---|
| 1992년 12월 | 2,898 | 7.3 | 43.2 |
| 1993년 12월 | 3,371 | 8.8 | 35 |
| 1996년 4월 | 4,962 | 36 | 23.0 |
| 1997년 10월 | 4,874 | 26 | 17 |
| 1999년 1월 | 1,014 | 0.27 | 16.8 |
| 2000년 | - | 1.7 | 16.4 |
| 2001년 1월 | 3,462 | 6.6 | 15.3 |
| 2002년 1월 | 5,332 | 21.6 | 12.0 |
| 2003년 1월 | 3,019 | 8.3 | 11.0 |

자료: 삼성경제연구소, "중국의 WTO 가입 및 영항", 삼성경제연구소, 1999. 11. 15. 이춘삼 『중국통상법』, 대왕사, 2004, p.57.


중국에서 아직도 농업인구의 비중이 상당히 크다는 사실을 고려하면 가장 큰 충격으로 받는 것은 농업부문일 것으로 예상되는데, 중국은 농산물 수입관세를 현행 22%에서 평균 15%로 낮추기로 하였고, 미국과 협성에서는 미국이 요구한 우선 품목에 대해서는 이 관세를 2004년까지 평균 31%에서 14%로 낮추기로 하였다.[37] 또 농업

36) 정인교, "중국의 WTO가입의 경제적 효과와 정책 시사점", KEIP 오늘의 세계경제, 01-55호, 2001; Barshky, Charkene, "Testimony Before the House Committee on Ways and Means-Hearing on U.S-Bilateral Trade Agrement and the Accession of China to the World Trade Organization", February 16, 2000.

37) 농산물관세율은 2004년까지 17%로 인하하기로 하였다. 이 중 밀·육류·감귤류 등 미국의 관심품목은 평균 14.5%로 인하하기로 하고, 농산품에 대한 쿼터 규제 및 농산품 수출보조금도 철폐하기로 하였다(유진

보조금도 국내 농업생산액의 8.5%로 제한하였다.

공산품의 영역을 보면 우선 관세수준이 인하되었는데, 관세율은 1997년의 24.6% 수준에서 2005년에는 8.9% 수준으로 인하하되, 상품의 성격에 따라 관세율을 차등화(差等化)할 수 있도록 하였다.[38] 공산품 중 특히 관심이 된 것은 중국이 국가적 차원에서 지원해 온 산업부문의 개방이었는데, 가장 두드러진 것은 자동차산업의 관세를 현행 80∼100%에서 2006년 중반까지 25%로 낮추기로 한 것과 정보통신산업에서 통신부품과 컴퓨터 반도체 등 첨단기술제품에 대한 관세를 2005년까지 철폐하기로 한 것이다.

〈표 3-3〉 중국의 수입관세인하과정

(단위: %)

| 연 도 | 모든 제품 | | 1차 상품 | | 2차 상품 | |
|---|---|---|---|---|---|---|
| | 단순평균 | 가중평균 | 단순평균 | 가중평균 | 단순평균 | 가중평균 |
| 1992 | 42.9 | 40.6 | 36.3 | 22.3 | 44.9 | 46.5 |
| 1993 | 39.9 | 38.4 | 33.3 | 20.9 | 41.8 | 44 |
| 1994 | 36.3 | 35.5 | 32.1 | 19.6 | 37.6 | 40.6 |
| 1996 | 23.6 | 22.6 | 25.4 | 20 | 23.1 | 23.2 |
| 1997 | 17.6 | 18.2 | 17.9 | 20 | 17.5 | 17.8 |
| 1998 | 17.5 | 18.7 | 17.9 | 20 | 17.4 | 18.5 |
| 2005 | 11.7 | 7.8 | 17.0 | 16.88 | 9.4 | 6.9 |

자료: 중국대외경제무역연감 각호 및 인민일보. 이춘삼 『중국통상법』, 대왕사, 2004, p.59.

---

석, "WTO 가입 이후 중국경제의 향방과 대응", 2001. 11. 14, 삼성경제연구소, p.5).
38) 미국의 주요 공산품에 대해서는 관세율을 7.1%를 낮추었다.

금융과 유통 등 서비스산업에 있어서의 시장개방은 정보통신산업
의 경우 지분을 49% 이하는 외국인 합작투자(合作投資)를 즉시 허
용하고, 금융 분야는 외자계 은행의 위안화 취급업무(소매 금융)를
허용하고 보험의 합작투자를 확대·개방하였다.

〈표 3-4〉 중국의 평균 관세율 변화[39]

(단위: %)

| 연 도 \ 구 분 | 농산품 | 공산품 | 평 균 |
|---|---|---|---|
| 2004 | 15.6 | 9.5 | 10.4 |
| 2005 | 15.3 | 9.0 | 9.9 |
| 2006 | 15.2 | 9.0 | 9.9 |

중국의 관세율에 선진국에 적용할 스위스공식계수의 크기를 0~10
으로 제안하고 있다. 스위스공식계수에 0이라는 숫자가 들어가 있는
유일한 국가이다. 파키스탄은 선진국에 2 이하의 스위스공식계수 적
용을 제안하였다.[40]

---

39) 2007현재 주요 업종별로는 자동차 13.3%, 화학제품 6.9%, 기계 8.0%,
　　전자 9.1%, 수준이며 향후 점차 낮아질 전망임.
40) 정재호 외, 『WTO DDA 협상과 관세율체계 변화 연구』 2006. 12. p.55.

# 제2절 다자간무역체제 편입 이전의
## 한국의 관세율 구조 분석


## 1. 관세율정책의 시대적 개요


한국은 1876년 '한·일 수호조약(일명 강화도조약)'을 계기로 개항을 하게 되어 1878년 최초로 두모진(豆毛鎭, 지금의 부산)에 세관이 설치되었다. 이후 일제 강점기 및 미군정기간 동안 관세주권을 상실하여 한국에 불리한 관세율정책이 전개되어 왔다.

1949년 11월 23일 관세법률 제67호로 새로운 관세제도를 마련함으로써 1876년 개항 이후, 처음으로 자주적인 관세제도를 시행하게 된 이후 관세율은 다음의 표에서 보는 바와 같이 여러 차례의 전면 혹은 부분적인 개정이 있었는데 시대별 관세율정책을 다음과 같이 정리할 수 있다.

첫째, 관세법 제정 이전에는 물자부족 등 혼란기의 경제안정을 위하여 일제 강점기의 관세법을 계속 사용하였고 둘째, 1960년대에는 재정수입의 확보와 경공업 보호를 주안점으로 하였다. 셋째, 1970년대는 중화학공업의 육성기로서 관세율 구조의 단순화 및 세율인하를 도모하였고, 넷째, 1980년대는 관세율인하 5개년 예시제를 통하여 평균관세율을 선진국 수준으로 인하하고 균등관세율 체계로 지향하고자 하였으며, 다섯째, 1990년대는 UR을 비롯하여 활발한 국제관세협상의 전개로 기본관세의 제반 사항을 검토하여 오다가 1997년과 1999년에 산업구조조정과 세율불균형시정 등을 위하여 일부품목에 대하여 소폭으로 관세율을 조정하게 되었다. 여섯째, WTO체제하 다자간 무역협상인 DDA협상이 한국에 중대한 영향을 미치는 것은 우선적으로 한국관세율정책에 중요한 영향으로 작용한 WTO양허세율이 인하되기 때문이다. 또한 다자간 무역협상은 빈번히 이루어지지 않기 때문에 한번 정해진 양허세율은 상당 기간 동안 그 효과가 지속된다. 예를 들어 1995년에 발효된 UR 협상결과로서의 현행 양허관세율체계(讓許關稅率體系)는 2009년까지 유지되기 때문에 10년 넘게 한국 관세율체계는 다른 영향 요인이 없을 경우에는 그대로 지속된다.

본 절에서는 다자간 무역체제 편입 이전에 한국의 관세율구조를 분석하고 다음 3절에서 편입 이후의 한국의 관세율구조변화에 대하여 분석하기로 한다. 1970년대 이전까지의 한국의 관세율 구조변화를 정리하면 다음의 표와 같다.

〈표 3-5〉 한국관세율의 변화추이

| 연 도 | 1949 | 1950 | 1957 | 1958 | 1961 1차 | 1961 2차 | 1963 | 1967 | 1968 |
|---|---|---|---|---|---|---|---|---|---|
| 조정방법 | 신규 제정 | 무세품·임시 관세부과 | 전면 개정 | 전면 개정 | 전면 개정 | 품목분류 체계개편 | 전면 개정 | 전면 개정 | 소폭 개정 |
| 세율 수 | 1,706 | — | 1,229 | 276 | 722 | 1,311 | 1,982 | 3,174 | 3,019 |
| 평균세율 | 26.0 | — | 30.9 | 35.1 | 47.7 | 38.4 | 38.9 | 38.8 | 38.7 |
| 특 징 | ←Tariff Escalation System→ | | | | | | | | |
| 특 징 | 세율0~100% | 전쟁 중 재정 수요충당목적 | 보호 관세 강화 | 보호 관세 강화 | 보호 관세 강화 | 품목분류 BTN방식 도입 | 수출 지원 | 탄력관세 제도도입 | 일부품목 관세율 인하 |

| 연 도 | 1973 | 1976 | 1978 | 1981 | 1983 | 1988 | 1989 | 1990 |
|---|---|---|---|---|---|---|---|---|
| 조정방법 | 전면개정 | 전면개정 | 전면개정 | 부분적 개정 | 전면개정 | 전면개정 | | 예시제 1년 순연 |
| 세율수 | 3,985 | 2,521 | 2,209 | 2,280 | 2,604 | 2,709 | 2,718 | 2,718 |
| 평균세율 | 31.3 | 35.7 | 24.9 | 23.7 | 22.5 | 18.1 | 12.7 | 11.4 |
| 특징 | Tariff Escalation System | | Tariff Escalation System | ←Uniform Rate System→ | | | | |
| | 잠정세율 도입 | 잠정세율 확대 | 잠정세율의 기본세율화 | 고세율의 일률적 인하 | 1차인하 5개년 예시율 (%): 30−25−2 5−20 | 2차인하 5개년 예시율 (%): 15−13−1 1−9−8 | | 5개년예시 제 1년 순연 |

| 연 도 | 1992 | 1993 | 1995 | 1996 | 1997 | 1999 | 2000 | 2007 |
|---|---|---|---|---|---|---|---|---|
| 조정방법 | | | 2개 품목 조정 | 3개 품목조정 | 부분개정 | 부분개정 | 중심세율 8% | 중심세율 8% |
| 세율수 | 2,718 | 2,718 | 2,718 | 2,866 | 2,961 | 3,058 | | |
| 평균세율 | 10.1 | 8.9 | 7.9 | 7.9 | 7.9 | 7.9 | 7.8 | 7.8 |
| 특징 | ←Uniform Rate System→ | | | | | | | |
| | | | 국제운송용 컨테이너와 소프트웨어 무세화 | 화물선 | | | | 양허세율 비중확대 (WTO · FTA 등) |

주: 평균 관세율은 관세항목, 즉 세목을 기준으로 산출한 것임. 1997년 및 1999년도의 관세율 조정에 의한 변경된 세목으로 산정할 경우 다소차이가 있음.
자료: 이춘삼, 한국통상법, 법문사, 1999, p.499.

# 2. 관세율정책의 시대별 변화추이

## 1) 관세주권 상실기

1876년 "강화도 조약[41]"에 의한 강제적인 개항으로 한국은 관세주권을 상실하게 되었다. 개항 직후 대외무역은 일본상인들이 독점하여 그들에게 유리하도록 관세도 무세(無稅)를 적용하였다. 이후 7년 동안은 무관세시대가 지속되었던 것이다. 국가 간의 무역관계를 규제하는 통상조약은 관세문제가 그 핵심을 이룬다. 한일무역규칙도 엄연한 국제간의 통상조약이기 때문에 양국 간의 교역범위와 관세문제가 중심이 되어야 하나 일본은 강화도 조약 6개월 후에 조인된 한일무역규칙의 체결에 있어 일본이 구미열강에 강요당했던 불평등통상조약(不平等通商條約)을 그대로 강요함으로써 무세시대가 시작되었다[42].

이후 구미열강의 관심과 일본정부의 입장변화로 1883년 7월 25일에는 전문 42개조로 된 '한·일 해관세칙'[43]을 제정하여 수입물품을 11류 239세번으로 구분하고 수입관세율은 5%에서 30%까지 수출관세는 면세, 5% 및 15%의 세율을 적용하였다. 1910년 국권박탈로 비자주적이던 관세주권은 완전히 말살되었으며 관세율은 종전의 관세율을 사용하다가 1920년도에는 수입물품을 16류 218개 세번(細番)으로 조정하고 수출관세는 소맥, 대두 등 8개 품목에 대하여 5%의 관세를 부과하였다.

---

41) 강화도 조약은 한국 최초의 근대적인 조약으로서 이를 계기로 문호를 개방하고, 근대화를 추진하기 위한 계기가 되었으나 아무런 대책 없이 일본에 의해 강제로 개항함으로 한국은 국제무역 질서에 강제로 편입되게 되었다. 특히 강화도 조약은 전체적으로 일본인이 조선에서의 권리를 나타냈으며, 조선인이 일본에서의 권리는 규정하지 않은 일본의 침략성을 그대로 보여주는 불평등 조약이었던 것이다. 이에 대한 자세한 내용은 이춘삼, 관세 100년사, 한국관세무역연구원, 1985, p.20~22 참조.

42) 이춘삼, 『무역관계법』 박문사, 1996, p.327.

43) 한·일 해관세칙은 1883년 한·일 통상장정과 동시에 체결된 것으로서 한국 최초의 관세율표라고도 할 수 있다. 관세체계는 단순하여 수입물품은 7종(0~30%), 수출물품은 3종(0~15%)의 세종(稅種)으로 구성되었으며 생필품과 원료는 저세율, 사치품 및 가공도가 높은 물품은 고세율이 책정되었다.

〈표 3-6〉 한국의 초기 관세율표구조(1880년대)

(단위: %)

| 순 서 | 품 목 | 세 율 |
|---|---|---|
| 수입의 부 | | |
| 1 | 약제, 제약 및 향료 | 5~20 |
| 2 | 염료 및 안료 | 8 |
| 3 | 금속 및 금속제품 | 5~20 |
| 4 | 유지류 | 5~8 |
| 5 | 포백 | 8~20 |
| 6 | 문구종이류 | 5~10 |
| 7 | 음식물 및 연초류 | 5~30 |
| 8 | 잡화 | 5~30 |
| 9 | 선박: 통당 동전 | 125~250장 |
| 10 | 면세품: 화폐, 금은지금, 여행용품, 학술용품, 구본 등 20여 종 | |
| 11 | 금제품: 아편, 모조화폐, 외설서화, 군기류 등 | |
| 수출의 부 | | |
| 1 | 화제, 금은지금 및 사금. 여행용품 | 면세 |
| 2 | 모두의 수출품 | 5 |
| 3 | 홍삼 | 15 |

자료: 이춘삼, 『무역관계법』 박문사, 1996, p.329.


## 2) 광복 이후의 혼란기

### (1) 과도기

1945년 8월 15일 광복(光復) 후에는 구일본관세법규를 그대로 사용하다가 1946년 10월에는 법령 제116호로 의하여 관세정율법(關稅定率法) 중 수입관세율을 전면적으로 인하하는 조치를 시행하였다.

1948년 4월에는 법령 제117호에 의하여 관세율의 대폭 인하와 면세의 범위를 곡물에까지 확대하는 것을 주요 골자로 하는 관세율 개정이 있었는데, 종량세를 10% 종가세로 변경하고, 모든 수입물품에 대하여 10%의 단일관세율 적용하도록 하였다. 정부 수립을 전후하여 한국은 만성적인 재정적자에 처한 상황이었으나 세율 인하와 균일관세율을 지양(止揚)하고 차등관세율 제정하여 총 1,706품목 중 160개 품목에 대해서는 무세로 정하고 1,546품목은 차등관세율를 부과하였다.[44] 그 체계로 하는 관세율정책은 '비현실적이고 행정의 편의성을 위한 것'이라고 후일 비판을 받고 있다.

〈표 3-7〉 한국 건국 초기의 관세율표 분류(1940년대)

(단위: %)

| 분 류 | 분류품목 | 세번호 | 관번수 | 세율수 | 평균관세 |
|---|---|---|---|---|---|
| 제 1류 | 약품류·화장품 | 1~129 | 129 | 176 | 15.2 |
| 제 2류 | 색소 및 도료 | 201~241 | 41 | 61 | 19.6 |
| 제 3류 | 유지람 및 동제품 | 301~331 | 31 | 53 | 20.6 |
| 제 4류 | 식료품·음료 및 연초 | 401~456 | 56 | 126 | 44.4 |
| 제 5류 | 의류 및 장신용품 | 501~523 | 23 | 100 | 55.1 |
| 제 6류 | 포백 및 동제품 | 601~649 | 49 | 160 | 48.5 |
| 제 7류 | 종이·종이제품유화·서적 및 인쇄물 | 701~746 | 46 | 54 | 31.7 |
| 제 8류 | 섬유 및 동제품 | 801~828 | 28 | 75 | 24.2 |
| 제 9류 | 동식물·동식물산품 및 동제품 | 901~974 | 74 | 180 | 29.6 |
| 제10류 | 과학기기·악기 및 총포 | 1001~1038 | 38 | 87 | 36.6 |
| 제11류 | 전기기기·차량·항공시·선박·기계류 | 1101~1183 | 38 | 186 | 18.7 |
| 제12류 | 광·금속 및 동제품 | 1201~1273 | 73 | 251 | 20.1 |

44) 서석태,『한국의 수입구조 및 수입정책』한국개발연구원, 1979. p.17.

| 분 류 | 분류품목 | 세번호 | 관번수 | 세율수 | 평균관세 |
|---|---|---|---|---|---|
| 제13류 | 도자기·유리 및 동제품 | 1301~1318 | 18 | 45 | 36.5 |
| 제14류 | 광물·광물산품 및 동제품 | 1401~1434 | 34 | 82 | 27.3 |
| 제15류 | 잡 품 | 1501~1533 | 33 | 70 | 51.4 |
| 계 | | 2,350 | 756 | 1,706 | 26 |

자료: 『한국관세사』 한국관세연구소, 1985, p.394.

## (2) 관세법의 제정과 한국전쟁기

1949년 11월 23일 최초로 관세법을 법률 제67호로 제정하여 수입물품을 가공도(加功度)에 따라 원재료, 반제품, 완제품으로, 긴요도에 따라 생필품과 사치품으로 구분하여 기본 30%, 최저 10%, 최고 100%의 관세를 부과토록 하였다.

관세법 제정으로 비로소 관세율은 협정세율 또는 식민지의 성격에서 국정관세율 제도로 전환되었으나 1950년 6·25 전쟁 발발로 전쟁 수행에 필요한 재정비용을 충당하기 위하여 무관세품(無關稅品)에 대해서도 전쟁이 종료되는 다음 해까지 10%의 관세율을 부과하기로 하는 '관세임시증징법'(1950년 11월)을 제정·실시하였다.[45] 관세임시증징법(關稅臨時增徵法)의 내용은 수입관세율표상의 무세품목 중 식량과 서적 등을 제외한 비교적 관세부담의 여유가 나머지 140여 품목에 대하여 종가 10%의 임시관세를 부과한다는 것이다.

---

45) 한국관세연구소, 『한국관세사』, 1985. p.394.

〈표 3-8〉 한국의 1949년과 1957년의 류별 평균관세율

(단위: 개; %)

| 분류번호 | 1949 | | 1957 | |
|---|---|---|---|---|
| | 세율수 | 평균세율 | 세율수 | 평균세율 |
| 제 1 류 | 176 | 15.2 | 154 | 18.0 |
| 제 2 류 | 61 | 19.6 | 51 | 24.7 |
| 제 3 류 | 53 | 20.6 | 46 | 25.2 |
| 제 4 류 | 126 | 44.4 | 79 | 37.1 |
| 제 5 류 | 100 | 55.1 | 28 | 62.8 |
| 제 6 류 | 160 | 48.5 | 58 | 51.8 |
| 제 7 류 | 54 | 31.7 | 50 | 36.7 |
| 제 8 류 | 75 | 24.2 | 42 | 27.1 |
| 제 9 류 | 180 | 29.6 | 128 | 31.0 |
| 제 10 류 | 87 | 36.6 | 79 | 34.0 |
| 제 11 류 | 186 | 18.7 | 186 | 22.4 |
| 제 12 류 | 251 | 20.1 | 174 | 27.4 |
| 제 13 류 | 45 | 36.5 | 33 | 38.4 |
| 제 14 류 | 82 | 27.3 | 67 | 27.7 |
| 제 15 류 | 70 | 51.4 | 54 | 48.0 |
| 계 | 1,706 | 26.0 | 1,229 | 30.86 |

자료: 암승환, 『관세법해의(상)』, 한국관세협회, 1957, p.179.

## (3) 전후 복구기

1957년경 한국 경제는 전쟁의 재해에서 거의 회복하게 되었다. 현행관세율을 대폭 조정하여 한국 국내생산가능품에 대한 세율의 인상과 불요불급한 사치품에 대한 세율을 대폭 인상하였다. 관세임시증징법이 폐지되고 또한 세율표를 '별표 세율표'로 하고 차등관세체제(Tariff Escalation System)[46]를 도입하였으며, 전후 복구를 위한 재정

수입과 산업보호를 위하여 평균관세율은 1949년보다 약 4%가 높은 수준은 20%∼30.86%가 되도록 대폭적으로 인상하였다.

1958년에도 국내산업 보호를 강화하기 위하여 관세율을 인상하였는데 식품류, 연초류, 도자기 등의 소비재는 인상하고 광물 등 공업용 원료에 대해서는 대폭 인하하였다.

〈표 3-9〉 한국의 1950년대 평균관세율 및 관세부담율

(단위: 개; 백만 불; 백만 원; %)

| 구 분 | 1949년 제정 | 1957년 개정 | 1958년 개정 | 1961년 개정 |
|---|---|---|---|---|
| 품목분류 | 15 | 15 | 15 | 15 |
| 세목수 | 1,706 | 1,229 | 726 | 722 |
| 평균관세율 | 26 | 30.9 | 35.1 | 47.7 |
| 수입총액 | 147.4 | 224.9 | 207.7 | 316.1 |
| 관세수입 | 30.3 | 23.8 | 29.6 | 53 |
| 관세부담율 | 20.6 | 10.5 | 14.2 | 12.9 |

자료: 한국관세무역연구원, 『한국관세사』, 1985, pp.465-553.


## 3) 1960년대의 경제도약기

### (1) 관세정책의 기본방향

1960년대에는 한국의 관세정책 운용의 방향을 국제의 수준에서 조

---

46) '차등사관세체계(Tariff Escalation System)'는 원료의 관세율은 저세율로 하고 가공도가 높을수록 고세율로 하여 관세의 차등구조를 보이는 체계이다. 특정산업 집중적으로 발전·육성시키고자 하는 경우에 이를 채택하는 것이 효과적이다.

합시킬 뿐만 아니라 지금까지 봉쇄적인 관세정책을 대외적으로 개방시켜 국제관세무역활동에도 적극적으로 참여하는 이른바 '관세정책의 도약기'라 할 수 있다. 이 시기에는 정부주도로 강력한 경제개발정책을 구현하여 소비재를 중심으로 한 수입대체 신산업을 육성하였다.

관세율체계의 특징은 전반적으로 차등관세체계(Tariff Escalation System)를 골격으로 하여 국내산업 보호를 위한 수입대체 산업육성과 재정수입을 위한 세수증대를 목적으로 관세율의 고율화 정책을 추구하였으며, 국제수지 개선과 국민경제의 안정을 위하여 임시특별관세법을 실시하였다.

### (2) 1961년도의 관세율 개정

1961년 4월에는 경공업의 보호를 위하여 관세율을 크게 인상하였다. 평균관세율을 종전의 1958년 35.1%에서 12.6%나 대폭 인상된 47.7%로서 관세율정책사상 가장 높은 수준이었으며, 동년 12월에는 품목 분류를 BTN[47] 방식으로 전환하게 됨에 따라 세목수가 722개에서 1,311개로 증가하였고, 일부 품목에 대해서는 세율을 인하 조정하여 평균관세율은 39.4%로서 약 10% 정도 인하되었다.

---

47) 브뤼셀 관세품목분류표(BTN는 Brussels Tariff Nomenclature)는 1959년 관세협력이사회에서 발효토록 한 관세품목분류표로서 국제무역과 교역절차의 간소화 및 무역통계의 비교 용어를 그 목적으로 하였다(후에 CCCN로 개칭됨).

〈표 3-10〉 한국의 1960년대 평균관세율

(단위: %; 개)

|  | 1958 | 1961. 4 | 1961. 12 | 1963 | 1967 |
|---|---|---|---|---|---|
| 단순관세율(%) | 35.1 | 47.7 | 39.4 | 38.9 | 38.8 |
| 실효세율(%) | 14.2 | 12.9 | 12.9 | 7.7 | 6.9 |
| 세목수 | 726 | 722 | 1,311 | 1,982 | 3,174 |

자료: 박상태, 『관세정책 변화의 내용과 특징』, 한국조세연구원, 1997, p.65.

### (3) 1963년도의 관세율 개정

1962년부터 시행된 경제개발 5개년 계획에 따라 관세정책의 초점은 재정수입확보 기능에서 산업정책 기능을 보다 강화하는 방향으로 전환되었다.[48] 1963년의 관세율 조정으로 중요 산업의 보호와 수출증대를 통한 국제수지개선 및 세수증대를 꾀하고자 하였다. 중요 산업용품·공업용 원료·생활필수품 등은 저세율(低稅率)로, 사치품·소비재 및 국내자급도가 높은 물품은 고세율(高稅率)로 하고, 관세율 구조가 가공도별로 차등적으로 되도록 하며, 아울러 재정수입확보를 위하여 특정물품에 대하여는 관세율을 인상하였다.

이와 같이 1963년의 관세율 개정은 보호관세와 재정관세 성격에다가 수출증대의 목적을 추가한 것이 그 특징으로서 평균관세율은 38.9%로서 종래보다 0.5%포인트가 낮아졌다.

---

48) 이춘삼 "한국의 관세정책결과에 관한 체계적 분석" 『관세』 제149호 1983. 2. p.54.

## (4) 임시특별관세법의 제정실시

1960년대 관세율정책의 가장 큰 특징 중의 하나로서 임시특별제도를 들 수 있는데, 이 제도는 '단일변동환율제도'[49]를 관세정책 면에서 보완·강화하기 위하여 특정국물품 수입 시에 부과하는 일반관세에 일정의 특별 관세를 추가적으로 부과하여 수입수요의 억제와 국제수지를 개선하여 국민경제의 안정을 이루고자 하였다.

제1차 적용기간(1961년 7월 29일~12월 31일)에는 수입물품의 종류에 따라 10%, 30%, 50%, 100%의 임시특별관세(臨時特別關稅)를 부과하고 제2차 적용기간인 1964년 6월 12일부터는 세율 40% 이상 물품(제1종)에는 90%, 관세율 40% 미만 물품(제2종, 면세 및 무세물품 제외)에는 70%의 임시특별관세율(이하 "특관세"로 지칭함)을 기본 관세율에 추가로 부과하여 국내외 가격차로 인한 초과이윤을 흡수하도록 하였다.

아래의 표에서 볼 수 있듯이 일반관세와 특관세의 수입규모를 나타내는 것으로서 관세수입 가운데 특관세의 비중이 1970년대 초까지는 매년 20%를 상회하였으며 1967년의 경우에는 33.6%나 되었다.

---

49) 복수변동환율제도에 대립되는 것이다. 외환시장수급상태에 따라 각국의 통화가치를 자유로이 변동시키는 변동환율제도의 초기단계로, 1964년~1980년까지 한국에서 시행되었다. 이 제도는 공정환율을 외환시장에서 매매(賣買)되는 외환증서매매율(外換證書賣買率)을 기준으로 하여 유동적으로 조정하고 외환수급에 따른 원화환율의 가격기능역할을 제고하려는 취지에서 도입되었으나, 실제로는 한국은행이 고시한 '한은 집중기준율'에 의해 환율이 고정되는 과정을 겪었다.

<표 3-11> 한국의 임시특별관세수입 추이

(단위: 억 원; %)

|  | 1965 | 1966 | 1967 | 1968 | 1969 | 1970 | 1971 | 1972 | 1973 | 1974 |
|---|---|---|---|---|---|---|---|---|---|---|
| 일반관세 | 85 | 122 | 164 | 281 | 339 | 377 | 399 | 484 | 781 | 1,239 |
| 특관세 | 41 | 54 | 83 | 88 | 90 | 115 | 104 | 80 | 22 | 2 |
| 비　중 | 32.5 | 30.7 | 33.6 | 23.8 | 21.0 | 23.4 | 20.7 | 14.2 | 2.7 | 0.2 |
| 계 | 126 | 176 | 247 | 369 | 429 | 492 | 503 | 564 | 803 | 1241 |

자료: 한국관세연구소. 『한국관세사』 1985, pp.641-699.

이러한 특관세는 재정수요 충당을 위한 관세수입증가와 수입억제를 통한 국제수지개선효과라는 긍정적인 면도 있었지만, 과세가격산정을 위한 국내도매가격 조사곤란과, 집행상의 부작용이 발생되었다. 이와 함께 수출진흥(輸出振興)에 저해되는 환율의 고정화 및 조세법률주의에 대한 배치문제 등의 부정적인 면이 제기되어 1973년도에는 동 제도를 폐지하고 이를 대신하여 대체입법을 추진하여 '임시수입부가세법'[50]을 대체・제정하였다. 그러나 임시수입부가세법은 아직 한 번도 발동된 적이 없다.

(5) 1967년도의 관세율 개정

한국은 무역정책에 있어서 수입제한 방식을 '포지티브 리스트 시스템(positive list system)' 및 '네거티브 리스트 시스템(negative list system)'[51]으로 전환하게 되었으며, 이와 보조를 맞추기 위하여 기본

---

50) 임시수입부가세법은 국제수지 악화와 긴급수입억제를 위하여 마련한 법으로서 대통령이 정하는 바에 따라 면세 및 무세 물품을 제외한 모든 수입물품에 대하여 일률적으로 30%의 관세율을 기본관세에 부가할 수 있도록 하였다.

관세율을 조정하였고, 동시에 '탄력관세제도(flexible tariff system)'인 긴급관세, 할당관세, 상계관세, 특혜관세 등을 도입하여 기본관세율의 50% 범위 내에서 행정부가 세율을 조정할 수 있도록 개정하였다.

〈표 3-12〉 한국의 1967년도 관세율 책정기준표

(단위: %)

| 구 분 | 품 목 | 원자재 | 중간제품 | 완제품 |
|---|---|---|---|---|
| 보호대상 | 고율관세품목 | 60 | 80 | 150 |
| | 저율관세품목 | 25 | 40 | 50 |
| 재정관세대상 | 공업용원자재 및 산업용 기계류 | 10~20 | 10~20 | 10~20 |
| | 기 타 | 20 | 20 | 20 |
| 무세품목 | 정책상 또는 국제관례상 특정품목 | 0 | 0 | 0 |
| 수입억제대상 | 불요불급 물품 | 60~80 | 100 | 100~250 |

자료: 한국관세연구소, 『한국관세사』, 1985, p.662.

기본관세율은 국내산업의 보호와 재정수입확보를 위하여 면세 대상을 축소하고 저세율(0%, 10%, 15%)을 일률적으로 인상하였다.

이와 같은 원칙하에서 보호대상으로 책정한 1,220개 품목 가운데 천연산물과 원자재는 25~60%, 중간재는 40~80%, 완제품은 50~150%의 관세율을 적용토록 하고 376개 품목의 공업용 원자재 및 산업기계에 대해서는 10~20%의 저율관세를 부과토록 하였고, 기타 1,062개 품목에 대하여는 재정수입을 위하여 세율을 20%로 책정하였다.

---

51) 대외무역에 있어서 자유무역을 원칙적으로 하며 일정품목에 대하여는 수출입을 제한 또는 금지할 필요가 있을 때, 품목만을 표시하여 고시하는 제도를 말한다. 반대인 경우를 '포지티브 리스트 시스템(Positive list system)'이라 칭한다.
이춘삼, 『신무역실무론』, 박영사, 1981, p.44.

또한 다음의 <표 3-13>에서 보는 바와 같이 관세율 구조를 개편하였는데, 148개 품목은 무세로, 수입억제 필요가 있는 360개 품목은 60~250%의 고율관세를 부과토록 하였다. 품목수는 종량세가 20개, 선택세가 13개, 종가세가 3,141개로서 총 3,174개의 품목이 되도록 하였고, 세율분포는 20%가 1,062개로서 전체의 33.5%, 50% 이상이 34.7%를 차지하였으며 그중 수입을 억제하기 위한 100% 이상의 고관세품목은 전체의 약 10%를 점하였다.[52)]

〈표 3-13〉 한국의 1967년도 개정관세율구조

(단위: %)

| 세율별 | 품목수 | 구성비 | 세율별 | 품목수 | 구성비 | 세율별 | 품목수 | 구성비 |
|---|---|---|---|---|---|---|---|---|
| 무세 | 148 | 4.7 | 50 | 339 | 10.7 | 180 | – | – |
| 5 | 37 | 1.2 | 60 | 184 | 5.8 | 250 | – | – |
| 10 | 241 | 7.6 | 65 | 1 | – | 종량세 | 20 | 0.6 |
| 15 | 96 | 3.0 | 70 | 181 | 5.7 | 부과 | 6 | 0.2 |
| 20 | 1,062 | 33.5 | 80 | 58 | 1.8 | 선택세 | 7 | 0.2 |
| 25 | 101 | 3.2 | 90 | – | – | 계 | 3,174 | 100 |
| 20 | 22 | 0.7 | 100 | 281 | 8.9 | 평균관세율: 38.8% | | |
| 35 | 116 | 3.7 | 120 | 4 | 0.1 | | | |
| 40 | 217 | 6.8 | 150 | 53 | 1.7 | | | |

(6) 관세의 재정수입기여도

다음의 <표 3-14>를 보면 알 수 있듯이 1960년대의 재정에 대한 관세수입의 비중을 정리한 것으로서 관세수입은 해마다 증가하여 일

---

52) 한국관세무역연구원, 『한국관세사』, 1985, p.661.

반 재정수입과 대비하면 1962년도에는 7.2%였으나 1968년에는 13.7%까지 증가하였다. 관세수입에 대한 비중도 1960년대 중반까지는 20%를 상회하여 재정기여도가 매우 높았으며, 관세수입은 제1, 2차 경제개발에 필요한 재원으로 아주 긴요하게 사용됐음을 알 수 있다.

〈표 3-14〉 한국의 1960년대 재정에 대한 관세수입비중

(단위: 백만 원)

| 연도별 | 재정<br>수입(A) | 세조<br>(B) | 내국세<br>(C) | 관세(D) | | 수입금액(백만 불) | | D / A | D / B |
|---|---|---|---|---|---|---|---|---|---|
| | | | | | 증가율 | | 증가율 | | |
| 1961 | 614 | 232 | 179 | 53 | | 316.1 | | 8.6 | 22.8 |
| 1962 | 789 | 282 | 214 | 68 | 28.3 | 421.8 | 33.4 | 7.2 | 24.1 |
| 1963 | 759 | 311 | 247 | 64 | -5.9 | 560.3 | 32.8 | 8.4 | 20.6 |
| 1964 | 794 | 374 | 292 | 82 | 28.1 | 404.4 | -27.8 | 10.3 | 21.9 |
| 1965 | 1,055 | 546 | 421 | 126 | 53.7 | 463.4 | 14.6 | 11.9 | 23.1 |
| 1966 | 1,538 | 876 | 700 | 176 | 39.7 | 716.4 | 54.6 | 11.4 | 20.1 |
| 1967 | 1,990 | 1,292 | 1,038 | 254 | 44.3 | 996.2 | 39.1 | 12.8 | 19.7 |
| 1968 | 2,757 | 1,943 | 1,564 | 379 | 49.2 | 1,462.9 | 46.8 | 13.7 | 19.5 |
| 1969 | 3,760 | 2,628 | 2,181 | 447 | 17.9 | 1,823.6 | 24.7 | 11.9 | 17.0 |
| 1970 | 4,459 | 3,347 | 2,838 | 509 | 13.9 | 1,984.0 | 8.8 | 11.4 | 15.2 |

자료: 박상태, 『관세정책의 변천과 평가』, 한국조세연구원, 1997, p.92.

관세율 개정으로 명목관세율이 상향되었음에도 실질관세율이 9.7%에 불과한 것은 관세의 감면세율이 40%에서 최고 53%까지 증가한 까닭이고, 수입증가율(28.7%)이 관세수입증가율(28.7%)보다 높지 않았음에도 관세 수입이 증가한 것은 수입가격의 등귀, 특별관세의 실시, 통관 관리 등 관세행정의 강화에 기인한 것으로 볼 수 있다.[53]

---

53) 한국관세무역연구원, 『한국관세사』, 1985, p.651.

# 제3절 GATT체제하에서
# 한국의 관세율 구조 분석


## 1. 1970년대의 고도 성장기


### 1) 관세율 조정의 기본방향

1970년대 초에도 1960년대와 마찬가지로 차등관세체계(Tariff Escalation System)를 계속 견지하면서 소비재의 고관세를 적정 수준으로 인하하고 신규 개발 산업을 보호·육성하여 산업의 고도화를 촉진하고자 하였다.

〈표 3-15〉 한국의 1970년대 평균관세율[54]의 변화

(단위: 개, %)

| 연도별 | 세율계단 | 세목수 | 단순평균세율 | 가중평균세율 | 실효세율 |
|---|---|---|---|---|---|
| 1973 | 17 | 3,985 | 31.3 | 18.8 | 4.9 |
| 1977 | 11 | 2,521 | 35.7 | 14.4 | 6.1 |
| 1979 | 14 | 2,209 | 24.9 | 16.0 | 7.4 |

---

54) 1) 단순평균세율: 세목별 관세율을 합산한 총관세율 / 총세목수
　　2) 가중평균세율: 각 세목별 수입액×관세율 / 총수입액
　　3) 실효세율: 관세징수액(실제 국세의 세입에 계상되는 금액) / 총수입액
　　자료: 재무부, 『관세구조의 현황』, 1997. p.107.

1970년대 중반에는 차등관세율체제(差等關稅率體制)가 가져다주는 산업 간 보호수준의 격차가 자원의 비효율적인 배분을 유발한다는 문제가 대두되어 관세율을 가능한 한 중립화하고자 세율을 20%의 균등관세율체계(Uniform Tariff System)[55]로 지향하기로 하고, 세율을 점진적으로 인하하는 관세율인하예시제를 도입하였다.[56]

또한 1970년대의 관세율 개편방향에 있어서 1976년 이전까지는 재정수입에 중점을 두었으나, 그 이후에는 산업보호와 수입조절기능에 초점이 맞추어졌다. 그 결과 1960년대에 15%를 넘었던 총조세수입(總租稅收入)에 대한 관세수입의 비중이 1980년대에는 10% 수준으로 감소된 결과를 가져왔다.[57]


## 2) 1973년도의 관세율 개정

1973년도에는 제3차 경제개발 5개년 계획을 효율적으로 지원하고 차등관세율체계(Tariff Escalation System)로 인한 원료의 국산개발 의욕저하 등 불합리한 산업구조의 형성과 원료와 제품 간의 세율불균형 현상 및 세율구조상의 문제점을 개선하기 위하여 실효보호이론에 입각한 전면적인 관세율 개편작업이 이루어졌다.

식품, 직물 등 경공업 제품의 관세율은 150~100%에서 80%로 인하

---

55) 균등관세율체계(Uniform Tariff System)는 모든 물품이 일정한 관세율로 된 것을 말하며, 단일의 균등관세제도를 채택하고 있는 국가는 '칠레'가 유일하다.(칠레의 관세율은 1988년도 15%에서 매년 1%씩 인하하여 2033년도 6%를 목표로 하고 있으며, 2000년도에는 9% 수준이다.)
56) 박상태, 『관세정책의 변천과 평가』, 한국관세연구원, 1997. p.106.
57) 김진수·안종석, 『경제여건 변화와 관세율 구조의 개편방향』, 한국조세연구원, 1994. p.23.

하였고, 국민(민영)화가 이루어진 고탄소강 무수푸탈산 등은 10~20%에서 15~50%로 인상하였으며 공업용 원료 및 시설기자재에 대해서는 5~10%로 인하하였다. 관세율 개정 결과 품목수를 3,174개로 세분하였고 세율인상 440개, 현행세율유지 2,477개, 잠정세율 거치명목 113개로 조정하였다.

〈표 3-16〉 한국의 1973년의 관세율 책정기준표

(단위: %)

| | | 천연산품 또는 기초 원자재와 산업용기계 | 중간제품 | 완성품 |
|---|---|---|---|---|
| 보호관세 품목 | 1) 고율보호품목 | 50~60    60<br><br>30~40    25 | 60~70  80<br><br>40~50  40 | 80~100  150<br><br>50~70    50 |
| 수입규제 관세품목 | 1) 국산불능품목<br>2) 연초·주류·고급 승용차 등 | 60~80<br>(60~80) | 80~100<br>(100) | 100<br>(100~150)<br>150 |
| 재정 관세품목 | 1) 주요 산품용기계 및 기초원재료<br>2) 농수산용 긴용품목<br>3) 기   타 | 5~10<br>(5~15)<br>5~10<br>(5~15<br>20<br>(20)) | 5~15<br>(5~15)<br>5~15<br>(5~15<br>20<br>(20)) | 5~15<br>(5~15)<br>5~15<br>(5~15<br>20<br>(20)) |
| 무세품목 | 국제관례 또는 국책상 특수 취급하여야 할 품목 | 0 | 0 | 0 |

주: 1. 150%의 세율은 연초율·주류·고급승용차 등 국제적인 고급소비 규제품에
　　한하여 적용한다.
　　2. 종량세만으로 보호 목적을 기하기 곤란한 물품은 종가, 선택세로 책정한다.
　　3. 영화용필름은 종량세로 책정한다.
　　4. (　) 안은 종래기준임.
　　자료: 박상태, 『관세정책의 변천과 평가』, 한국조세연구원, 1997. 5. p.108.

## 3) 1976년도의 관세율 개정

1976년도에는 제4차 경제개발 5개년 계획을 효과적으로 지원하고, 관세율의 산업 간 불공평을 해소하며, 자원배분의 효율화를 유도하기 위하여 관세율의 대산업중립화(對産業中立化)를 기하고자 하였다.

국내부존자원의 개발촉진을 위해 기존 원자재에 대하여 무세 또는 저세율을 지양(止揚)하고, 아울러 세율구조의단순화를 기본방향으로 조정결과 세율 20%에 해당하는 물품의 비중이 종전의 35.7에서 52.8%로 증가되었고, 산업보호를 위한 관세율 30%, 40%, 60%의 3단계로 인하·조정하였다.

규제관세대상을 불요불급한 물품과 사치성물품으로 구분하여 전자는 100%~150%, 후자는 80%~100%의 세율로 하였고, 금지관세 대상은 고급승용차, 담배, 주류, 향수류와 같은 기호품에 한정하도록 하였다.

세율구조는 무세~150%, 선택세 및 종량세 등 총 16단계로 하고 세율 수는 종전의 3,996개에서 2,521개로 축소하였다. 농산물을 제외한 세율 30%~60%의 보호관세율품목은 1981년까지 관세율이 자동 인하되도록 하였고, 0~20%의 저세율 품목 중 34개 품목(공업용 원료, 소맥, 광석, 원유, 고철, 선박 등)은 관세율이 연차적으로 자동 인상되도록 하였다.

〈표 3-17〉 한국의 1976년 관세율 책정기준표

(단위: %)

| | | 천연산품 및 원자재 | 반제품 | 완제품 |
|---|---|---|---|---|
| 보호관세품목 | 고율보호 | 40 (40~69) | 40 (50~70) | 60 (80~100) |
| | 저율보호 | 30 (25~35) | 30 (40~50) | 40 (70~80) |
| 규제관세품목 | 수입금지 | 100 (60~80) | 100 (80~100) | 150 (150) |
| | 수입규제 | 80 (40~60) | 80 (50~70) | 100 (80~100) |
| 재정관세품목 | 균일재정 | 20 (15~25) | 20 (15~25) | 20 (15~25) |
| | 차등제정 | 10 (0~10) | 10 (0~10) | 10 (0~10) |
| 특수취급품목 | 국제관례 | 0 (0) | 0 (0) | 0 (0) |
| | 자본재 | 산업기계 | 기능별기계 | 기계요소 |
| | | 20 (0~40) | 30 (0~50) | 30 (0~60) |

주: ( ) 안은 종전 관세율임.
자료: 박상태, 『관세정책의 변천과 평가』, 한국조세연구원, 1997. 5. p.109.

## 4) 탄력관세제도 실시 및 대통령 긴급조치에 의한 관세율 조정

1967년 제한된 관세수권제도[58]를 비롯한 탄력관세제도를 입법화

---

58) 관세수권제도는 국내산업의 긴급보호, 특정물품의 수입억제, 세율불균형의 시정, 물자수급 및 물가조정 등이 필요한 경우에 관세율을 인상 또는 인하할 수 있도록 법률로서 행정부에 위임한 것을 말한다.

한 조세법률주의의 예외문제로 시행을 금기시하던 탄력관세는 1973
년 석유파동 시 물가안정을 목적으로 공업용 원료의 관세율 인하하기
위하여 1974년부터 시행하게 되었다. 이와 동시에 외환부족을 타개
하고자 녹용, 주류, 승용차, 시계 등 사치성 소비재에 대해서는 수입
억제를 위하여 대통령 긴급조치로 관세율을 인하하게 되었다.

〈표 3-18〉 한국의 1970년대 탄력관세부과 운용현황

(단위: 개)

| 연도별 | 1974 | 1975 | 1976 | 1977 | 1978 | | 1979 | | 1980 | |
|---|---|---|---|---|---|---|---|---|---|---|
| | | | | | 상 | 하 | 상 | 하 | 상 | 하 |
| 품목수 | 156 | 643 | 57 | 70 | 52 | 9 | 72 | 20 | 69 | 66 |
| | 제한적 관세수권제도 | | | | 할당관세 | | | | | |

주: 제한적 관세수권제도(1977년까지)와 할당관세(1978년 이후)에 의한 조치.
자료: 박상태, 『관세정책의 변천과 평가』, 한국조세연구원, 1997, p.117.


## 5) 1978년도의 관세율 개정

기본세율, 잠정세율, 인하예시세율 등 다기화된 법정관세율로 인하
여 기본세율의 적용이 극히 제한되고 있는 문제점을 개선하기 위하여
관세율 예시제를 폐지하고 기본세율과 잠정세율만을 존치토록 하였
으며, 잠정관세의 적용도 최소한에 그치도록 하여 기본세율의 적용
범위를 대폭 확대하였다.

잠정세율 대상은 759개에서 62개로 대폭 축소하여 기본세율을 법
정세율로서 국정세율의 실질적인 근간이 되게 하였다.[59] 이때 품목

---

59) 한국관세무역연구원, 『한국관세사』, 1985, p.702.

분류는 BTN 방식에서 CCCN으로 변경하고 총세목수를 2,519개에서 2,209로 축소하였으며, 세목은 종래의 11단계에서 14단계로 조정하였다.

〈표 3-19〉 한국의 1978년도 관세율 개편구조

(단위: %)

| 구 분 | 세율격차 | 단계 | 세율(%)단계 |
|---|---|---|---|
| 저 세율 부문(30%이하) | 5% | 7 | 0-5-10-15-20-25-30 |
| 중세율 부문(40~60) | 10% | 3 | 40-50-60 |
| 고세율 부문(80~150) | 20, 50% | 3 | 80-100-150 |
| 종량세 부문 | | 1 | |
| 계 | | 14 | |

자료: 한국관세무역연구원, 『한국관세사』, 1985, p.703.

## 2. 1980년대의 민간주도형 경제운용기

### 1) 관세율정책의 기본방향

1980년대 들어 변화된 관세율정책의 배경에는 치열한 무역환경하에서 산업의 체질개선을 이룩하고 국제경쟁력을 배양에 있다고 할 수 있다. 즉 1983년과 1988년 두 차례에 걸쳐 획기적 방법으로 관세율의 대폭적인 개편을 단행하였다.

〈표 3-20〉 한국의 1980년대 평균관세율의 변화

(단위: 개, %)

| 연도별 | 세율단계 | 세목수 | 단순평균세율 | 가중평균세율 | 실효세율 |
|---|---|---|---|---|---|
| 1981 | 11 | 2,280 | 23.7 | 11.49 | 4.96 |
| 1983 | 12 | 2,604 | 22.5 | 15.0 | 7.17 |
| 1988 | 9 | 2,709 | 18.1 | 14.56 | 6.77 |
| 1990 | 18 | 2,718 | 11.4 | 9.76 | 5.57 |

자료: 박상태, 『관세정책의 변천과 평가』, 한국관세무역연구원, 1997. 5, p.158.

관세율의 변경에 따라 각 산업이 충분한 적응기간을 갖도록 하기 위하여 관세율인하 5개년 예시제를 실시하고 중심세율체계의 균등관세제도(uniform tariff system)를 정착토록 하였다. 이로 인한 관세율 개편으로 평균관세율은 대폭인하(1970년대: 30.6% → 1980년대: 21.4%) 되었고, 수입자유화의 확대에 따라 수입급증품목의 수입억제를 위하여 조정관세제도를 도입하였으며, 품목분류 체계는 CCCN[60])에서 HS[61])체계로 전환하여 관세뿐만 아니라 무역통계·보험·운송 등 통합적인 품목분류에 사용할 수 있도록 하였다.

---

60) CCCN(Customs Cooperation Council Nomenclature: 관세협력이사회 품목표) 은 BTN의 뒤를 이어 1975년 품목분류 주관기구인 CCCN(관세협력이사회)의 이름을 따서 CCCN으로 개칭한 관세품목표로서 1988년 HS 제도가 시행되기 이전까지 사용되었으며 CCCN을 기준으로 하여 한국의 실정에 맞도록 세분한 관세품목분류표가 CCCNK(Customs Cooperation Council Nomenclature of Korea)이다.

61) HS(Harmonized Commodity Description and Coding System: 국제통일상품분류표)는 CCCN을 모체로 하고 SITC(Standard International Trade Classification: 표준 국제무역 분류표), TS USA(Tariff Schedules of the United Stated: 미국 관세율표) 등을 참고로 하여 작성된 분류표로서 관세뿐만 아니라 통계·운송·보험 등 민간부문을 포함한 모든 분야에서 공통적으로 사용할 수 있도록 한 국제적인 공통통일품목분류표이다.

## 2) 1981년도의 관세율 개정

1978년 관세율 전면 개편 이후 국내외 경제상황에 대처하기 위하여 부분적이고 점진적인 세율일괄인하방식(稅率一括引下方式)을 도입하여 반도체산업 등 중요 산업과 수출산업에 대한 관세자원을 확대하였다.

이와 함께 신규개발품목의 적정보호, 종량세의 현실화, 제조단계 및 유사 제품 간 세율 불균형의 시정과 만성적인 할당관세적용품목의 세율현실화 등을 위하여 관세 체계를 고율의 관세로 과보호율 60~150%인 품목의 세율을 50%와 100%로 인하하고 경공업제품의 관세율을 인하·조정하여 효율적인 자원배분과 균형적인 산업발전을 기하고, 아울러 소비재의 가격인하를 유도하여 소비자 보호에도 노력하였다.

세율인하에 의한 관세율 조정으로 평균관세율은 다소 하향조정되었으며 세율구조는 14단계로 축소되었다.


## 3) 제1차 관세율인하예시제실시

1983년도 관세율 조정의 기본방향은 다음과 같다.

첫째, 고세율체계에 과보호를 축소하되 일부 농산물에 대해서만 보호세율을 책정하고, 둘째, 차등세율 및 누진세율 체계를 축소하고, 관세율을 단계적으로 인하하여 1988년도에는 중심세율이 20%에 이르도록 하였으며, 셋째, 과세저변확대와 공업용 기초원자재의 세율인하에 따른 재원확보를 위하여 무세품목을 가급적으로 축소토록 하였다. 넷째, 관세인하예시제를 도입하여 관세정책방향의 투명성을 제고하고, 세율구조개편에 따른 적응기간을 부여하였으며, 수입자유화로 인한 수입급증품목은 조정관세를 적용하여 한시적으로 산업을 보호하도록 하였다.

관세율 수준은 국내산업의 경쟁력제고를 위하여 기초원자재는 5～10%, 중간원자재는 20%, 쌀·보리·밀 등 식량과 공업용 곡물은 5～10%로 대폭인하토록 하였고, 경쟁력 취약품목과 수입선호도가 큰 물품의 관세율은 20～50%로 소폭인하였으며, 예외적으로 국제관례에 따라 일부품목은 무세율 또는 150%로 책정하였다.


## 4) 제2차 관세율인하예시제실시

제1차 관세율인하예시제가 시행되었는데, 그 배경에는 '1988 올림픽'의 성공적 개최 이후 국제수지 흑자규모 확대로 인한 통화관리의 어려움과 외국으로부터 시장개방확대 및 원화절상의 압력이 가중되기 시작하였고, 제1차 관세율인하 5개년예시제의 종료, 국내산업의 경쟁력강화, 국민복지수요의 증대 및 관세의 재정·산업정책 기능의 재조정 등 대내외적인 경제여건변화에 따라 관세율을 개편하게 되었다.

주요 개편내용으로는 수출증대에 상응하여 원자재 및 공산품의 관세율을 선진국 수준으로 인하하고 국내제조물품에 대한 관세율보호수준의 적정화와 물품 간 실효보호수준의 균등화를 위하여 세율별로 일괄인하(一括引下)하는 방식을 채택하였다. 다음의 표와 같이 1980～90년대의 평균세율의 변동추이를 살펴보면 1983년도의 평균관세율은 23.7%였으나, 제1차 5개년관세인하예시제의 마지막 해인 1994년도에는 7.9%까지 인하되도록 하였으며, 중심세율은 1988년의

20%에서 인하예시제 마지막 해인 1994년도에는 8%로 대폭 하향되도록 하였다.

중심관세율을 채택한 것은 제2차 관세율인하예시제 입안 당시 한국산업은행이 한국의 경쟁력지표에 관하여 조사한 결과 공산품에 대한 국내외가격차가 1987년도의 13%에서 해마다 1%씩 감소하여 1993년에는 8%가 될 것으로 추정함에 따라 관세부과를 통하여 국내외가격차를 조정하며 한국 산업의 전반적인 경쟁력유지가 이루어질 것이라는 판단에 의하여 결정되었다.

〈표 3-21〉 한국의 1980~1990년대의 관세인하 평균관세율 변동추이[62]

(단위: %)

| | '82~83 | 제1차 관세인하 예시제 | | | | | 제2차 관세인하 예시제 | | | | |
| | | '84 | '85 | '86 | '87 | '88 | '89 | '90~91 | '92 | '93 | '94 이후 |
|---|---|---|---|---|---|---|---|---|---|---|---|
| 전    제 | 23.7 | 21.9 | 21.3 | 19.9 | 19.3 | 18.1 | 12.7 | 11.4 | 10.1 | 8.9 | 7.9 |
| 공산품 | 22.6 | 20.6 | 20.3 | 18.7 | 18.2 | 16.9 | 11.2 | 9.7 | 8.4 | 7.1 | 6.2 |
| 농산품 | 31.4 | 29.6 | 28.8 | 27.1 | 26.4 | 25.2 | 20.6 | 19.9 | 18.5 | 17.8 | 16.6 |
| 중심세율 | 20 | 20 | 20 | 20 | 20 | 20 | 15 | 13 | 11 | 9 | 8 |

자료: 박상태, 전게자료, p.159.

1988년 이후에는 기본관세율의 전면 개편이 이루어지지 않아 제2차 관세인하예시제에 의한 기본관세율은 1994년 이후 대부분 계속 적용되고 있으며, 중심세율의 구성비는 다소 감소하더라도 현행 8%의 중심세율은 당분간 계속 유지될 것으로 생각된다.[63]

---

62) 1990년도 방위세 폐지에 따라 인하 예시제를 1년씩 순연.
   (자료: 재정경제부, 『조세개요』, 2002, p.162.)
63) WTO 양허세율의 적용비율증가 등으로 기본관세율의 전면적인 개편이 사실상 어려워 기본관세율의 8% 중심세율은 계속 유지될 것으로 전망된다. 다만, 기본관세율은 필요시마다 소폭조정하게 될 것으로 보여 중심

다음의 <표 3-22>에서 같이 주요 품목별 관세율의 인하내용을 살펴보면 기초원자재 중 비경쟁원자재가 5%에서 1~2%, 중간원자재와 완제품 및 소비재는 8%까지 인하되었다.

농산물의 관세율 변화추이를 살펴보면 식량 및 곡물은 1983년도의 5%가 계속 유지되고 있고, 사료용 곡물은 20%에서 7%로 인하되었으나 농가소득작물(農家所得作物)은 20~50%까지 고율의 관세가 계속 유지되도록 하였다.

〈표 3-22〉 한국의 제2차 관세율인하 주요 품목별 관세율

(단위: %)

| 구 분 | | 개편세율 (%) | | | | | 비고 |
|---|---|---|---|---|---|---|---|
| | | '83년 | '84년 | '88년 | '89 | '94 이후 | |
| 기초원자재 | 비경쟁원자재 | 0~3 | 5 | 5 | 1~2 | 1~2 | |
| | 경쟁원자재 | | 10 | 10 | 5 | 3 | |
| 중간원자재 | 경쟁력확립 및 독과점물품 | 15~50 | 20 | 10~20 | 10 | 8 | |
| | 경쟁력 취약물품 | | 20 | | | | |
| 완제품 소비재 | 1차가공품 | 40~80 | 40 | 30~50 | 5~10 | 5 | |
| | 일반소비재 | | | | 20 | 8 | |
| | 수입선호 품목 | | 50 | | | | |
| 농산물 | 식량, 곡물 | 5 | 5 | 5 | 5 | 5 | |
| | 사료, 공업용 원료 | 20 | 7 | 7 | 7 | 7 | |
| | 농가소득작물 | 20~50 | 30~50 | 20 | 20~50 | 20~50 | 축산물, 과일류 |
| 국제협력 관세 | | 0~150 | 무세 | 무세 | 무세 | 무세 | |

자료: 재무부, 『관세율 개편구조』, 1987. 재무부, 『1988 관세율 개편백서』, 1989 pp.58-59 참조 작성.

---

관세의 구성비는 다소 감소할 것으로 예상된다.

## 3. UR 이전의 관세율정책

### 1) UR 이전의 다자간 관세양허협상[64]

세계 무역기구(WTO: World Trade Organization) 설립 이전에는 관세 및 무역에 관한 일반협정(GATT: General Agreement Tariffs and Trade)의 다자간 관세협상을 통한 관세인하와 양허품목의 확대는 주로 선진국의 공업품에 집중되었다. 이러한 관세협상 결과 세계적으로 공산품 무역의 자유화가 확대되었고 대선진국에 대한 개도국의 공산품수출이 신장하게 되었으며, 이로 인하여 개도국의 공업화에 크게 기여할 수 있었던 것으로 평가된다.[65]

그동안 총 7차에 걸친 GATT 다자간 관세협상 결과의 주요 내용을 살펴보면 제1-5차 다자간 협상에서는 GATT 성립(1948년 1월 1일) 이전인 1947년부터 국제교역증진을 위한 협상이 시작되었다.

제5차 딜론라운드까지 국가별로 관심품목의 관세율 인하를 요청하고

---

64) 관세양허(concession of tariff)는 대체로 다음과 같은 형태를 취하고 있는데 이 예에서 표시된 관세율은 당해국이 약속된 인상한계점을 나타내고 있으며 종가관세로 되어 있으나 종량관세 또는 종가·종량세를 절충한 형태를 취할 수도 있다.

Tariff Schedule of the EU Part 1-(count'd)

| Tariff Heading | Description of Products | Rate of duty |
|---|---|---|
| 61.06 | Shawls, Scarves, Mufflers, Mantillas, Veils, and the like | 21% |

이춘삼, 미국의 반덤핑법, 한국경제신문사, 1987, p.25.

65) 이춘삼, 『國際通商法』, 法文社, 1999, p.135.

이를 수용하는 방식(Item by Item Request Offer: 품목별 관세협상)[66]으로 관세율 협상을 진행하였으며, 제6차 케네디라운드는 EC의 경제 블록화를 방지하기 위하여 미국의 주도하에 추진되었다.

대상품목에 대하여는 관세인하를 일률적으로 적용하는 '일괄선형인하방식(Linear Tariff Reduction)'[67]으로 협상을 진행하여 총 3만여 개의 품목에 대하여 35% 이상으로 관세를 인하토록 하였다.

한편, 제7차 동경라운드는 1966년대 말부터 태동하기 시작한 세계 경제의 신보호주의를 타개하기 위하여 1973년부터 시작된 협상으로서 공산품에 대하여 일괄인하방식(Harmonization Cut)을 채택하여 각국의 관세율을 평균 33%나 인하토록 하여 더 빠른 관세율 평준화 효과를 가지도록 하였으며 농산물에 대해서는 품목별 Request－Offer 방식으로 관세협상을 추진하였다.[68] 이와 같이 GATT 주관에서 추진된 관세협상의 내용을 요약하면 다음의 표와 같다.

---

66) Item by Item Request Offer(品目別 關稅協商) 方式은 各各의 品目을 別個로 交涉하는 關稅協商을 뜻하는 用語이다. 이 方法은 線型關稅引下(Linear Tariff Reduction) 또는 分野別 貿易協商(sectoral trade negotiations)과 같이 公式에 依한 關稅引下보다는 相對的으로 交涉이 더 어렵지만 敏感品目이 包含된 交涉의 境遇에는 協商缺課를 이끌어 낼 수 있는 좋은 方法이다.

67) Linear Tariff Reduction(일괄선형인하방식)은 모든 품목에 대하여 동일한 폭으로 관세를 인하하는 것으로 보통 인하 폭은 %로 나타난다. 1963~67년간 진행된 케네디라운드(Kennedy Round) 다자간 무역협상에서 처음으로 도입된 관세인하 방식이다.

68) 박상태, 『관세정책요론』, 한국관세무역연구원, 1996, p.322.

〈표 3-23〉 GATT 다자간 관세협상 성과 추이비교

| 구분(장소) | 협상기간 | 참가국 | 양허<br>품목수 | 양허액<br>(억불) | 평균<br>인하율 | 2국간<br>협정 수 |
|---|---|---|---|---|---|---|
| 1차(제네바) | 1947.4~10 | 23 | 46,000 | 100 | — | 123 |
| 2차(에네시) | 1949.4~10 | 32 | 5,000 | — | — | 147 |
| 3차(토레이) | 1950.9~1951.4 | 34 | 8,700 | — | — | 147 |
| 4차(제네바) | 1956.1~5 | 22 | 3,000 | 25 | — | 59 |
| 5차(제네바) | 1961.5~1962.7 | 23 | 4,000 | 49 | 7% | 90 |
| 6차(제네바) | 1964.5~1967.6 | 46 | 30,300 | 400 | 35% | |
| 7차(제네바) | 1973.9~1979.11 | 99 | 250,000 | — | 33% | |
| 8차(우루과이) | 1986.9~1994.12 | 121 | 305,165 | 11,975 | | |

자료: 박상태, 『관세정책요론』, 한국관세무역연구원, 1996, p.332.

한국은 1966년 12월 8일 GATT 가입에 관한 실무교섭을 완료하고, 1966년 12월 16일 GATT 가입을 수락하여 1967년 3월 15일 가입의정서 서명 등 가입절차를 거친 후 동년 4월 14일자로 정식회원이 되었다.

GATT 가입으로 총회원국 72개국과 무역협정을 맺는 효과를 얻게 되었으며, 불과 60여 개 품목을 양허하고 가입국으로부터 10,000여 품목에 대하여 GATT 관세율을 적용을 받으므로 수출품의 국제경쟁력이 강화되었다. 또한 GATT의 계속된 관세협상에서 다수의 품목을 양허하였는데, 케네디라운드에서 17개 품목, 동경라운드에서 14개 품목을 양허하였다.

GATT를 통한 또 하나의 다자간협상은 GATT 선·후진국 간 무역협상이다. 이 협상은 1967년 제24차 GATT총회에서 논의한 결과에 따라 후진국 간 무역협상위원회를 설치하고 개발도상국 상호 간에 관세 및 비관세장벽의 양허를 통한 교역확대방안을 논의하였다. 그

후 4년간의 협상 끝에 개발도상국 16개국이 최혜국대우에 관하여 호의적인 반응을 보여 정식으로 승인되었으며 한국은 6개 품목을 양허하고 여타 참가국으로부터 195개 품목에 대하여 양허 혜택을 받게 되었다.[69]

〈표 3-24〉 GATT 관세협상 연혁 및 양허세율[70]

(단위: 개; %)

| 협상 명 | 발효시기 | 품목수 | 양허세율 | | 주요 품목 |
|---|---|---|---|---|---|
| | | | 평균인하율 | 최저세율 | |
| GATT 가입협상 | 1967.4.14 | 60 | 21.5% | 무세 | 쇠고기, 조제식품 |
| 케네디 라운드 | 1968.6.18 | 17 | 19.8% | 무세 | 발전기, 굴착기 전자계산기 |
| 도쿄 라운드 | 1981.1.6 | 143 | 7.5% | 20% | 대두유, 알미늄괴 |
| 계 | | 220 | | | |

자료: 주122 참조.


## 2) UR의 관세양허협상

### (1) 시장접근 분야 협상

UR의 시장접근 분야 협상(Market access negotiation)은 서비스협상, 제도분야 협상과 함께 UR의 3대 협상 분야의 하나로서 농산물·공산품·수산물 등 교역물품의 관세장벽과 비관세장벽(수입제한·보조

---

69) 한국관세연구소, 『한국관세사』, 1985. pp.667~670.
70) 6개 품목이 중복되어 실질 품목수는 214개이며 1986년에는 290개로 증가함.
　　자료: 재무부 관세국 뉴라운드(UR)협상관련자료. 1986, 참고 작성.

금지급·검사·관세·통관 등)을 완화하여 교역을 활성화하기 위한 것으로서 시장접근협상(市場接近協商)은 농산물과 공산물·수산물의 2개 부문으로 나누어 진행되었다.

농산물은 시장개방(수입제한품목의 관세화), 국내 및 수출보조금의 축소 등 비관세장벽의 철폐가 협상의 쟁점이 되었고, 공산품 및 수산물은 일부품목의 관세철폐(무세화), 관세의 하향 통일화(관세조화) 등 관세인하에 중점을 두고 진행되어 왔다.

농산물은 1986년 9월의 가중평균(加重平均) 관세율을 기준으로 36%·24%를 감축하고 수입개방(관세화), 보조금 축소 등 비관세장벽을 완화하였으며, 공산품 및 수산품은 관세를 무세화 또는 관세조화와 수입수량제한 완화 등의 내용으로 협상을 진행하였다.

### (2) 공업품 및 수산물 관세협상

공산품 및 수산물에 대한 관세협상은 1988년 12월 몬트리올 각료회의에서 각국의 관세 양허 폭을 대폭확대하고 양허세율은 1986년 9월의 관세율을 대비하여 1/3 이상 인하하는 것을 기본목적으로 설정하였다.

1993년 7월 Quad[71] 4개국이 철강, 화학제품 등 9개 분야에 대한 관세철폐 및 관세조화에 합의하였고, 동년 11월 APEC 통상장관회의에서는 전자, 비철금속, 수산물 등 8개 분야에 대하여 무세화·관세조화 또는 관세를 인하하기로 하였으며, 동년 12월에는 각국 간의 관

---

71) Quad(Quadrilaterals: 4자): 원래 미국, EC, 일본 및 캐나다 등 4개국 간의 주기적인 통상회담을 지칭하는 용어이나 4자 간의 공동행위를 지칭하는 용어로 사용되기도 한다. 줄여서 쿼드(Quad)로 부르는 경우가 많다.

세인하 방안이 최종적으로 합의되어 UR협상이 종결되었다.

### 3) 관세양허의 주요 내용

(1) 관세양허 계획서 제출

한국은 1992년 3월 GATT 사무국에 공산품과 수산물의 총 품목수 9,043개(HSK[72] 10단위 기준)의 82%인 7,389개 품목에 관세양허안을 제출하였다. 1993년 7월 Quad 4개국이 분야에 대한 무세화 및 화학 제품의 관세조화에 합의하고 여타 품목의 관세인하 원칙에도 합의하였다. 이에 따라 동년 11월 APEC 각료회의 시 참가회원국의 관세인하 확대추진에 따라 한국은 Quad 국가 간에 합의된 8개 분야의 무세화 및 화학제품의 관세조화에 대한 참여범위를 확정하여 1993년 11월에 수정 양허안(讓許案)을 제출하였으며, 이듬해인 1994년 3월에는 최종 양허안 및 최종양허계획을 GATT 사무국에 제출하였다.

최종 관세양허계획의 내용으로는 총 10,355개 품목의 91.1%인 9,42개 품목에 대하여 양허토록 하였고, 분야별로는 농산물이 총 품목수 1,312개 중 98.9%인 1,298개, 수산물이 총 품목수 338개 중 42.6%인 144개, 공산품은 8,705개 품목 가운데 91.8%인 7,990개 품목에 대하여 양허토록 하였다.[73]

---

72) HSK(Harmonized System of Korea: 관세·통계통합품목분류표): HS협약 사항인 6단위(5,113개)를 국내실정에 맞게 10단위로 세분하여 1988년부터 사용하고 있는 관세·통계통합품목분류표이다. 제정 당시 10,183개 품목이었으나, HS 수정협약 등으로 11차의 개정을 거치는 동안 987개가 증가하여 11,170개를 사용하고 있다.

(2) 공산품・수산물의 관세양허


UR 협상현황에 대해서는 위의 관련된 표에서 정리된 내용과 같이
공산품 및 수산물은 전체 품목수 대비 90.0%, 수입액 기준으로는 87.5%
의 수준으로 관세를 양허하였다. 그리고 자동차, 산업용 로봇, 유리섬
유 등 국내개발이 필요한 첨단산업물품과 석유류와 일부 의약품 및 수
산물 등 경쟁력이 취약한 품목과 벽돌・가전제품 일부 및 유리세공품
등 불요불급한 소비재에 대해서는 양허협상에 불참하였다.

〈표 3-25〉 UR협상결과 관세인하안

(단위: %)

|  | | 품목수 | | | 관세율(%) | | |
|---|---|---|---|---|---|---|---|
|  | | 총품목 | 양허품목 | 비율(%) | 기준(1986.9) | 평균 | 인하율 |
| 농산물 | | 1,312 | 1,298 | 98.9 | 95.0 | 62.8 | 26.7 |
|  | 수산물 | 338 | 144 | 42.6 | 19.90 | 13.61 | △31.6 |
|  | 공산물 | 8,705 | 7,990 | 91.8 | 17.86 | 8.18 | △54.8 |
| 소 계 | | 9,043 | 8,134 | 90.0 | 17.87 | 8.22 | △54.0 |
| 합 계 | | 10,355 | 9,432 | 91.1 |  | — | — |

주: 수입액을 기준으로 한 양허비율은 87.5%임.
자료: 재무부, 『UR 협상 결과』, 1994.


평균양허세율(平均讓許稅率)은 기준연도인 1986년도 평균관세율 17.9%
(수입가중평균)에서 8.2%로 인하되어 철강・건설장비・의약품・가구 등
50개 품목은 UR 협정 후 5년 이내(철강은 10년)에 무세화하고, 나머
지 조건부 품목은 8~10년 이내 무세화를 하도록 하였다.

---

73) 재무부, 『UR 협상 자료』, 1993; 외무부, 『우루과이라운드 협상 결과 및
    평가』, 1994. 산업연구원, 『UR 세부점검』, 1994.

〈표 3-26〉 공산품 분야별 관세인하내용

| 구 분 | 분 야 | HS 4단위기준 | | | HS 10단위기준 | | | 합의국가 |
|---|---|---|---|---|---|---|---|---|
| | | 대상<br>품목수 | 참여<br>품목수 | 참여율<br>(%) | 대상<br>품목수 | 참여<br>품목수 | 참여율<br>(%) | |
| 무세화 | 철 강 | 35 | 35 | 100 | 291 | 291 | 100 | Quad |
| | 건설장비 | 10 | 10 | 100 | 84 | 84 | 100 | |
| | 농업기계 | 4 | 4 | 100 | 39 | 9 | 100 | |
| | 의료기기 | 13 | 11 | 84.6 | 87 | 43 | 49.4 | |
| | 가 구 | 2 | 2 | 100 | 36 | 36 | 100 | |
| | 의약품 | 10 | 6 | 60 | 225 | 99 | 44 | |
| | 주 류 | 2 | – | – | 15 | – | – | |
| | 전 자 | 15 | 9 | 60 | 118 | 68 | 57.6 | APEC 및<br>미·EC 합의 |
| | 종 이 | 41 | 41 | 100 | 228 | 228 | 100 | |
| | 완 구 | 5 | 4 | 80 | 93 | 77 | 82.8 | |
| | 비철금속 | 34 | 4 | 11.8 | 127 | 6 | 7.1 | |
| | 목 재 | 21 | – | – | 186 | – | – | |
| | 소 계 | 192 | 126 | 65.6 | 1,529 | 971 | 63.5 | |
| 관세조화 | 화학제품 | 196 | 193 | 98.5 | 2,219 | 2,100 | 95.0 | 4,901.5<br>Quad |
| 관세인하 | 과학장비 | 17 | 17 | 100 | 155 | 155 | 100 | APEC 및,<br>미국, EC |
| | 비철금속 | 42 | 72 | – | 169 | 290 | – | |

주74): 자료: 재무부, 『UR 협상 결과』, 1994.

　　화학제품 193개 품목은 관세율을 5.5% 내지 6.5%로 하향 조정하는 관세조화에 참여하였으며, 과학장비는 65%, 비철금속은 무세화 또는 세율을 50% 이상 인하토록 하였다. 그리고 기타 품목은 1986년도의 가중평균관세에서 인하 폭을 1/3 인상하는 UR 협상원칙에 따라 대부분 1990년도의 기본관세 수준으로 양허하였다.[75]

---

74) 공산품 전체에 대한 무세화 품목수 비율(HS10) 단위 18.4%이고, 무세화 참여비율은 10.8%임.
75) 재무부, 『UR 협상결과』, 1994.

(3) 농산물 협상

농산물은 국제무역에서 차지하는 비중이 높음에도 불구하고 식량안보 등 농업의 특수성으로 대부분의 국가에서는 광범위한 수입규제 또는 수입 장벽을 두어 사실상 GATT의 자유무역 원칙이 제대로 적용되지 못하였으며, 또한 GATT 규정의 상당부문에 대하여 예외를 인정받음으로써 국제교역의 왜곡을 가져오게 되었다.

1960년대 이후 세계 각국은 경제성장 및 인구증가에 대처하기 위하여 자국의 농업을 보호하고 농업생산을 장려하는 등 자급자족정책을 적극 추진하였고 1980년대 이후 주요 농산물 생산국의 과잉생산과 개도국의 농산물 수입 감소 등으로 세계농산물 시장은 구조적인 공급과잉이 발생함에 따라 주 생산국인 미국과 EU 선진국들은 경쟁적으로 수출보조금을 지급하여 농산물교역질서의 왜곡과 재정적자확대 등의 문제에 직면하게 되었다.

이러한 구조의 문제가 장기화됨에 따라 1986년 UR 협상 시 미국을 비롯한 주요 수출국들의 주도하에 농산물 교역의 문제해결을 위한 방안으로 농산물 수출보조금 감축과 수입국의 무역장벽 완화 및 시장개발 등에 관한 협상을 진행하게 되었다.[76]

농산물 협정 시장접근 분야의 주요 내용은 시장개방, 관세인하, 최소접근시장 및 특별긴급수입제한조치 등으로서 첫째, 시장개방은 농산물에 대한 비관세장벽을 완전히 없애고 국내외 가격차를 관세상당치(TE: Tariff Equivalent)[77]로 부과함으로써 농업을 관세 또는

---

76) 산업연구원, 『UR 세부점검』, 1994. pp.154~155.
77) TE(Tariff Equivalent: 관세 상당치): 비관세조치(non-tariff measure)를 관세로 환산할 경우 나타나는 효과를 약속된 공식에 따라 계산한 것으로 관세 상당치는 무역의 투명성 제고에 크게 기여하고 있다.

TE에 의해서만 보호할 수 있도록 하였다.

둘째, 관세 및 관세 상당치의 단계적 인하로서 모든 농산물의 관세 및 관세 상당치를 1995~2000년 중에 36% 감축하되 매년 동일 비율로 균등 감축토록 하고 개도국은 1995~2004년 중 24%를 감축토록 하였다.

셋째, 최소시장접근 및 현행시장접근의 보장으로서 수입이 없거나 미미한 종목은 1986~1988년을 기준으로 한 총국내소비량의 3-5%를 최소수입량으로 정하여 수입토록 하고 관세율도 현행세율 또는 양허세율 운용하며, 시장개방품목의 수입급증으로 국내농민에게 피해우려가 있는 경우에는 농가보호를 위하여 당해연도 관세의 1/3 범위 내에서 추가로 관세를 부과할 수 있도록 하였다.[78]

UR 농산물협상 결과 예외 없는 관세화가 원칙적으로 받아들여짐으로 모든 국가의 비관세장벽이 사라지고 양허비율이 100%로 높아지게 되었다. 특히, 개도국의 양허비율은 품목기준으로 UR 이전의 18%에서 UR협상에서 100% 양허를 하여 선진국이나 시장경제 전환국가에 비하여 양허율의 증가가 대폭적이었다.

〈표 3-27〉 농산물협상 농산물 양허비율의 변화

| 국가군 | 관세 품목수 | 총수입액 (10억 불) | 양허비율 | | | |
|---|---|---|---|---|---|---|
| | | | 품목기준(%) | | 수입액기준(%) | |
| | | | WTO 전 | WTO 후 | WTO 전 | WTO 후 |
| 선진국 | 14,976 | 84.2 | 58 | 100 | 81 | 100 |
| 개도국 | 23,615 | 30.4 | 18 | 100 | 25 | 100 |
| 시장경제전환국 | 2,841 | 4.8 | 51 | 100 | 54 | 100 |

주: 개도국은 26개국 기준으로서 전체 93개 개도국 수출액의 89%와 품목수의 30%를 차지하고 있음.
자료: 박상태, 『관세정책요론』, 1996, p.342.

---

78) 산업연구원, 『UR 세부점검』, 1994. pp.154-155.

한국은 농업 분야에 있어서 개도국으로 분류됨으로써 관세화의 유예, 감축률 이행연도에서 유리한 조건을 확보하고 국내보조금 중 농업구조조정 등에 관한 정책들이 허용됨으로써 국내적인 대책수행에 신축성이 확보되었다.

〈표 3-28〉 농산물 양허 이행계획의 주요 내용

| 품 목 | 관세양허(%) | | | 최소시장접근 약속물량(톤) |
|---|---|---|---|---|
| | 1993 | 1995 | 2004 | 자유화 계획 등 |
| 쌀 | 5 | — | — | 1995~99: 국내소비량의 1~2%, 2000~2004: 2~4% |
| | | | | 2004년까지 관세화 유예 |
| 보리, 콩, 옥수수 고구마, 감자 | 5~30 | 전면개방 및 TE 세율부과 | | 국내소비의 3% 이상의 최소수입을 보장 |
| | | | | TE는 10년간 10%씩 감축 |
| 쇠고기 | 20 | 43.6 | 40 | 1995년 12.3만 톤에서 2000년 22.5만 톤으로 확대 |
| | | | | 수입제한조치를 2000년까지 연장 |
| 돼지고기 닭고기 | 25 20 | 37 35 | 25 20 | 국내소비의 3~5% 범위의 최소수입을 보장 |
| | | | | 1997년 7월부터 양허관세율을 상향조건으로 자유화 |
| 감 귤 | 50 | 99 | 50 | 1995년 15,000톤, 1997년 25,000톤, 1997년 이후 매년 12.5%씩 증량 |
| | | | | 1997년7월부터 자유화 |
| 유제품 | 20 | 220 | 176 | 1995년 621톤, 2004년 1,034톤 |
| | | | | 1995년부터 자유화하되 실행 또는 고율관세를 적용 |
| 고추, 마늘, 양파, 참깨 등 | 50 | 고율의 종가세 또는 종량세 | | 1995년 15,000톤, 1997년 25,000톤, 1997년 이후 매년 12.5%씩 증량 |
| | | | | 1997년 7월부터 자유화 |
| 기타 BOP품목 | | | | 사과 등은 1995년, 포도 등은 1996년부터 실행세율로 자유화하고 기타 품목은 한도양허(Ceiling Binding)에 의한 자유화 |
| 통합공고 대상품목 | | | | 94개 품목에 대하여는 현 세율로 자유화. 포도 등은 1996년부터 실행세율로 자유화 한도양허(Ceiling Binding)에 의한 자유화 |

자료: 재무부, 『UR 협상결과』, 1994; 박상태, 『관세정책요론』, 한국관세무역연구원, 1996, pp.342-343.

쌀(HSK 10단위로 16개 품목)은 예외 없는 관세화 원칙에 대한 특별대우를 이끌어 내어 최소한의 물량만 수입하는 조건으로 2004년까지 관세화를 유예토록 하였으며, 유예기간 중 1995~1996년도에는 국내소비량의 1~2%, 2000~2004년도에는 2~4%에 해당하는 최소한의 수입의무를 지도록 하였다. 2004년도 쌀에 대한 재협상 시에는 관세화 유예기간을 연장하고자 할 경우에는 추가로 시장개방을 양허하여야 한다.[79]

보리, 대두, 옥수수 등 5개 품목은 국내가격차만큼의 관세화를 조건으로 전면개방하고, 쇠고기는 2000년까지를 수입제한 기간으로 하여 관세율 43.6%로 상향 품목·조정한 후 2004년까지 40%로 인하하였다. 그리고 돼지고기·닭고기·감귤 등은 관세를 인상하여 1997년 7월부터 자유화하기로 하였으며, 고추·마늘·참깨 등 5개 품목은 관세를 대폭 인상하여 1995년 1월부터 자유화하기로 하였다.[80]

---

79) 현재 쌀시장에 대한 문제는 2004 재협상결과에 따라 10년간 더 유예되었다.
80) 박상태, 『관세정책요론』, 한국관세무역연구원, 1996, p.343.

# 제4절 WTO체제에서 한국의 관세율 구조분석

## 1. WTO체제 출범 이후의 관세양허

### 1) UR관세협상의 의의와 결과

UR의 타결로 인해 탄생한 WTO체제는 한국 경제의 국제화와 개방화를 요구하고 있다. 국제화와 개방화는 반드시 관세장벽과 비관세장벽의 철폐를 수반하기 때문에 국내산업의 보호와 육성을 위해서 한국의 입장만을 고려한 독자적인 관세정책을 운용한다는 것은 현실적으로 거의 불가능해지고 있다.

이러한 UR 관세협상의 주요 내용을 살펴보고, 또한 UR 관세협상 결과가 한국에 미치는 영향을 살펴보면 다음과 같다.

#### (1) UR 관세협상의 의의

UR 관세협상에서 주목할 만한 특징은 과거의 다자간협상에서 없었던 특정산업 분야의 무세화, 관세조화를 통하여 관세를 무차별적으로 내리도록 하는 방안이 미국 등 선진국으로부터 제시되었다는 점이다. 이와 같은 협상결과 주요 선진국의 경우 공산품 분야에서 최고관세율을 설정하는 품목이 확대되었고, 그 세율도 1 / 3 이상 인하하여 5% 이하로 낮아졌다는 점이다.

공산품의 관세인하는 제7차 동경라운드와 유사한 가중평균관세율 1/3 감축을 목표로 하였으나 1993년 7월 동경의 4자회담에서 무세화 및 관세조화 품목에 대한 합의가 이루어짐으로써 관세인하 폭이 대폭 확대되었다.

무세화, 관세조화에 있어서도 철강, 건설장비, 농업기계, 의료기기, 가구, 의약품, 맥주, 증류주, 전자, 종이, 완구, 비철금속, 목재의 13개 분야 193개 품목(HS 4단위 기준)을 무세화하고 화학제품 196개 품목을 0 - 6.5%로 관세조화하기로 합의하였다.

무세화 및 관세인하의 효과를 감안할 경우 1993년 12월 15일까지의 양허사항을 중심으로 미국은 35%, EU는 34%, 일본은 56%의 관세인하 효과가 있는 것으로 평가되고 있다.

〈표 3-29〉 각국의 관세양허현황

(단위: %)

| | 양허범위 | | 평균관세율 | | |
|---|---|---|---|---|---|
| | UR이전 | UR결과 | UR이전 | UR결과 | 인하율 |
| 미 국 | 99.0 | 100.0 | 5.4 | 3.5 | 35.0 |
| EU | 100.0 | 100.0 | 5.8 | 3.8 | 34.0 |
| 일 본 | 89.0 | 92.0 | 3.9 | 1.7 | 56.0 |
| 캐나다 | 100.0 | 100.0 | 8.9 | 4.9 | 45.0 |
| 호 주 | 36.0 | 80.0 | 20.0 | 13.2 | 34.0 |
| 스웨덴 | 97.0 | 100.0 | 4.6 | 3.1 | 33.0 |
| 스위스 | 100.0 | 100.0 | 2.2 | 1.5 | 32.0 |

자료: 한국관세무역연구원, 『월간 관세』, 1994. 1. p.13.

한편, 한국은 1990년 2월 관세협상에서 각국이 관세양허계획안(關稅讓許計劃案)을 GATT에 제시토록 하여, 1992년 3월 GATT에 관세양허계획을 제시하였다. 이 계획안에 의하면 수산물은 원칙적으로 1992년 세율수준으로 양허하기로 하여 총 338개 품목 중 총수입액의 68%에 해당하는 144개 품목을 양허하였으나, 관세보호가 필요한 194개 품목은 양허불가하였다. 그리고 공산품은 원칙적으로 1990년 세율수준으로 양허하기로 하여 총 8,705개 품목 중 총수입액의 80%에 해당하는 7,245개 품목을 양허하였으나, 첨단산업 및 유망산업품목, 사치성 소비재, 경쟁력 미약품목 등 1,460개 품목은 양허불가로 하였다. 따라서 양허세율은 17.9%에서 12.2%로 인하함으로써 수입액 가중평균으로 31.7%를 인하하고, 양허범위는 1988년의 수입액 기준으로 23%에서 80%로 확대하였다.

〈표 3-30〉 한국의 관세양허계획

(단위: HS 10 단위 기준, %)

| | 양허범위 | | 평균관세율 | | |
| --- | --- | --- | --- | --- | --- |
| | UR 이전 | UR결과 | UR 이전 | UR결과 | 인하율 |
| 공산품 | 6.0 | 91.0 | 17.9 | 8.1 | 54.2 |
| 수산물 | 8.0 | 43.0 | 19.9 | 13.6 | 31.6 |
| 합 계 | 7.0 | 90.0 | 17.9 | 8.2 | 54.0 |

자료: 한국관세무역연구원, 『월간 관세』, 1994. 1. p.15.

그러나 GATT에 제시한 관세양허계획이 한국의 국제경제사회에서의 위상에 비추어 미흡하다는 관세협상 다자간평가회의 결과에 따라 1993년 11월에 관세양허계획을 수정·제시하였다. 그 내용을 보면, 8개 분야 76개의 무세화 품목 중 맥주와 증류주를 제외한 6개 분야 68개 품목과 화학제품 196개 관세조화 중 페니실린, 호르몬, 환식탄화수소를 제외한 193개 품목에 참여하기로 하였다. 이에 따라 양허세율이 17.9%에서 10.6%로 인하됨으로써 수입액 가중평균으로 41% 인하되었고, 양허범위는 1988년의 수입액기준으로 23%에서 85%로 확대되었다.

1993년 12월 협상의 마무리 단계에서 한국은 목재 분야를 제외한 전자, 종이, 과학장비, 완구, 비철금속 등의 분야에 참여하기로 하고 1993년 12월 15일 협상을 마무리하였다. 이러한 합의결과를 반영한 최종관세양허계획을 1994년 3월 11일 GATT에 제시하였다. 그 내용을 살펴보면, 수산물은 총 338개 품목 중 42.6%에 해당하는 144개 품목을 양허하였고, 공산품은 총 8,705개 품목 중 91.8%에 해당하는 7,990개 품목을 양허함으로써 양허범위는 1988년의 수입액 기준으로 23%에서 90%로 확대되었다. 양허세율은 수산물의 경우 1986년의 19.9%에서 13.6%로 인하됨으로써 수입액 가중평균으로 31.36%가 인하되었고 공산품의 경우에는 1986년의 17.9%에서 8.1%로 인하됨으로써 수입액 가중평균으로 54.2%가 인하되었다. 이에 따라 공산품, 수산물의 평균양허세율은 1986년 17.9%에서 8.2%로 인하되어 수입액 가중평균으로 54.0%가 인하되었다.

이와 같은 UR 관세협상타결의 진정한 의미는 관세 및 비관세장벽의 인하로 인한 무역창출효과도 있지만 무엇보다도 향후 안정된 국제교역질서를 확립할 수 있다는 데 있다.


## 2) 주요 품목별 관세 양허 동향

### (1) 자동차(승용차) 관세양허

1997년 10월 미국 무역 대표부(USTR: United States Trade Representative)가 한국의 자동차 통상정책에 대하여 "슈퍼 301조"[81]를 발

동한 자동차 협상은 한·미 간 최대통상 현안으로 부각되어 한국 정부에서는 자동차 수출확대와 외국 자동차업계의 대한투자유치에 부정적인 영향을 미칠 것을 감안하여 이를 조속히 해결하려 하였다.

〈표 3-31〉 한국 자동차(승용차)의 관세율체계 변경

(품목수: HSK 10단위 기준)

| | 기본 관세 | WTO 양허관세율 | | | | 쌍무협상양허관세율 | | | |
|---|---|---|---|---|---|---|---|---|---|
| | | 협상 전 | | 협상 후 | | 협상 전 | | 협상 후 | |
| | | 품목수 | 세율 | 품목수 | 세율 | 품목수 | 세율 | 품목수 | |
| 승용차 (HS 87030) | 10% | 17 (미양허43) | 20~80% | 60 | 8% | 60 | 8% | — | |

주: 1995년 한·미 자동차협상에서 관세율을 8%로 양허함.
자료: 재정경제부, 『한·미 자동차 협상관련자료』, 1998.

1988년 10월 제4차 한·미 자동차 협상에서 양국은 관세 등 세제에 대한 이견을 좁혀서 협상을 완전히 타결하였으며, 협상사항 중 가장 큰 현안이었던 자동차의 관세율에 관해서는 위의 표에서 언급된 바와 같이 기본관세 10%와 종전의 한·미 자동차 협상 즉시 양허한 국제협력 8%의 실행세율을 20%~80%로 양허한 17품목은 양허세율을 인하하여 8%로 하고, WTO협상에 참여하지 않은 43개 품목은 추가로 8%의 세율로 양허하기로 하였다.

한·미 자동차 협상결과 실행관세율은 WTO의 양허관세율 8%를

___

81) 슈퍼 301조란 미국이 상습적으로 불공정무역관행을 사용하는 국가 및 관행에 즉각적으로 대응하기 위하여 미국무역대표부(USTR: United State Trade Representative)로 하여금 "교역상대국의 불공정무역관행에 관한 연례보고서"를 작성하여 의회에 제출토록 하고 있는데, 여기서 미국의 수출 증대에 피해를 주는 불공정무역대상국가를 "우선협상대상국가"로 지정하여 불공정무역의 시정을 위한 조치를 할 수 있도록 하는 한시적 법률로서 현재는 그 효력이 상실되었다.

적용하게 되어 협상 이전과 세율의 변동이 없으므로 관세로 인하여 한국의 관련 산업에 영향을 미치지는 않았다고 판단된다.

## (2) 정보통신물품의 관세양허

정보통신물품의 관세양허는 1995년 스페인에서 개최된 미·EU 정상회담 시 교역확대방안의 일환으로 정보기술 관련물품에 대한 관세인하문제가 최초로 제기되었으며, 1996년 4월 Quad 정상회의 시 참가국은 정보기술협정(Information Technology Agreement: ITA) 추진에 원칙적으로 합의하고, 동년 11월 APEC 정상회담 시 정치적인 지지를 이끌어 내어 동년 12월 싱가포르 WTO 각료회의에서 한국을 비롯한 29개국이 ITA 이행이 최종적으로 확정되었다. 미국은 정보기술 관련 제품에 대한 관세인하협정 체결을 희망하였으나, 싱가포르 각료회의에서는 참가국 간의 정치적 약속(political commitment)으로서의 성격을 지니는 선언(declaration)의 채택에 그침으로써 ITA는 원칙적으로는 협정이 아니라고 볼 수 있다.

그러나 동 선언에 의거 참가국들이 무세화를 내용으로 작성하여 WTO 제출한 ITA 품목의 수정양허표(LLS)[82]가 최종 확정되어 법의 구속력을 가지게 되었다.

ITA 주요 대상품목은 컴퓨터, 반도체, 통신장비, 소프트웨어, 반도체 제조장비, 계측장비, 일반전자 등 203개 품목(HSK 10단위 기준

---

82) 수정양허표(LLS: loose leaf schedule): UR 협상 시 각국이 제출한 양허이행 계획서상의 품목분류를 변경할 경우, 즉 제출한 양허세율을 변경하지 않는 범위 내에서 이행계획서 수정본(LLS)을 말한다. 한국은 1996년 HS 협약수정과 1997년의 화학무기협정 등에 따른 HS 10단위 변경으로 인하여 수정양허표를 WTO에 제출한 바 있다.

402개)이고, 무역규모는 1996년을 기준으로 교역비중이 4.9% 수출이 240억 달러, 수입이 196억 달러로서 무역수지 흑자가 44억 불이나 되는 유망산업이다.

ITA 품목에 대한 관세의 양허방법은 WTO 양허관세율을 기준으로 1997년 7월 1일 이후 매년 세율을 균등하게 인하하여 2000년도에는 원칙적으로 무세화하도록 하였다. 아래의 표에서 보는 바와 같이 한국은 ITA 협상 시 컴퓨터 및 웨이퍼(wafer)[83] 검사장비 등 14개 품목의 무세화 이행기간은 2004년까지이고, 교환기, 휴대품 등 41개 품목의 무세화 이행기간은 2002년까지 연장토록 하였다.

한국은 관련 사항을 국내법으로 수용하기 위하여 305개 품목은 WTO 양허세율 인하하고, 무세화 일정을 단축하여 2004년까지 무세화하도록 하며 UR 협상에 불참한 42개 품목에 대해서는 WTO에 신규로 양허하였다.[84]

---

83) 반도체의 재료가 되는 얇은 원판.
84) 주요국의 관세양허내용을 선진국과 개도국 및 시장경제체제 전환국으로 구분·비교하면, 먼저 선진국의 경우 UR 협상으로 평균 관세율은 3.9%로서 종전의 6.3%보다 39%가 인하되었다.
   선진국 가운데 미국, EU, 캐나다, 스위스, 일본 등 공업화된 국가는 평균 양허세율을 5% 이하로 양허하였으나, 호주, 아이슬란드, 노르웨이 등 자원보유국으로서 제1차 산업을 대표산업으로 하는 국가는 평균 양허세율이 11%를 상회하고 있다. 개도국은 UR 협상으로 평균관세율이 종전의 세율 15.3%에서 20%가 인하된 12.3%로 양허하였고, 한국과 말레이시아는 10% 이하로 양허하였으나, 그 밖의 개도국은 20%~40%대의 고세율로 양허하였다. 구공산권 국가로서 시장경제체제를 도입 중에 있는 체코, 헝가리 등은 UR 협상으로 평균관세율이 종전 8.6%에서 30%를 인하된 6.0%로서 개도국보다 비교적 낮게 양허하였다.

〈표 3-32〉 한국 ITA 품목의 연도별 무세화계획

(단위: HSK 10단위)

| 연도별 | 주요 품목 | 품목수 |
|---|---|---|
| 1999 | 반도체 웨이퍼, 중앙처리장치(CPU), 집적회로(IC) 등 | 68 |
| 2000 | 반도체, 반도체제조장비, 소프트웨어, 일반전자 | 279 |
| 2002 | 교환기, 통신기기 | 41 |
| 2004 | 컴퓨터, 웨이퍼검사장비 | 14 |
| | 계 | 402 |

자료: 재정경제부, 『WTO ITA 양허표』, 1997.

## 2. WTO체제하의 기본 관세율 변화

### 1) WTO 출범 시의 기본관세율

한국은 제2차 관세인하예시제의 마지막 연도인 1994년도의 기본 관세율을 WTO 출범 이후에도 계속 적용토록 함에 따라 평균관세율은 공산품이 6.2%, 농산물이 16.6%, 전체가 7.9%이고, 중심세율은 8%가 계속 유지되고 있다.

주요 품목별 관세율을 살펴보면 경쟁 또는 비경쟁 원재료가 1~3%, 중간재 및 완제품이 8%이고 농산물은 식량이 5%, 사료 및 공업용 원료가 7%이며 고율의 관세로 보호를 하고 있는 농가 소득 작물은 20~50%의 관세율 구조를 보이고 있다.[85]

---

85) 1997년도의 섬유제품에 대한 관세율 인상(8%에서 10~16%) 부문을 제

## 2) 기본관세율 개정에 관한 논의

관세율 제2차 예시제가 1994년도에 종료됨에 따라 1995년 이후에 적용할 관세율 책정을 위한 관세율 개정작업을 꾸준히 진행하여 왔다. 그러나 WTO 협정발효 등 국내외경제여건의 변화와 국내 산업을 위하여 보호관세를 지향하여야 하느냐 아니면 국제무역의 자유화에 부응하고 국내산업의 경쟁력 배양을 위하여 대폭적인 관세인하가 바람직한가에 대하여 정책당국 및 연구기구의 합의점 도출을 장시간이 소요되어 관세율 개편은 매년 순연되어 왔다.

그러다 1994년 이후에는 종전의 기본관세율(基本關稅率)을 변경 없이 계속적으로 사용하였다. 다만, 국제협력협약 또는 품목 간 세율 불균형의 시정이 시급하였던 소프트웨어 · 국제운송용 컨테이너(1995년) 및 선박(1996년)에 대하여는 관세율을 무세로 인하하였다.

## 3) 1997년도의 관세율 개정

### (1) 조정의 필요성

제2차 관세인하예시제가 종료되는 1994년 이후에 적용할 관세율 개정이 지연됨에 따라 개정수요는 계속 증가하였다.

1990년대 들어와서 국제경제환경(國際經濟環境)의 변화와 일부 품목에 대한 미국, EU, 일본 등 주요 선진국들의 보호관세유치로 인하여 국내 관련 산업은 불공정한 경쟁여건에 처하게 되어 이를 개선

외하면 2000년도의 기본관세율도 이러한 구조를 보이고 있다.

하고자 하였으며, 가공도별 관세율의 차이와 환율 및 내국세 등으로 인한 실효보호율의 차등화로 인하여 균등관세율체계가 지향하는 대산업의 중립성 실질적으로는 크게 훼손되고 있음에 따라 이에 대한 시정이 필요하였다.

또한 WTO 등 다자간 무역협정에 의한 국제규범의 준수강화로 수입금지 및 수량제한, 보조금 지급금지 등 비관세장벽이 철폐되는 자유무역상황하에서는 관세의 산업정책의 기능이 중요시되어 가고 있다. 그러나 균등관세율체계하에서는 유치산업의 보호와 유망산업의 국제경쟁력을 제고하고, 전략상 보호필요성이 석양산업의 지원 및 사치성 소비재의 수입억제 등의 산업정책상 기능이 결여되어 이를 보완하기 위하여 기본관세율을 조정하고자 하였다.

### (2) 주요 조정내용

관세율의 조정내용은 하기의 표에서 정리한 바와 같으며, 주요 골자는 기본관세율의 기존체계를 유지하되 현실적인 여건을 감안하여 일부품목에 대한 관세율을 미시적으로 조정하였다.

그 세부내용을 살펴보면 잠정관세와 만성적 탄력관세 적용물품의 탄력세율을 기본세율화(基本稅率化)하고, 아울러 세율불균형 부문을 시정하여 관세율 체계를 정비하였다.

〈표 3-33〉 한국의 1997년도 관세율조정 주요 내용

(단위: HSK 10단위 기준)

| 구 분 | 세율인하 | 세율인상 | 주요 품목 |
|---|---|---|---|
| 기초원자재 및 중간재 세율인하 | 152 | – | 천연고무, 양모, 메탄올 등 |
| 공정경쟁여건 조성 및 구조조정 보완 | – | 69 | 의류, 신발 |
| 탄력관세의 정비 (만성적인 할당·조정관세 품목) | 30 | 6 | 원목, 원면, 철의 반제품 등 |
| 합 계 | 182 | 75 | |

자료: 재정경제부, 『관세율 개편내용』, 1997.

또한 전량수입에 의존하는 사료용 곡물 등 일부 농산물에 대한 관세율을 인하하고 다음의 표에서 보는 바와 같이 외국의 관세율보다 현저히 낮은 의류, 신발 등 경쟁력이 취약한 품목에 대해서도 산업의 보호를 위하여 관세율을 인상하였다.

〈표 3-34〉 외국의 관세율보다 저세율인 주요 품목

(단위: %, 1997년 기준)

| | 한 국 | 미 국 | 일 본 | EU |
|---|---|---|---|---|
| 의 류 | 8 | 14 | 14~16.8 | 14 |
| 신 발 | 8 | 0~37.5 | 27~30 | 8~20 |
| 피혁제품 | 8 | 0~5 | 0~60 | 0~7 |

자료: 재정경제부, 『관세율 개편내용』, 1997.

이와 같이 1990년대 들어 장기간에 걸쳐 추진되어 왔던 관세율 개정은 대상품목과 관세율을 소폭으로 조정하는 선에서 마무리를 하게 되었다.

| 구 분 | 대상품목 | 세율조정 결과 |
|---|---|---|
| 기초원자재·부분품 세율인하 | ● 비경쟁 기초원자재 | ● 현행세율을 50% 인하 |
| | ● 경쟁기초원자재 (수입의존도 90% 이상) | ● 현행세율을 50% 인하 |
| | ● 수입의존도가 높은 부품·중간재 | ● 8% → 5%, 5% → 3% |
| | 할당관세 장기적용품목 | ● 8% → 5%, 5% → 3% |
| 공정경쟁 여건조정 | ● 주요경쟁국 세율보다 낮은 품목 ● 조정관세장기적용품목 | ● 양허세율 범위 내에서 주요국 관세율 고려 |
| 세율불균형 시정 | ● 역관세 품목 ● 유사품목 간 세율불균형 물품 | ● 원료·제품 간 세율격차 및 유사물품 간 균형유지 |

자료: 재정경제부, 『관세율 개편내용』, 1997.


## 4) 1997년도의 관세율 개정

### (1) 조정의 필요성

WTO New Round 협상 시 기존의제인 농산물 이외에도 공산품을 비롯한 교역물품 전체에 대한 관세인하가 논의될 것으로 예상됨에 따라 동 협상에 대비하고자 원자재와 제품 간의 세율불균형 등 세율 체계상의 문제가 제기되었던 원료 농산물과 일부 반도체부품 등에 대하여는 WTO New Round 협상에 대비하여 기본관세율 체계를 정비할 필요가 있었다.

### (2) 주요 조정내용

다음의 표에서 보는 바와 같이 주요 조정내용은 첫째, 가공식품과 원료 농산물의 세율 불균형을 해소하기 위하여 토마토페이스트, 해바라기씨 기름, 유채기름 등 8개 농산물의 세율불균형을 시정하기 위하여 반도체 관련 원재료 15개의 관세율을 5~8%에서 3%로 인하하였다.

그 세부내용을 살펴보면 첫째, 세수확보 및 자원절약의 정책목적과 석유제품 판매업의 외국개방에 대비하여 휘발유 등 연료유에 대한 관세율을 외국의 관세율 구조와 같이 차등관세율체계로 전환하여, 관세율을 5%에서 8%로 인상하고 WTO New Round 협상 종료 시까지는 5%의 잠정세율을 적용하기로 하였다.

〈표 3-36〉 한국의 1997년도 기본관세율 개정내용

| 대 상 | 기본세율(%) | | 품 명 | 비 고 |
|---|---|---|---|---|
| | 종 전 | 개 정 | | |
| 가공식품 원료 농산물 | 8~50 | 5~10 | 토마토 페이스트, 아몬드 등 7개 품목 | 세율불균형 완화 |
| 반도체 원부자재 | 8 | 3 | 폴리실리콘, 블랭크, 마스크 등 15개 품목 | 세율불균형 완화 |
| 석유제품 | 5 | 8(잠정5) | 휘발유, 경유 등4개 품목 | 차등 세율화 |
| 농산물 선택세 도입 | 30,40 | 30,40 또는 134~1,807원/kg | 버섯, 들깨 등 9개 품목 | 종량세 추가 |
| 기타 세율 불균형 품목 | 8 | 0~4 | 설계도면, 발전기용 엔진 등 | 세율불균형 완화 |

자료: 재정경제부, 『관세율 개편내용』, 1997.

1997년도의 관세율 조정 내용 가운데 특징적인 것은 WTO 양허세율에서 채택하고 있는 종가세(從價稅) 또는 종량세 중 하나를 선택하여 적용하는 선택세를 일부 농·임산물에 적용하도록 하였음을 들 수 있다. 이 제도는 종가세 및 종량세의 단점을 보완하여 저가의 농·임산물의 수입급증에 따른 국내산업을 보호하기 위하여 도입한 것으로 생각된다.

# 제4장

# 다자간 무역체제하에서 한국의 관세율 구조정립 방향

## 제1절 다자간 무역체제하에서 한국관세율구조의 변화

### 1. 서론적 고찰

관세를 제도적 성격에 따라 분류하면 국정관세와 협정관세로 구분할 수 있는데 이 가운데 국정관세율(國定關稅率)은 한국이 독창적으로 정한 세율로 대표적으로 기본관세율이 있다. 기본관세율은 한국 전체 관세율의 기본이 되는 관세율로 관세법에 그 세율이 명시되어 있다. 따라서 기본관세율은 관세율과 관련된 정책당국의 근본적 의도를 나타낸다.

한편, 협정관세율(協定關稅率)은 특정국가 또는 국제기구와의 조약 또는 통상협정 등에 따라 정한 세율의 의미한다. 대표적으로 WTO 일반양허관세율은 WTO 협정에 의해 정해진 세율로서 양허세율이 설정되었다는 의미는 양허세율보다 더 높은 관세율을 WTO 회원국에 부과할 수 없다는 의미로 최고세율을 의미한다.

따라서 WTO 양허세율은 한국 관세율조정의 제약조건으로 작용한다. 또한 다자간 무역협상은 현실적으로 빈번히 이루어지지 않기 때문에 한 번 정해진 양허세율은 상당기간 동안 불변의 제약으로 작용한다.[1]

기본관세율체계는 한국 관세율정책의 기본적인 정책구도를 나타내지만, 관세율우선적용순위에 의해 WTO 양허세율이 기본세율보다 낮으면 양허세율이 우선적으로 적용된다.[2] 그러므로 WTO 양허세율의 변화는 한국 관세율 체계에 큰 영향을 미치게 된다.


## 2. 관세율구조 변화와 특징


한국의 기본관세율중심체계는 1983년까지 차등관세율체계였다. 차

---

1) 실제로 1995년에 발효된 UR 협상 결과로서의 양허세율체계는 2009년까지 유지되기 때문에 10년 넘게 한국 관세율 체계의 제약요인으로 작용한다.
2) 다만, 농산물 가운데 관세상당치(TE: tariff equivalent)로 양허한 품목의 경우에는 양허세율이 본세율보다 높아도 양허세율이 우선하여 적용되는 경우도 있다.

등관세율체계는 수출산업 및 수입대체산업을 육성하고 지원하기 위해 유지되었다. 그러나 완제품에 대한 과도한 보호, 원자재 및 생산재에 대한 과소보호로 경제구조가 조립가공형(組立加功型) 산업구조로 발전되는 문제점이 나타났다. 이에 1984년 이후 균등관세율체계로 전환하게 되었다.

현행 기본관세율체계의 기본구조가 된 균등관세율체계는 1984년에 시작하여 1988년에 종료된 제1차 관세율인하예시제와 1989년에 시작하여 1993년에[3] 종료된 제2차 관세율인하예시제에 의해 형성되었다. 두 차례에 걸친 관세율인하예시제가 어떤 개념에 의해 이루어졌는지를 알아봄으로써, 현행기본관세율체계가 기본적으로 지향하는 바를 살펴보기로 한다.

1984년부터 시행된 제1차 예시제의 관세율 개편원칙은 다음과 같다.

첫째, 국내산업경쟁력제고를 위해 기초원료 관세율을 최고 30%에서 5~10%로 대폭 인하한다. 둘째, 기초원료 이외 타 산업의 투입재, 생산재로 사용되는 품목의 관세율은 20%로 인하한다. 단, 국산재의 경쟁력에 따라 인하의 속도를 달리한다. 셋째, 소비재 과잉보호를 지양하여 40~80%에 이르던 소비재의 관세율을 20%로, 사치성 소비재는 30%로 낮춘다. 넷째, 농산물 중 기본식량, 사료, 공업용원료 곡물은 5~10%의 관세율을, 농가소득원인 품목은 50%의 세율을 설정한다.

이상의 결과 차등관세(tariff escalation)의 정도가 줄어들고, 산업 간 차별성도 축소하여 시장원리에 따른 경쟁력강화 및 산업구조고도화라는 1980년대의 정책기조에 부합하는 것으로 평가받게 되었다.

---

3) 1990년도 방위세 폐지에 따라 인하예시제를 1년씩 순연하여 1994년에 종료되었다.

그러나 이러한 관세인하에도 불구하고 전반적 관세율의 수준은 선진국은 물론 경쟁국에 비해 높았다. 즉 1988년 당시 한국의 중심세율은 20%인 데 비해서 일본, 미국, EC 등은 3～8%, 경쟁국인 대만도 5～15%의 중심세율을 두고 있었다. 한편, 부분적으로 산업 간, 품목 간 실효보호율의 격차가 발생하였고, 일부 소비재에 대한 고세율(高稅率) 적용이 과보호 및 소비자 후생을 감소시키고 자원배분을 왜곡하고 있다고 평가되었다.

이러한 제1차 예시제에 대한 평가를 기초로 1989년부터 제2차 관세율인하예시제가 시행되었다. 제2차 관세율인하예시제의 구체적 개편방식은 크게 원료와 중간재·완제품을 구분하여 관세율에 차이를 두고 다시 국산재(國産材)와 수입재 간의 경쟁 여부와 국산재의 경쟁력 정도에 따라 관세율의 수준 혹은 인하속도를 조절하는 것이었다. 따라서 원료에 대해서는 비경쟁 품목은 1～2%의 관세율을 설정하고 경쟁 품목에 대해서는 3%의 관세율을 설정하였다.

둘째, 원칙적으로 중간재, 완제품 구분 없이 8%의 중심세율로 인하하는 것을 목표로 하되 경쟁력 확립 제품, 국산화 불가능 제품, 그리고 절대부족 물품 등에 대해서는 조기에 인하를, 그 외에는 연차 인하를 실시하였다. 특히, 세율이 20～30%인 사치품에 대해서도 8%의 중심세율을 적용하였다.

셋째, 중간재 중 1차 가공품에 대해서는 5%의 세율을 적용하였다. 이때 1차 가공품이라 함은 저관세율(低關稅率)이 적용되는 원료를 이용하여 제조된 물품으로 가공단계로 볼 때에는 중간재에 속하지만 가공 정도가 단순하고 다른 물품의 기초소재로 사용되는 물품이다.

이렇게 1984년 이후 10년간 두 차례에 걸쳐서 관세율인하예시제를 시행한 결과 원료 1～3%, 중간재 5%, 그리고 완제품 관세율 8%

의 균등관세율 체계가 지난 1994년에 완료되었다. 관세율인하예시제는 시장기능에 의한 자원배분을 통하여 내수산업의 경쟁력을 강화하고 성장산업으로의 자원유입을 촉진하는 등 선진형 경제를 확립하기 위하여 도입되었다. 이와 같은 관세율 인하예시제의 시행으로 한국 평균관세율은 선진국 평균관세율과 큰 차이가 없게 되었다.

〈표 4-1〉 한국의 제2차 관세율구조 개편원칙

(단위: %)

| | | 1988 | 1989 | 1990 / 91 | 1992 | 1993 | 1994- |
|---|---|---|---|---|---|---|---|
| 원　료 | 비경쟁원료 | 5 | 1~2 | 1~2 | 1~2 | 1~2 | 1~2 |
| | 경쟁원료 | 10 | 5 | 5 | 5 | 4 | 3 |
| 중간재 및 완제품 | 중심세율 (일반 공산품) | 20 | 15 | 13 | 11 | 9 | 8 |
| | 경쟁력 확립 및 국산화곤란 품목 | 10~20 | 10 | 10 | 10 | 9 | 8 |
| | (1차가공품) | (10~20) | (10) | (10) | (9) | (7) | (5) |
| | 사치성소비재 | 30~50 | 20 | 16 | 13 | 10 | 8 |

자료: 재정경제부, 『관세율 개편내용』, 1997; 재무부 『1998년 관세율개편 백서』, 1989, pp.58-59.

그 후 균등관세율체제를 운영하는 과정에서 나타난 문제점을 개선하고 구조조정 등 현실적 여건을 감안하여 1997년 당시 총 257개 품목에 관한 관세율 조정이 이루어졌다.

우선 에너지·원료를 제외한 일부 원자재와 수입 의존도가 높은 중간재에 대하여 세율을 인하함으로써 산업경쟁력의 강화를 지원하고, 둘째로 국제적 기준에 비추어 볼 때 관세율이 낮아 경쟁국에 비해 공정한 경쟁이 어렵고 고부가가치화를 위한 구조조정이 필요한 섬유·신발 등에 대하여 관세율을 부분 인상하며, 3년 이상 장기적으로 탄력관세가 적용되는 품목에 대한 관세율을 기본관세로 전환하였다.

이러한 기준에 따라 1997년 당시 가공식품과 수산물, 화학, 철강·금속, 기계·전자 그리고 고무와 목제품 등 182개 품목에 관한 관세율이 인하되었고, 섬유·의복과 신발 등 75개 품목에 대해서는 관세율을 인상하였다. 특히, 원자재 및 중간재의 경우 8% 적용 품목은 5%로, 5% 적용 품목은 3%로 관세율을 인하하였고, 섬유 등은 경쟁국 관세율과 양허세율에 따라 10%, 13%, 16%의 세 가지 기준으로 관세율을 조정·인상하는 것을 원칙으로 하였다.

〈표 4-2〉 한국의 공산품 관세율 구조

(단위: %)

| 가공도별 | | 1983 | 1984 | 1988 | 1989 | 1994 | 2000 |
|---|---|---|---|---|---|---|---|
| 중심세율 | | 20 | 20 | 20 | 15 | 8 | 8 |
| 원 료 | 비경쟁원료 | 5~30 | 5~10 | 5 | 1~2 | 1~2 | 1~2 |
| | 경쟁원료 | | 10 | 10 | 5 | 3 | 3~4 |
| 중간재 | 경쟁력 확립 (1차가공품) | 20~50 | 20~30 | 10~20 | 10 | 8(5) | 5~8 |
| | 일반공산품 | 40~80 | 40~50 | 20~30 | 15 | 8 | 8 |
| | 경쟁력취약 | | | | | | 10~16 |

자료: 재무부 『관세율개편백서』, 1988 및 재경부 『관세율표』 2000.

2000년에는 우선 농수산물에 대한 고관세로 인해 발생하는 가공식품에 관한 역관세(逆關稅)[4]를 시정하기 위해 토마토, 대두유, 아몬

---

4) 역관세의 개념은 일반적으로 두 가지로 사용되고 있다. 하나는 최종재와 동 최종재의 원료인 원자재 및 중간재 등의 관세율 사이에 경사관세구조가 아닌 반대인 역의 관계(역차등관세: Reverse Tariff Escalation)가 존재할 때 이를 역관세가 존재한다고 명명한다.
다른 하나는 실효관세율이 음(-)의 보호수준을 나타낼 경우 명목관세율

드 등 국산 제품과 비경쟁 관계에 있는 품목의 관세율을 20~50%에서 5~10%로 인하하였다. 이 밖에도 중국 등으로부터 저가로 수입되는 당근과 버섯, 파, 고사리, 들깨 등 7개 채소가공품에 대하여 종가·종량선택세(從價·從量選擇稅)를 적용하여 저가제품의 대량수입을 조정할 수 있게 하였다.

또한 ITA협정에 따라 무세화(無稅化)되는 제품의 부분품이나 원료로서 폴리실리콘, 흑연 도가니 등 국산가능성이 없는 품목을 중심으로 세율을 8%에 관세율인하예시제는 시장기능에 의한 자원배분을 통하여 내수산업의 경쟁력을 강화하고 성장산업으로의 자원유입을 촉진하는 등 선진형 경제를 확립하기 위하여 도입되었다.

따라서 3~5%로 인하하여 역관세의 부담이 상당부분 경감되었다. 그리고 생사(生絲)와 재생섬유와 같이 국내생산이 전혀 없거나 발전기용 디젤엔진 등 유사물품 간 세율균형이 결핍되었거나 역진적(逆進的)인 품목의 세율이 조정되었다.

그 결과 2000년 개정의 특징은 관세율이 인상된 품목은 없으며, HS 10단위 42개 수입품(IO 405산업 15개 품목)에 대해 관세율이 0~10%로 인하되었다는 것이다. 그동안 2차례에 걸친 관세율인하예시제와 1997년의 대폭적인 관세율구조개편의 결과 한국 공산품의 관세율 구조는 다음의 표와 같이 변화하였다.

기본관세율의 세율별 구성비를 살펴보면, 우선 중심세율의 변화로서 1980년대 20%에서 1994년부터 8%로 하향된 사실을 알 수 있다. 중심세율 8%는 현재까지 유지되고 있는데, 중심세율이 8%로 결정된

---

보다 실관세율이 낮아질 것이고, 정도가 심한 경우에는 결국 음(−)의 보호수준을 나타내기 때문이다. 일반적으로 실효관세율이 음(−)의 보호수준을 나타내는 협의의 의미를 기준하여 역관세 현상을 정의하고 분석에 활용한다.

이유로는 크게 2가지 원인이 있다고 볼 수 있는데, 이를 살펴보면 다음과 같다.[5)]

첫째, 1988년 당시 한국의 교역규모가 커지면서 OECD 국가들은 한국을 비롯한 신흥개도국들에 대해 시장개방과 관세인하를 요구하였다. 그 당시 OECD 국가들의 평균관세율이 8% 수준으로 한국도 이를 지향하였던 것이다.

둘째, 1998년 한국 공산품의 평균 국내외 가격차가 13%로 지난 5년 동안 40% 인하된 것을 감안하여 향후 5년 동안에도 같은 추세를 유지할 경우 국내외 가격차이가 8% 수준으로 축소될 것이라 고려되어 8%를 중심세율로 결정하였다. 한편, 한국개발연구원(KDI)에서도 당시 관세수입이 총재정수입의 11%를 차지하고 있어 관세의 재정기능을 유지하는 수준이 8%라고 제시하기도 하였다.[6)]

2000년 기준으로 한국의 세율구조는 이전에 비해 단계가 증가하였으나, 여전히 세율단계의 수가 적고 집중도가 높다. 농산물은 무세에서 50%까지 12단계로 이루어져 있으며, 8%, 20%, 30%가 복수의 중심세율이 되고 있다. 공산품은 무세에서 30%까지 총 13단계로 이루어져 있으며 8%가 압도적인 중심세율이다. 농산물과 공산품을 통틀어서는 전체적으로 16단계의 세율로 이루어져 있으며, 이 가운데 약 8%에 50% 이상의 품목이 분포되어 있다.

한편, 단순평균관세율의 변화는 1960년대 중반 39%에서 관세율인하예시제가 시작되기 바로 전인 1983년 23.7%로 낮아졌으며, 관세율인하예시제 등으로 2000년 기준 평균관세율은 8.6%이다. 농산품의 관세율이 역시 공산품보다 높으며, 원자재의 관세율은 1983년 11.9%에

---

5) 재무부관세국 관세율개편백서 1991, p.78.
6) 상게서, p.174.

서 2.5%로 낮아졌다. 중간재와 최종재의 세율차이도 1984년 6.0%에서 1990년 중반 이후 약 0.1%의 차이를 보여 평균관세율에는 거의 차이가 없는 것으로 나타난다.

〈표 4-3〉 한국의 1980~2000년대의 평균관세율 변동추이

(단위: %)

| | 1983 | 제1차 관세율 인하예시제 | | 제2차 관세율 인하예시제 | | | | | 1997 | 1999 | 2000 |
| | | 1984 | 1988 | 1989 | 1990 / 91 | 1992 | 1993 | 1994 | | | |
|---|---|---|---|---|---|---|---|---|---|---|---|
| 평균 관세율 | 23.7 | 21.9 | 18.1 | 12.7 | 11.4 | 10.1 | 8.9 | 7.9 | 8.6 | 8.6 | 8.6 |
| 농산품 | 31.4 | 29.6 | 25.2 | 20.6 | 19.9 | 18.5 | 17.8 | 16.6 | 18.7 | 18.6 | 18.6 |
| 공산품 | 22.6 | 20.6 | 16.9 | 11.2 | 9.7 | 8.4 | 7.1 | 6.2 | 6.3 | 6.4 | 6.4 |
| 원자재 | 11.9 | 10.6 | 9.5 | 3.9 | 3.9 | 3.3 | 3.2 | 2.8 | 2.6 | 2.5 | 2.5 |
| 중간재 | 21.5 | 18.7 | 17.1 | 17.1 | 10.7 | 9.3 | 7.8 | 7.0 | 6.9 | 6.8 | 6.8 |
| 최종재 | 26.4 | 24.7 | 18.9 | 13.3 | 11.2 | 9.4 | 7.9 | 7.1 | 6.8 | 7.0 | 7.0 |

자료: 재정경제부, 『조세개요』 2002, p.162.

이를 산업별로 살펴보면, 농림수산품의 단순평균관세율은 큰 변화가 없지만, 수입가중평균관세율은 증가하였다. 경공업의 세율은 중공업보다 높았으며, 수입가중평균관세율에 있어서 그 차이는 더욱 크다. 중공업의 수입가중평균관세율은 3.88%로 매우 낮은 수준이다.

전체적으로 볼 때 한국의 관세율정책은 중공업의 경쟁력향상 등 균등관세율체제에 호의적인 경제 환경을 마련해 주었다고 생각된다. 반면 대내외 경쟁력의 퇴조로 일부 경공업의 관세율이 인상되었고 이로 말미암아 균등관세율체제가 일부 훼손된 것도 사실이다. 그러나 이들 산업에서 수출 감소와 수입증가는 불가피한 상황으로 관세율정책으로 이러한 추세를 저지할 수 있는지는 회의적이며, 이로 말미암

아 경쟁력이 있는 산업으로 자원의 순조로운 유입이 저해될 수도 있음을 고려할 필요가 있다.


## 3. 관세의 재정기여도 축소


관세수입의 재정기여도는 앞에서 보듯이 그동안 여러 차례에 걸친 관세율의 인하와 관세율이 낮은 원자재의 수입비중이 높아짐에 따라 점진적으로 낮아지고 있다.

관세수입의 재정기여도는 향후에도 WTO 다자간 관세인하협상 등을 통해 관세율이 계속해서 낮아질 수밖에 없으므로 재정기여도도 함께 낮아질 수밖에 없다. 이는 동일한 기준에 의해 조사된 IMF의 자료를 통해 보더라도 한국의 관세수입의 비중은 선진국에 비해 높은 것으로 나타난다.


## 4. WTO와의 관계


한 국가의 관세율을 결정하는 것은 그 국가의 조세주권사항(租稅主權事項)이다. 그러나 그 국가가 다른 여러 국가들과의 무역을 통해 공존하고 있는 현실에서 볼 때, 고유한 주권재량권의 폭이 그렇게 넓지만은 않다.

대표적인 예가 WTO의 다자간 관세인하협상을 들 수 있다. WTO는 다자간 관세인하협상을 통해 그동안 세계 자유무역에 큰 공헌을 하고 있다. 또한 개별 WTO 회원국들도 이러한 다자간 전체적으로 볼 때 한국의 관세율정책은 중공업의 경쟁력 향상 등 균등관세율체제에 호의적인 경제환경을 마련해 주었다고 생각된다. 반면 대내외 경쟁력의 퇴조로 일부 경공업의 관세율이 인상되었고 이로 말미암아 균등관세율체제가 일부 훼손된 것도 사실이다.

관세인하협상을 통해 교역을 증진시키고, 불공정한 무역에 대한 제재수단을 공유하게 되었다. 하지만 이러한 장점뿐만 아니라 자국의 관세율 결정이 그만큼 제한을 받고 있다는 문제점도 함께 내포하고 있다. 어느 국가가 특정 분야 혹은 산업에 대해 관세장벽을 유지할 경우 여타 회원국들은 다른 분야에 대한 양보를 요구하고 있어 그만큼 재량권의 폭이 줄고 있다. 물론 이러한 양보를 통해서만이 다자간 관세인하협상의의가 있고, 회원국 모두가 이득을 얻고 있음은 자명한 일이다. 그러므로 한국 관세율정책에서도 WTO 협상이라는 또 다른 제약을 고려하지 않을 수 없다.


## 1) 양허품목의 범위

관세협상에서는 모든 나라들이 모든 품목에 대한 관세를 인하하겠다고 약속하는 것이 아니라 각국이 양허하는 품목의 범위를 협상하게 된다. 양허하지 않은 미양허품목(未讓許品目)에 대해서는 각국이 관세를 올리거나 내릴 아무런 국제적 의무가 없기 때문에 가능한 한

많은 품목을 양허토록 하는 것이 무역자유화에 도움이 되며 국제거래의 예측가능성을 제고할 수 있다.

그러나 양허(讓許)의 범위를 넓힌다는 뜻은 곧 그 품목에 대한 재량권의 폭이 그만큼 감소함을 의미한다. 이에 따라 관세협상에서는 양허품목의 범위는 어느 정도까지 할 것인가 하는 문제가 주요한 쟁점 이슈가 된다.

지난 UR 협상에 따라 OECD 국가는 총품목의 99%를 양허하였으며, EU는 100% 양허하였다. 평균적으로 개도국은 72%, 동구권국가들은 92%를 양허하였다.

미국은 농산물에 대해 100% 양허하였고, 공산품도 원유, 석유제품 등 HS 05(광물성 생산품)만을 제외한 거의 대부분에 대해 양허(99.9%를)하였다. 캐나다도 미국과 유사하여 원유, 석유제품, 선박 등 공산품에 대해서만 99.5%의 양허비율을 보이고 있다. 일본은 농산물에 대해 99.5%의 양허비율을, 공산품에 대해서는 98.7%의 양허비율을 보이고 있다. 관세협상에서는 양허품목의 범위는 어느 정도까지 할 것인가 하는 문제가 주요한 쟁점 이슈가 된다.

일본은 원유, 석유제품, 목제품 등 102개 품목을 양허하지 않았다. 이에 비해 한국의 양허비율은 낮은 편으로 농산물에 대해 96.3%, 공산품에 대해 90.5%의 양허비율을 보이고 있다. 한국은 HS 03, HS 10, HS 12, HS 14, HS 19, HS 21에 대해서는 100% 양허하고 있다. 한국은 전체적으로 91.3%의 품목에 대해 양허를 한 상태이다. 즉 양허한 품목에 대해서는 양허세율 이상으로 관세를 부과할 수 없는 제약이 발생한 것이다. 하지만 양허범위는 선진국 혹은 OECD 국가들의 평균에 비하면 낮은 수준으로 아직은 재량권의 범위가 넓은 편이라 할 수 있다. 한편, 농산물에 대해 96.3%, 공산품에 대해 90.5%를 양허하여 오히려 농산물에 대한 양허범위가 넓다는 특징이 있다.


## 2) 양허세율분포

양허세율(讓許稅率)분포의 특징은 전체적으로 국가별 혹은 부문별로 모두 넓게 퍼져(wide-ranging variation) 있다는 데 있다. 실제로 양허세율의 평균치를 보면 Quad 국가의 경우 5%, non-Quad OECD 국가의 경우 18%이며, 주요 13개 OECD 비회원국의 경우 43%까지 나타남으로써 국가별로 차이가 크다. 농산물의 경우 Quad 국가 8%, non-Quad OECD 국가 42%, 주요 OECD 비회원국 63%로 더욱 큰 차이를 보였고, 공산품의 경우 평균 양허세율은 Quad 국가 4%, non-Quad OECD 국가 14%, 주요 13개 OECD 비회원국의 경우 39%로 나타났다.

한국의 평균 공산품 양허세율은 11.4%로 Quad 국가들에 비해서는 높지만, non-Quad OECD 국가들보다 낮은 수준이다. 반면 평균 농산물 양허세율은 62.2%로 공산품보다 월등히 높아 주요 OECD 비회원국 수준과 유사하다. 전체적인 평균 양허세율은 non-Quad OECD 국가와 유사한 18.3%이다.

선진국의 경우 양허세율과 실행세율 간의 차이가 별로 없는 반면 한국의 경우 아직은 양허세율이 실행세율보다 높은 경우가 많다.[7] 따라서 양허세율로 한국의 관세율 수준을 다른 국가와 비교하는 것은 무리이지만, 양허세율 수준을 다른 국가들과 비교함으로써 WTO

---

7) 참고로 2000년 기준 한국의 평균기본관세율 수준은 9.37%이며, 실행세율은 8.82%이다.

협상에서 한국의 관세 조정 폭을 가름할 수 있다.

고관세가 존재하는 분야로는 OECD 국가의 경우 섬유, 의복, 신발, 자동차 등의 분야에서 고관세가 두드러지며, 일부 OECD 비회원국의 경우에는 고관세 품목이 전체 품목의 3/4 이상을 차지하기도 한다. 이러한 고관세는 OECD 국가나 OECD 비회원국을 망라하고 공산품보다는 농산물에 더 치중해 있다.

양허세율 기준으로 15% 이상 및 10% 이상인 고관세 품목 비율은 EU는 각각 5.0%와 7.6%, 일본 2.8%와 6.5%, 미국 2.1%와 7.6%이다. 앞서도 언급하였듯이 이들 선진국은 양허세율과 실행세율 간의 차이가 별로 없는 반면 한국의 경우 아직은 양허세율이 실행세율보다 높은 경우가 많아 양허세율을 통해 고관세를 파악하기는 힘들다.


### 3) 양허세율에 따른 실행세율 변화

기본관세와 양허관세를 비교해 보았을 때, 한국의 경우 전 품목에 대해 양허세율이 높은 품목비중은 50.87%, 반대로 낮은 품목 비중은 40.43%, 그리고 나머지는 실행세율이 무세인 경우이다. 기본적으로 양허세율과 기본세율 중 낮은 것이 우선적으로 실행세율로 적용된다. 그러나 농산물의 경우 'WTO 양허관세규정 별표 1 나'에 명시되어 시장접근물량이 설정된 211개 품목은 양허세율에 비해 기본세율이 낮아도 양허세율이 우선적으로 적용된다.

양허세율이 기본세율 체계로 형성된 세율구조에 미치는 영향을 살펴보기 위해서는 2000년 기본세율과 2000년 및 2004년의 실행세율을 관세청의 '수출입동향 품목분류체계'에 따른 가공도별, 품목별로 비교해 보면 다음과 같은 사실을 확인할 수 있다.

첫째, 양허세율로 인하여 중간재와 자본재의 실행세율이 기본세율보다 상당히 낮아지고 있다. 기본세율은 중간재의 경우 7.92%, 자본재의 경우 7.60%로 모두 중심세율인 8%를 근접하여 있다. 그러나 양허세율의 작용으로 인하여 중간재의 실행세율은 2000년에는 7.72%, 2004년에는 6.40%로 인하되고 있다. 또한 자본재의 실행세율은 2000년에는 기본관세와 양허관세를 비교해 보았을 때, 한국 전 품목에 대해 양허세율이 높은 품목비중은 50.87%, 반대로 낮은 품목 비중은 40.43%, 그리고 나머지는 실행세율이 무세인 경우이다. 기본적으로 양허세율과 기본세율 가운데 낮은 것이 우선적으로 실행세율로 적용된다.

둘째, 양허세율로 인한 실행세율 저하 효과는 자본재에서 더욱 크게 나타나고 있다. 앞에서 보았듯이 중간재와 자본재의 기본세율 격차는 0.32%포인트에 불과하지만, 2004년 실행세율 기준으로 볼 때에는 0.62%포인트로 확대되고 있다.

셋째, 동일 가공도 내에서도 양허세율의 영향으로 인해 품목군(品目群) 간의 실행세율 격차가 커지는 경향을 보인다. 중간재의 경우 기본세율은 동일 품목군 간의 실행세율 격차가 그리 크지 않다. 그러나 양허세율의 영향을 받는 실행세율을 2004년 기준으로 비교해 보면, 섬유류, 비철금속, 기타 중간재의 경우는 기본세율과 큰 격차가 나지 않는 반면, 화공품(기본세율 7.78%, 실행세율 5.86%), 철강재(기본세율 7.12%, 실행세율 1.77%) 등의 경우는 기본세율에 비해 크게 낮아지고 있다. 이에 따라 품목군 간의 실행세율 격차가 커지고 있는 것이다.

자본재의 경우는 전기·전자기기가 다른 품목군에 비해 양허세율에 의한 실행세율 인하 효과가 두드러짐에 따라 품목군 간의 격차가 확대되고 있다. 즉 기본세율에 따르면 기계류와 정밀기기, 전기·전자기기, 그리고 기타 자본재의 평균세율은 각각 7.86%, 7.84%, 그리고 7.40%로 격차가 작지만, 2004년 실행세율로는 6.26%, 4.84%, 6.24%로 전기·전자기기 품목군에서의 양허세율로 인한 인하효과가 두드러지게 나타나고 있는 것이다.


# 제2절 다자간 무역체제하에서 한국의 관세율 조정을 위한 기본방향


## 1. 한국의 관세율 조정의 기본 원칙


다자간 무역체제하에서 한국의 관세율 조정을 위한 기본 방향의 핵심은 역시 균등관세(均等關稅)와 차등관세(差等關稅)에 대한 논쟁이라 할 것이다. 이러한 논쟁은 이미 오래전부터 있어 왔다. 일단 1984년부터 한국은 균등관세율체계를 유지하기로 정책적인 판단을 내렸으며, 이를 기초로 그동안 관세율체계 개편이 이루어져 왔다.

한국의 균등관세율체계를 면밀히 살펴보면 원료에 대해서는 중간재나 완제품보다 낮은 관세율을 적용하고 있고, 가공도가 낮은 일부 중간재에 대해서도 다른 중간재와 완제품에 비해 낮은 관세율을 적용하고 있어, 엄밀한 의미에서의 균등관세율체계를 적용하고 있다고는 말할 수 없다. 그러나 동일한 가공단계에서는 산업 간 격차가 크게 존재하지 않는다는 측면에서 한국은 다른 국가들에 비해 보기 드물게 균등관세율체계를 유지하고 있다고 할 수 있다.

## 1) 균등관세정책 지지의 논거

균등관세율체계를 유지하는 이유는 산업에 대한 관세의 중립성을 유지하여 차등관세정책에 따른 자원배분의 인위적인 왜곡과 산업의 불균형적 발전을 억제하고, 산업정책기조를 시장경제원리에 입각하여 산업의 경쟁력 강화 및 산업구조고도화를 추구하려는 것이다.

그러나 이러한 주장은 특히 UR 이후 WTO의 영향력이 점차 커짐에 따라 국민경제 내에 이미 여러 왜곡요소가 존재하고 있어 산업별, 부문별로 관세율을 균등하게 유지한다고 해서 경제효율의 향상과 후생의 증진이 이루어지는 것은 아니라는 주장이 제기된다.

이러한 정부의 정책기조는 국제적으로도 찾아보기 힘든 사례로서 정책의 중립성과 일관성이라는 측면에서는 긍정적 평가를 받아야 마땅하다고 생각된다. 그러나 전술한 바와 같이 정보화와 개방화가 가속화되고 있는 현재에 들어와 지난 1980년대에 수립된 관세율정책의 기본 원칙이 아직도 유효한 것인가에 대하여는 회의적으로 볼 수 있다. 왜냐하면, 과거의 관점에서 선택된 취약산업의 보호나 다자간 협상의 결과로 일부 조정된 관세율 구조가 과연 합리적인 것이며, 보완될 점은 없는가라는 질문에 대하여 그리 긍정적인 결과를 내놓기는 어렵다.

실제로 WTO의 농산물 협상과 일련의 FTA 체결 과정 속에서 개방이 가속화되고 있는 분야(특히, 공산품의 시장 접근 등)의 분야에 대한 심도 깊은 고려 속에서 최적의 관세율정책이 무엇인지 검토되어야만 한다. 이와 함께 향후 경제성장의 견인차 역할을 하고 있는 ICT(Information and Communication Technology) 산업에서 관세율정책의 역할은 무엇이며, 그리고 중장기적 측면에서 선진국형 경제로 도약하기 위하여 필요한 정책적 변화는 무엇인지 등을 종합적으로 조망하고 이를 바탕으로 중장기적 정책을 수립해야만 할 것이다.


## 2) 차등관세정책 지지의 논거

차등관세율 지지 주장은 완제품, 중간재, 원자재별 차등을 두지 않는 현행 관세율 구조를 개편하여 원자재는 원칙적으로 무세화하고, 중간재와 완제품은 품목별로 차등구조를 도입하며, 특히 새로운 산업부문의 육성과 21세기를 지향하는 산업구조 개편과정에 부합하는 관세정책이 필요하다고 주장한다. 이들의 논쟁은 모두 의미가 있는 주장이나 쉽게 결론 내리기는 어려운 문제이다. 이에 대해서는 현재 진행 중인 DDA협상과 연관하여 다방면의 연구·분석이 필요하다.

1980년대 이후 한국은 균등관세율체계를 유지해 오면서 여러 외부요인에 의해 관세율체계가 바뀌어 왔다. 하지만 현재의 큰 기본틀을 바꾸는 것은 모든 경제 주체들이 이에 합리적으로 행동하는 상황에서 좋은 방법은 아니라고 여겨진다. 특히, 정부가 어느 산업의 성장 잠재력이 더 높은지 판단하기 어렵고, 차별적 보호를 얻어내려는 이익집단의 지대추구(rent-seeking)행위는 자원의 낭비를 초래할 우려가 매우 크다.

그러나 원자재의 무세화, 그리고 21세기를 지향하는 새로운 산업의 육성과 관련관세율정책은 큰 기본 틀 내에서도 합리적으로 추구할 수 있다고 여겨진다. 다만 산업에 대한 보호효과는 명목관세율보다는 실효보호효과를 기준으로 고찰하는 것이 바람직하다는 점을 고려해야 한다.[8]


## 2. 다자간 무역체제하에서 관세율 조정의 방향


한국은 원천적으로 자급자족을 하기 어려운 경제로서 비교우위 혹은 성장잠재력이 있는 산업에 자원을 집중 투입함으로써 지속적인 성장을 유도할 필요가 있다. 더욱이 WTO에 의한 자유화는 시장확대라는 기회와 함께 첨예한 경쟁을 야기할 수밖에 없어 이러한 경향을 불가피하게 만들고 있다.

한 예로 반도체나 자동차 등 규모의 경제가 존재하는 산업의 경우 세계적인 개방화는 경쟁력이 있는 소수의 다국적 기업만이 생존할 수 있는 상황을 생성하고 있다. 이러한 상황 아래서 취약산업을 이전과 같이 보호하기는 어려울 뿐만 아니라 생산성이 높은 부문이 간접

---

8) 본 항에서의 논의에 대한 상세한 분석 자료는, 정재호 외 "우리나라 산업구조 및 실효관세율 변화 연구", 한국조세연구원, 2004를 참조.

적으로 취약산업을 지원하기에도 일정한 한계가 있다. 즉 관세정책은 자원의 이동에 영향을 주는 차별적 정책이기 때문에 관세정책을 통한 취약산업의 보호는 결국 부가가치가 낮은 산업으로 자원유입을 촉진함으로써 성장잠재력이 있고 부가가치가 높은 산업에게 간접적인 피해를 유발한다.

또한 ITA 등의 부문별 자유화와 FTA 등의 지역자유화로 관세정책이 적용될 수 있는 범위가 점차 적어지고 있는 것도 사실이다. 게다가 이와 같은 대외적 여건의 변화와 함께 국내경제는 중요한 기로에 서 있다. 한국 경제발전에 중요한 견인차였던 경공업의 쇠퇴로 인해 일각에서는 이 부문에 대한 보호를 요구하는 목소리가 커지고 있다. 또한 중공업은 장기적으로 개방화의 진전과 중국의 WTO 가입으로 구조조정의 목소리가 커질 전망이다. 따라서 현 단계에서는 정보통신기술의 발달을 기반으로 '제3의 성장 동인'을 준비하는 한편, 한국 경제구조의 효율성제고를 위한 정책변화를 꾸준히 모색해야 할 시점이다.

결국 한국의 관세정책은 선진국과 마찬가지로 농수산업과 경공업 등 취약산업을 보호하는 수세적인 성격을 취할 것인지, 아니면 유망산업을 집중 지원하는 성장 중심의 공세적 정책을 취할 것인지의 기로에 서 있다. 그런데 후자를 선택하는 것이 한국 경제의 규모와 발전단계를 고려할 때 더 합리적인 것으로 판단된다.

이러한 전제 위에서 현 단계에서 관세율체계가 견지·지향해야 할 원칙을 다음과 같이 제시할 수 있다.

첫째, WTO DDA협상이 종료되고 이에 따른 관세정책의 조정이 있을 때까지는 평균관세율 수준을 계속 유지할 필요가 있다. 한국 관세율의 평균적 수준은 환급을 고려할 경우 실질적 평균세율은 4~5%

에 불과하며, 이것은 경제발전단계를 감안할 경우 선진국에 비교하더라도 높은 세율이 아니라고 여겨진다.

둘째, 관세율정책은 수출증대 또는 수입억제를 지향하기보다는 성장잠재력이 있고 부가가치가 높은 산업으로 자원이 원활하게 유입될 수 있도록 여건을 마련해 주어야 한다. 즉 수출이 증가 또는 수입이 감소하는 것을 긍정적으로 평가하기보다는 부가가치와 연계하여 이들 산업의 수출입이 어떻게 변화하고 있는지를 검토하여 관세정책을 수립하여야 한다.

셋째, 가공도(加功度)에 따른 경사관세율체제원칙의 연장선상에서 수입에 의존하고 있는 기초원료의 관세를 $0 \sim 1\%$로 하향조정할 수 있을 것이다. 원자재에 대해 많은 국가들이 무세화 비중을 높이고 있어 한국도 이에 대한 고려가 필요하다.

넷째, 실효관세율의 지나친 불균등을 시정할 필요가 있다. 즉 세율체계상 산출산업과 투입산업의 격차가 분명한 경우에는 이를 조정함으로써 자원배분의 효율성을 제고할 수 있을 것이다. 이점은 특히 ITA 관련 산업과 관련하여 중요성을 가진다.

다섯째, 하지만 지나친 미조정(微調定)은 지양(止揚)하고 세율의 단계를 가급적 단순하게 유지한다. 관세율체계의 결정에 있어서 산업 정책적 고려를 하는 것이 필요하기는 하나 경쟁력을 결정하는 관세정책은 자원의 이동에 영향을 주는 차별적 정책이기 때문에 관세정책을 통한 취약산업의 보호는 결국 부가가치가 낮은 산업으로 자원 유입을 촉진함으로써 성장잠재력이 있고 부가가치가 높은 산업에게 간접적인 피해를 유발한다.

요인들은 끊임없이 변동하며 정책당국이 그에 대하여 정확한 정보를 갖는 것도 현실적으로 매우 어려운 일이다. 따라서 관세율체계는 경제 주체들이 쉽게 이해할 수 있는 원칙 아래 단순하게 유지되는 것이 바람직하다. 그러므로 세율의 단계를 늘리지 않고 집중도를 유지하는 것이 필요하다.

이러한 원칙에 입각하여 산업별 부가가치비중, 무역특화지수추이, 수입의존도추이를 바탕으로 관세율체계의 조정필요성을 산업별로 검토하면 다음과 같다. 농림수산품과 경공업은 전반적으로 수입의존도의 수준이 낮고 무역특화지수는 음(-)의 값을 가지며 또한 하락하는 추세를 보인다. 이들 산업의 낮은 부가가치를 감안하면 이 가운데 상당수 산업에서 수입의존도를 늘리고 그 대신 여유의 자원을 고부가가치산업으로 이전하는 정책이 필요할 수 있다.

1980~1995년 사이에 국내 부가가치의 증가는 주로 중공업에서 발생하였다(경상가격기준). 즉 1995년 이전 15년간 부가가치는 중공업, 경공업, 광산품, 농수산품의 순으로 증가해 왔으며 중공업은 연도에 따라 경공업의 2~3배에 이르는 부가가치를 창출하여 왔다. 주지하다시피 이러한 중공업의 성장에 힘입어 국내경제가 높은 성장률을 유지하였던 것이다.

그런데 경공업에서도 음식료품과 섬유·가죽제품의 부가가치 증가율은 매우 낮아 농림수산품에 가깝고 이외 인쇄·출판 및 복제는 중공업의 평균치 수준이며 목재·종이도 높은 편이지만 가구 및 기타 제조업제품은 그 중간이다. 한편 중공업 가운데는 전기·전자기기와 수송기계의 부가가치 증가율이 가장 높은 편이어서 3~5배에 이른다. 정밀기기와 금속제품의 부가가치 증가율도 높은 편이고 다만 일반기계의 경우 1990년 이후 의외로 부가가치 증가율이 많이 감소하였다.

소득수준의 증대를 위해서는 자본 1원당 부가가치 증가율을 보는 것이 보다 정확하겠지만 부가가치 증가율로 볼 때 1995년을 전후하여 전기·전자기기, 정밀기기, 수송기계, 인쇄·출판 및 복제, 일반기계 그리고 금속제품 순으로 유망하며 반대로 농림수산품, 섬유·가죽제품, 음식료품 그리고 가구 및 기타 제조업제품은 부가가치로도 전망이 좋지 않은 산업인 것으로 보인다. 물론 이들 산업의 일부는 첨단산업화되는 부문도 있으므로 정책결정 시에는 세세부분을 검토해야 할 것이다. 그러나 전반적으로 보아 이들 통계치가 의미하는 바는 투입된 일정규모의 자원으로 산출되는 부가가치가 중공업 가운데 전기·전자기기와 정밀기기 등이 크고 농림수산품과 섬유·가죽제품 등은 낮을 가능성이 높다는 사실이다. 따라서 이는 자원의 유입이 어느 산업으로 촉진되어야 하는지를 보여준다. 물론 자본시장이 완전하고 외부효과가 없다면 그리고 전략적인 덤핑이 없다면 굳이 정부가 개입할 필요성이 없으나 현실이 그렇지 않으므로 관세정책이 이 부문에서 어느 정도의 역할을 할 수 있을 것이다.

농림수산품과 경공업은 전반적으로 수입의존도의 수준이 낮고 무역특화지수는 음(−)의 값을 가지며 또한 하락하는 추세를 보인다. 이들 산업의 낮은 부가가치를 감안하면 이 가운데 상당수 산업에서 수입의존도를 늘리고 그 대신 여유의 자원을 고부가가치 산업으로 이전하는 정책이 필요할 수 있다.

# 제3절 WTO, DDA 관세협상과
## 한국관세율 구조변화 전망


## 1. 서론적 고찰


WTO 다자간 무역 협상의 결과는 한국의 관세율정책을 규정하는 외적인 요인들 중 가장 중요한 것이다. 따라서 현재 진행 중인 DDA 협상의 결과를 전망하면서 그에 따라 변화된 조건 속에서는 한국의 관세율체계의 이론적인 최적관세율의 모습은 어떠할 것인가를 살펴보고자 한다.[9)]

DDA 비농산물(非農産物) 시장접근 분야 협상에서는 관세인하공식으로 스위스 공식을 사용하기로 합의되었다. 공식에 적용할 계수도 선진국에 대해서는 10 이하, 개도국에 대해서는 15－30이 매우 유력한 상황이다. 따라서 이를 기반으로 시나리오를 구성하여 분석해 보면 다음과 같다.

DDA 협상이 한국에 중대한 영향을 미치는 것은 우선적으로 한국관세율정책에 중요한 제약요인으로 작용한 WTO 양허세율이 인하되기 때문이다. 관세인하 폭은 스위스 공식계수에 따라 결정된다. 비농산물

---

9) 본 절에서의 논의는 정재호·성명재·이명헌, "관세율 체계 개선을 위한 연구: 국제 비교 및 일반균형 모형의 응용", 한국조세연구원, 2003. 12. pp.124∼137의 내용을 그대로 발췌·소개하며 정리하기로 한다.

시장접근 분야에서 한국은 선진국으로 선언할 가능성이 높기 때문에 선진국에 적용될 스위스 공식계수로 5와 10을 선정하여 분석하였다.

스위스공식계수 10을 적용하면 계수 5인 경우와 비교해 볼 때 관세인하율이 작기 때문에 현재 실행세율 6.4%와 DDA 이후 실행세율 4.4% 사이에 2.0% 미만의 관세율 차이가 발생해, 이 정도의 관세율 인하는 한국에서 충분히 수용할 수 있는 수준으로 판단된다. 특히, DDA 협상 타결 이후 최종 연도에 적용할 중심관세율 수준을 미리 공포한다면 이에 맞추어 경제 주체들 간의 자원 재배분이 이루어질 것이므로 한국 경제가 감당할 수 있는 수준으로 분석하고 있다.


## 2. DDA 관세협상과 양허세율에 대한 영향


### 1) 전제조건 검토

정재호 외(2003)의 연구에서 보면 DDA 타결에 따른 전망을 미리 예측하는 연구에는 두 가지 난점이 존재한다. 첫째, 현시점에서 DDA 협상의 결과를 정확히 예측할 수 없다. DDA는 2001년 출발이 선언되어 각 분야별로 협상이 진전되어 왔으나 2003년 9월 칸쿤에서 열린 제5차 WTO 각료회의에서 농업 및 비농산물 시장접근에 대한 세부원칙에 대한 기본합의에 실패하여 현시점에서는 그 결과의 구체적인 모습을 짐작하기가 어려운 상황이다.[10] 둘째, DDA가 목표로 하고 있는 바와 같이 향후 협상이 종료되는 경우에도 관세율의 양허안

(讓許案)이 실행되어 현 상태의 관세율에 의미 있는 제약이 가해지는 것은 그로부터 4－5년 후일 것으로 전망되는데, 그 시점에서 우리 경제의 기본적인 조건들, 즉 생산성, 요소부존, 사회보장의 수준 등에 대해서 정확한 전망을 하기는 쉽지 않다.[11]

이에 대해서 이 연구에서는 다음과 같이 단순한 가정 아래 분석을 행하고 있다. 첫째, 분석의 시점은 2009년으로 하고 그때까지 한국의 전반적 생산성, 요소부존의 확대에 대해서는 다음과 같은 한국은행의 전망치[12]를 사용하여 분석하였다.

〈표 4－4〉 한국은행의 생산성 및 요소부존 연평균 성장전망

(단위: %)

| 연 도 | 2000～2003년 | 2004～2008년 |
|---|---|---|
| 잠재 GDP | 4.8 | 5.0 |
| 노 동 | 1.0 | 0.8 |
| 자 본 | 2.1 | 2.2 |
| 생산성 | 1.7 | 2.0 |

자료: 한국은행(2003), "우리 경제의 장기 성장기반 확충을 위한 과제－구조적 저성장 진입가능성과 대응방향", 『금융경제연구』, 167호.

따라서 위에서 제시된 연평균 성장률을 이용하여 2000년 대비 2009년의 요소부존은 노동이 8%, 자본이 21%, 전 산업에 걸쳐 생산성이

---

10) "WTO, DDA협상 어떻게 진행되고 있나", 『재정포럼』, 제82호, 한국조세연구원 2003(a); "WTO 제5차 각료회의와 DDA협상의 진행", 『재정포럼』, 제88호, 한국조세연구원 2003(c) 참고.

11) 현재 이러한 예측치는 여러 가지 관점에서 연구가 진행되고 있으나, 본 연구에서는 경제학적 접근 방법론을 가지고 시뮬레이션을 수행한 연구 방법론을 중심으로 검토하기로 한다.

12) 한국은행(2003), "우리 경제의 장기 성장기반 확충을 위한 과제－구조적 저성장 진입가능성과 대응방향", 『금융경제연구』, 167호.

18% 증가하는 것으로 가정하고 있다. 그 밖에 원래 모형에서 외생적으로 가정되었던 외국인 투자규모, 정부의 저축규모 등은 모두 잠재적 GDP 성장률에 의해 54% 증가하는 것으로 가정하였다.

둘째, DDA 협상의 결과 중 비농산물의 경우는 의장초안에서 제시된 변형된 스위스공식에 의한 삭감을 가정한다. 의장초안에 제시된 변형된 스위스 공식은 다음과 같다.

$$t_n = \frac{cBt_o}{cB + t_o}$$

$t_n$:새로운세율,          $t_o$:기존세율,

$c$:각국의 현재 평균 세율 $B$:모든 회원국에 공통되는 삭감 파라미터

위의 공식은 기본적으로 이전의 GATT 라운드에서 제안된 바 있는 스위스공식과 같은 구조를 갖고 있다. GATT 라운드에서 제시되었던 기존의 스위스 공식은 다음과 같다.

$$t_n = \frac{at_o}{a + t_o} = a + \frac{-a^2}{a + t_o}$$

기존의 스위스공식은 식에서 알 수 있듯이 바로미터 a를 관세율 상한선으로 하고 있고, 또한 a가 작을수록 전반적으로 크게 관세율이 하락하게 된다. 특히 인하 이전의 관세율인 $t_o$가 높을수록 더 큰 비율로 하락하게 된다.

이번 의장초안에서 제시된 관세인하공식은 스위스공식의 $a$를 $B$와 $C$의 두 부분으로 나누고 있다는 특징이 있다. $a$를 두 부분으로

나눔으로써, $B$를 통해서는 회원국 모두에 적용되는 관세인하의 강도를 결정하며, 한편, $c$는 회원국별 평균 양허세율로 이를 통해서는 각 회원국의 현재 관세양허수준과 특성을 고려해 줌으로써 개발도상국 등 고관세국의 관세인하 부담을 덜어주는 형식이다. 따라서 선진국 및 개발도상국들의 고관세를 제거하는 한편 개발도상국들이 주장하는 개발도상국 우대도 함께 반영된 것으로 여겨진다.

이 연구에서는 위의 변형된 스위스 공식에 $B=1$을 가정하고, 한국의 우루과이라운드 양허계획의 종료가 이루어지는 시점에 대해서 계산된 $c$값으로 10.428을 대입하여 세번(細番)별 양허세율을 계산한 후 그것을 각 산업 내에서 단순 평균함으로써 산업별 양허세율을 계산하고 있다.

위의 공식에서 중요한 변수는 $B$와 $c$로서 양허세율 인하의 폭을 결정하게 된다. 다만 $c$는 기존의 양허세율 수준에 의해 각국별로 자동으로 산출되기 때문에 공식에 대한 협상에서의 가장 큰 쟁점은 $B$로 초점이 맞춰진다. 현재까지 비농산물 시장접근 협상에서 $B$가 어떻게 결정될지 예측하기는 어렵다. $B$가 너무 크면 그만큼 시장개방효과가 적고, 너무 작을 경우 관세인하 폭이 커져서 개발도상국들이 받아들이기가 힘들 것이다. 의장초안에 대해 미국·EU·뉴질랜드·캐나다 등은 평균관세율이 높은 개도국의 경우에는 시장개방효과가 크지 않기 때문에 더욱더 과감한 인하를 주장하는 반면, 개도국들은 의장초안의 공식이 개도국 특별대우 등이 충분히 반영되지 않았다고 주장하면서 선진국과 개도국 간의 다른 계수 $B$를 적용할 것을 주장하기도 한다.

이런 상황하에서 여기서는 현재 많은 개도국의 경우 양허세율이 실행세율보다 높게 형성되어 있고 이러한 양허세율과 실행세율 간의 격차를 고려할 때 협상을 통한 실질적인 관세인하 효과를 보기 위해서는 $B$를 상당히 낮추어 잡아야 한다는 미국 등 선진국의 입장을 고려하여 $B$가 1 내외가 되는 경우를 살피는 것이 가장 합리적인 예상이다. $B=1$인 경우 현재의 양허세율의 평균이 이행 이후 세율의 상한선이 되는 것이므로 상당수의 고관세가 제거되는 등 시장접근 폭이 크다고 볼 수 있다. $B=1$을 가정한 것은 현재 상당수 개발도상국의 관세율 평균이 아직도 매우 높아서 $B=1$로 해야 어느 정도 의미 있는 감축이 이루어질 것이라는 점을 고려하기도 하였다.

한편, 농산물과 음식료품의 경우는 2000년의 산업별 실적세율이 양허세율보다 훨씬 낮았던 점을 감안하여, 실적세율 기준으로 30% 인하를 가정하였는데, 이것은 세 가지 점을 고려한 결과이다.

첫째, 농산물의 경우 주요 품목에서 양허세율이 바로 실행세율의 역할을 하고 있어서 양허세율의 인하는 실행세율의 인하를 의미한다. 따라서 현재 농산물 세율 운용의 기조가 그대로 유지된다는 전제하에서는 양허세율의 인하는 바로 모형 내에서 실제로 작용하는 세율의 인하를 의미한다.

둘째, 칸쿤 각료회의에서 제시된 의장수정안은 농산물을 3개 그룹으로 나누어 UR방식, 스위스 공식, 무세화의 차별적 접근을 제시하고 있어서 그 구체적 인하 폭을 짐작하기 힘들다.

셋째, 결과적으로는 UR 때 행해졌던 24% 감축보다 조금 더 큰 폭의 인하가 이루어질 수 있을 것으로 전망된다. 칸쿤 각료회의 전에 배포된 의장초안 및 수정안에서는 관세율 수준에 따라 인하율을 달리하도록 제안하고 있는데, 이 안들은 기본적으로 개도국의 경우 24%의 관세율 인하를 적용했던 UR에 비해 보다 야심적인 인하를 지향하고 있는 것으로 보인다. 그러나 그 폭이 아주 클 것으로 보기에는 선진국 농산물 수입국과 개도국의 반발이 클 것으로 생각된다.

〈표 4-5〉 한국의 농산물 분야 관세감축안

| | 선진국 | | | 개도국 | | |
|---|---|---|---|---|---|---|
| | 관세율 | 감축률 | | 관세율 | 감축률 | |
| 의장 1차<br>초안<br>수정안 | 90% 초과 | 60% | 45% | 120% 초과 | 40% | 30% |
| | 15~90% | 50% | 35% | 60~120% | 35% | 25% |
| | 15% 이하 | 40% | 25% | 20~60% | 30% | 20% |
| | | | | 20% 이하 | 25% | 15% |
| | | | | 특별품목(SP)[ ] | 10% | 5% |
| | 이행기간 5년 | | | 이행기간 10년 | | |
| 칸쿤<br>각료회의<br>문서 초안<br>수정안 | −선진국에 대해서는 3가지의 혼합방식 적용<br>① 총품목의 [  ]%: 평균 [  ]%, 최소 [  ]% 감축(동 그룹 적용 품목은 TRQ도 증량)<br>② 총품목의 [  ]%: [  ]를 계수(coefficient)로 한 스위스 공식 적용<br>③ 총품목의 [  ]%: 무관세 적용<br>−선진국은 관세 상한 [ ]%를 설정하여 상한선까지 관세인하 혹은 Request / Offer 방식을 통해 TRQ 증량 등 추가적인 시장접근 확대 보장<br>−개도국에 대해서는 다음의 감축방식 적용<br>① 총품목의 [  ]%: 평균 [  ]%, 최소 [  ]% 감축(해당 TRQ는 증량)<br>　• 단, 특별품목(SP)은 최소 [  ]% 감축, TRQ 증량 면제<br>　• 관세율이 [  ]% 미만인 경우 관세감축 의무 없음<br>② 총품목의 [  ]%: 평균 [  ]%, 최소 [  ]% 감축<br>③ 총품목의 [  ]%: 평균 [  ]%, 최소 [  ]% 감축<br>　• ②와 ③을 대신하여 총 품목의 [  ]%에 대해 [  ]를 계수로 한 스위스 공식 적용 가능<br>−개도국에 대해서는 낮은 감축률 및 긴 이행기간 적용 | | | | | |
| 칸쿤<br>각료회의<br>문서 초안<br>2차수정안 | −선진국에 대해서는 3가지의 혼합방식 적용(초안과 동일)<br>　• 다만, 전체 농산물 감축은 [  ]% 이상 되어야 함<br>　• 매우 제한적인(very limited)품목 [  ]개에 대해 관세상한 등 예외인정<br>　• 할당 내(in−quota) 세율 [  ]% 감축. 단 TRQ 기간 및 조건 추후 협상<br>−개도국에 대해서는 다음의 감축방식 적용<br>① 총품목의 [  ]%: 평균 [  ]%, 최소 [  ]% 감축(해당 TRQ는 증량)<br>　• 단, 특별품목(SP)은 최소 [  ]% 감축, TRQ 증량 면제<br>　• 관세율이 [  ]% 미만인 경우 관세감축 의무 없음<br>② 총품목의 [  ]%: [  ]를 계수(coefficient)로 한 스위스 공식 적용<br>③ 총품목의 [  ]%: 0~5% 사이로 감축<br>−개도국에 대해서는 낮은 감축률 및 긴 이행기간 적용 | | | | | |

주: 특별품목(Special Products)은 개도국의 식량안보나 농촌개발 등을 위해 필요한 일부 품목을 지정.

자료: 정재호 외, 『관세율 체계 개선을 위한 연구』, 한국조세연구원, 2003, p.130.

## 2) 정책 시나리오

앞의 연구에서는 위에서 상정한 상황 변화 조건하에서 두 가지 정책 대안을 비교하고 그 시사점을 다음과 같이 도출하고 있다. 첫째는 DDA 협상 시나리오에 따라서 인하된 양허세율이 2000년 기준 실적세율보다 낮아지는 경우에 DDA 양허세율을 받아들이고, 그렇지 않은 경우에는 2000년 실적세율을 그대로 유지하는 경우이다. 이것은 DDA 결과에 대해 '수동적 수용'의 태도를 취하는 것이다. 둘째는, 앞의 수동적 수용의 결과로 얻어지는 정부의 효용수준과 관세의 정부수입 중 비중을 그대로 유지하면서 대표적 소비자의 후생을 최대화하는 세율체계를 취하는 경우이다.

이 두 대안의 후생효과를 비교함으로써, 현행체계를 유지하는 보수적 정책에 비하여 차별적인 체계로의 이행이 사회적으로 어느 정도의 후생 증대를 가져올 수 있는지를 검토하고 있다. 이러한 정책 시나리오는 DDA 양허세율의 변화라는 대외적인 충격에 의해 한국 관세율 체계의 개편이 필요할 경우 현재의 기본관세율 중심의 중심 관세율 체계를 유지할 것인지 아니면 DDA 협상에서 제시된 양허세율을 그대로 받아들여 수동적으로 한국 관세율 체계를 양허세율 체계로 전환할지에 대한 논쟁에 하나의 대답을 제시할 수 있다.

## 3) 검토 결과

먼저, '수동적 수용'의 경우의 관세율 체계는 다음의 표에서 보듯이 화학제품, 비금속제품, 제1차 금속, 금속제품, 가구 및 기타 제조업 제품에서 양허세율은 기준연도의 실적세율보다 낮게 나타났다. 물론 이것은 해당 산업들 내의 모든 품목에서 양허세율이 2000년의 실적세율보다 낮게 됨을 의미하지 않는다. 한 산업 내 양허세율 평균이 실적세율평균보다 낮아지더라도 개별 세번(細番) 단위에서는 그러한 역전이 일어나지 않는 경우도 있을 수 있는 것이다. 그러나 산업 내 해당 세번(細番)의 평균치를 모형 내에서 그 산업의 세율로 취급할 수밖에 없는 현실에서는 피할 수 없는 단순화라고 보고 있다.

반면, 여타의 산업에서는 2000년 실적세율이 인하된 양허세율과 비교하더라도 여전히 낮은 상태이다. 이제, 이 관세율 체계가 적용되었을 경우의 일반균형을 계산해 보면, 관세의 세수비중이 2000년의 4.49%에서 3.38%로 감소하는 것으로 계산되었다.

〈표 4-6〉 한국의 DDA 시나리오에 따른 '수동적 수용' 산업별 관세율

(단위: %)

|  | 2000년 | DDA 양허세율 시나리오 | 수동적 수용 |
|---|---|---|---|
| 1. 농림수산품 | 6.330 | 4.431 | 4.431 |
| 2. 광산품 | 2.044 | 2.890 | 2.044 |
| 3. 음식료품 | 10.730 | 7.511 | 7.511 |
| 4. 섬유, 가죽제품 | 4.809 | 6.330 | 4.809 |
| 5. 목재, 종이제품 | 3.216 | 2.550 | 2.550 |
| 6. 인쇄, 출판 및 복제 | 0.528 | 1.300 | 0.528 |
| 7. 석유, 석탄제품 | 1.350 | 4.860 | 1.350 |
| 8. 화학제품 | 4.235 | 3.890 | 3.890 |
| 9. 비금속광물제품 | 5.855 | 5.790 | 5.790 |
| 10. 제1차 금속 | 3.153 | 2.630 | 2.630 |
| 11. 금속제품 | 5.461 | 5.290 | 5.290 |
| 12. 일반기계 | 3.972 | 4.610 | 3.972 |
| 13. 전기, 전자기기 | 1.680 | 3.820 | 1.680 |

| | 2000년 | DDA 양허세율 시나리오 | 수동적 수용 |
|---|---|---|---|
| 14. 정밀기기 | 4.106 | 4.250 | 4.106 |
| 15. 수송장비 | 2.073 | 4.860 | 2.073 |
| 16. 가구 및 기타 제조업제품 | 5.216 | 4.640 | 4.640 |

자료: 정재호 외, 『관세율 체계 개선을 위한 연구』 한국조세연구원, 2003, p.132.

다음으로 '수동적 수용'의 경우에 얻어진 관세세수 비중을 그대로 유지하는 것을 제약조건으로 하고, 또한 '수동적 수용' 시나리오에서 얻어진 정부의 효용수준의 유지를 제약으로 하면서 대표적 소비자의 효용을 최대화하는 최적관세율 체계를 계산한 내용을 소개하면 다음과 같다. 단, 농수산물과 음식료품의 경우는 DDA 양허세율을 그대로 받아들이는 것으로 가정하고 있다. 이것은 앞에서 언급한 바와 같이 양허세율이 그대로 실적세율이 되는 이들 산업의 성격상 양허세율 인하로의 관세율 인하는 정치적으로 실현이 어렵다고 보았기 때문이다. 이와 같은 제약들 아래에서 계산된 최적관세율 체계는 다음의 표에서 보는 바와 같다.

〈표 4-7〉 한국의 DDA 시나리오하의 2009년 최적관세율 체계

(단위: %)

| | DDA 양허세율 시나리오 | 수동적 수용 | 관세세수 비중 유지 | 관세세수 비중 10% |
|---|---|---|---|---|
| 1. 농림수산품 | 4.431 | 4.431 | 4.431 | 4.431 |
| 2. 광산품 | 2.890 | 2.044 | 0.667 | 2.890 |
| 3. 음식료품 | 7.511 | 7.511 | 7.511 | 7.511 |
| 4. 섬유, 가죽제품 | 6.330 | 4.809 | 0.000 | 5.532 |
| 5. 목재, 종이제품 | 2.550 | 2.550 | 2.550 | 2.550 |
| 6. 인쇄, 출판 및 복제 | 1.300 | 0.528 | 1.300 | 1.300 |

|  | DDA 양허세<br>율 시나리오 | 수동적 수용 | 관세세수<br>비중 유지 | 관세세수<br>비중 10% |
|---|---|---|---|---|
| 7. 석유, 석탄제품 | 4.860 | 1.350 | 4.860 | 4.860 |
| 8. 화학제품 | 3.890 | 3.890 | 3.890 | 3.890 |
| 9. 비금속광물제품 | 5.790 | 5.790 | 5.790 | 0.000 |
| 10. 제1차금속 | 2.630 | 2.630 | 2.630 | 2.630 |
| 11. 금속제품 | 5.290 | 5.290 | 0.632 | 0.000 |
| 12. 일반기계 | 4.610 | 3.972 | 0.749 | 0.000 |
| 13. 전기, 전자기기 | 3.820 | 1.680 | 3.820 | 0.830 |
| 14. 정밀기기 | 4.250 | 4.106 | 4.250 | 4.250 |
| 15. 수송장비 | 4.860 | 2.073 | 4.860 | 4.438 |
| 16. 가구 및 기타 제조업제품 | 4.640 | 4.640 | 0.754 | 0.679 |
| 관세 세수비중 |  | 3.386 | 3.386 | 3.047 |
| 후생증대 |  | 기준 | 0.039 | 0.035 |

자료: 정재호 외, 『관세율 체계 개선을 위한 연구』한국조세연구원, 2003, p.133.

여기서 알 수 있듯이 최적 세율체계는 서로 다른 성격을 가진 두 가지 방식의 세율 설정으로 특징지어진다. 첫째 방식은 양허세율과 같은 세율을 적용하는 것으로, 목재 및 종이제품, 인쇄, 출판 및 복제, 석유 및 석탄제품, 화학제품, 비금속 광물제품, 전기 및 전자기기, 정밀기기, 수송장비 등이 이에 해당한다. 둘째 방식은 양허세율 보다 훨씬 낮은 무세화 또는 무세에 가까운 저율의 관세율을 설정하는 것인데 이에 해당하는 산업들은 광산품, 섬유 및 가죽제품, 금속제품, 일반기계, 가구 및 기타 제조업 제품 등이다.

그러나 2000년의 상황에 대한 분석에서와 마찬가지로 이와 같이 수동적 수용과 상당히 다른 차별적 관세율 체계로 바꿀 경우에도 사회적 후생의 증대는 매우 작은 폭에 머문다는 데에 주목할 필요가 있다. 수동적 수용의 경우에 비해 최적관세율 체계가 가져다주는 대표적 소비자의 후생 증대는 0.039%에 불과하다.

　정부수입 중 관세의 비중을 수동적 수용보다 10% 낮추어 3.047%로 하는 경우에는 크게 보아서 수동적 수용의 경우와 같이 3.386%로 제약을 설정한 경우와 비슷한 세율체계가 도출되지만, 비금속광물제품, 금속제품, 일반기계가 무세화되고, 전기 및 전자 제품의 세율도 1% 이하로 설정된다. 반면, 섬유 및 가죽제품의 세율은 수동적 수용의 경우보다 조금 더 높은 수준으로 결정된다.


## 4) 정책적 함의

　첫 번째 정책적 함의로는 정부의 실질 소비수준을 유지하고 정부 세수 중 관세의 비중을 유지한 상태에서 관세율 차별화에 따른 사회 후생의 증대는 매우 작다는 것이다. 따라서 앞서 본고에서 주장하는 기존 중심관세율체계의 유지가 향후 DDA 협상 이후에도 적용될 수 있음을 제시하고 있다.

　한편 광산품, 섬유 및 가죽제품, 금속제품, 일반기계, 가구 및 기타 제조업 제품에 대하여 무세화 또는 현행보다 상당히 낮은 세율이 추천할 만한 방향으로 도출되었다는 점이다. 앞에서도 강조하였지만, 물론 이러한 무세화는 전체적인 세율체계의 조정이 이루어질 때 최적성(最適性)을 확보할 수 있다.

　그러나 관세율정책과정을 시간을 두고 최적세율에 접근해 가는 것으로 이해한다면, 이들 품목에 대한 세율인하를 전반적 관세율 조정에 있어서 긍정적으로 검토할 수 있음을 의미하는 것으로 볼 수 있을 것이다.

## 5) DDA 이후 양허세율의 영향

DDA 협상은 어떠한 형태로 종결되든지 간에 한국 관세율정책에 제약요인으로 작용할 것은 분명하며, 이에 따라 현재의 양허세율에 비해 전체적으로 크게 낮아질 것으로 전망된다. 물론, 관세인하의 폭은 스위스 공식의 계수에 의해 결정되지만, 비농산물 시장접근 분야에서 한국은 선진국으로 분류되어 스위스 공식계수가 5 혹은 10으로 적용될 가능성이 높기 때문이다.

2006년도 기준 평균 기본관세율은 7.75%로 현재 평균 양허세율 9.67%보다 약 2%가 낮다. 따라서 기본세율이 양허세율보다 낮은 경우가 많기 때문에 관세율 적용 우선순위에 따라 기본세율이 실행세율로 적용되는 경우가 많다. 그러나 DDA 이후의 양허세율을 예측해 보면 관세인하 폭이 가장 적은 시나리오인 경우에도 기본관세율과 DDA 이후의 양허세율의 위치가 정반대로 나타난다. 즉 대부분의 품목에서 기본관세율의 평균이 DDA 이후 양허세율의 평균에 비해 높다. 따라서 DDA 이후 기본관세율은 수입품에 실질적으로 적용되는 실행관세에 영향을 미치지 못할 수 있음을 의미한다.


## 6) 시사점

DDA 이후 양허세율의 변화는 한국 관세율정책의 근간을 이루는 기본 관세율 구조에 영향을 미치게 된다. DDA가 타결되지 않은 현재의 입장에서 구체적 전망을 하는 것은 한계가 있겠지만 분명한 점은 그 폭과 깊이의 문제일 뿐이지 결과의 개략적 사항은 유사하다는 점이다. 즉 DDA 양허세율이 현재의 기본관세보다 낮기 때문에 관세율 우선순위에 의해 양허세율이 실행세율로 채택될 가능성이 높고 이에 따라 기본관세율의 기능이 제약을 받게 된다.

또한 현재는 모든 품목에 대하여 WTO에 양허한 상황이 아니라는 점이다.13) 즉 미양허품목(未讓許品目)에 대해서는 양허라는 관세제약이 존재하지 않기 때문에 기본 관세율이 실행세율로 적용된다. 그러나 DDA에서는 모든 품목에 대하여 양허하는 것을 원칙으로 하고 있다. 개도국에 대해서는 일부 예외를 인정하는 개도국 우대조치를 협의 중에 있으나, 이러한 예외가 한국에 적용될 가능성은 거의 희박하다. 결국, 한국은 이번 DDA 협상을 계기로 전 품목에 대하여 양허를 해야 하기 때문에 그만큼 운신의 폭이 줄어들게 된다.

결과적으로 섬유, 의류, 신발 등의 기본 관세율 구조는 DDA 이후 전면적인 개편이 요구된다. 섬유, 신발 등의 대폭적인 관세율 인하는 비단 한국에서만 일어나는 현상은 아니다. 이들 품목은 선진국은 물론이고 개도국들도 높은 관세를 부과하는 품목들로 비선형 관세인하 공식인 스위스공식의 특징으로 대폭적인 감축이 불가피하다.14)

특히, 스위스 공식계수가 5가 적용되면 DDA 이후 평균 양허세율이 낮게는 2.81%까지 하락하기 때문에 현재 평균 양허세율 9.67%보다 6.86% 낮아져 한국 전체적인 관세율 구조에 큰 영향을 미친다. 특히, 현재는 모든 품목을 WTO에 양허하지 않았으나, 다시 말해 미양허품목에 대해서는 양허라는 관세 제약이 존재하지 않아 기본관세율이 실행세율로 적용되었지만, DDA 협상에서는 모든 품목을 양허하

---

13) 2007년 현재 공산품의 양허 비중은 92.5%이고, 한국 전체적으로는 91.5%이다.

14) 실제로 스위스 공식에 의한 감축인하의 효과는 지난 Round에서 체험한 바 있다.

는 것이 기본 원칙이므로 향후 DDA 이후에는 모든 품목이 양허될 것으로 예측되고 있다.

개도국에 대해 일부 예외를 인정하는 것을 협의 중에 있으나, 앞에서 설명한 바와 같이 한국이 이에 해당될 가능성은 거의 없다. 다시 말해 한국은 이번 DDA 협상을 계기로 전 품목에 대하여 양허를 해야 하기 때문에 그만큼 선택의 폭이 줄어들게 된다. 그러므로 최악의 시나리오를 설정하고 이에 대비해야만 할 것으로 예측된다.

한편, 스위스공식계수 10이 적용될 경우에도 그 충격이 상대적으로 작기는 하지만, 큰 흐름에 변화는 없을 것으로 판단된다. 현재 실행세율(6.32%)과 DDA 이후 실행세율(4.41%) 사이의 관세율 차이가 2% 미만으로 한국에서 일정부분 감당할 수 있는 수준이다.

특히, 양허세율 인하가 DDA 협상에서 즉시 실시되는 것이 아니고 일부 민감품목들에 대해서는 DDA 협상타결 이후 상당기간 동안 점진적으로 인하되기 때문이다.[15]

---

15) 협상 타결 직후 양허세율이 인하되는 품목도 있다. 따라서 모든 품목이 관세인하의 유예기간을 적용받는 것은 아니다. 그러나 자국의 민감품목에 대해서는 대부분 일정 기간 동안 순차적으로 양허세율이 인하되는 방식이 적용될 것으로 전망된다. 실제로 Uruguay Round 협상에 의한 현재의 양허세율도 협상이 타결된 1995년부터 양허세율 인하가 시작되어 길게는 2009년에 완료되는 품목도 있기 때문에 최장 14년이 소용되었다.

## 3. 한국의 FTA 타결에 따른 관세율의 변화 방향

### 1) 단계적 관세인하를 통한 충격 최소화 방안 모색

현재 한국의 기본관세율 구조는 전술한바와 같이 8% 중심관세율체계를 유지하고 있다. 스위스공식계수가 10으로 결정되면 현행의 기본관세율 구조에서 어느 정도 감당할 수 있는 수준으로 판단된다. 이러한 논거는 최대 양허세율도 10% 수준이고, DDA 이후 실행세율도 4.4% 수준이기 때문에 무세 적용 품목 등을 감안하면 중심세율도 약 5-6% 수준이면 기본 관세율이 실행세율로 작동하는 데 큰 문제가 없을 것으로 판단되기 때문이다. 특히, 세율인하가 DDA 협상 타결 이후 일정 기간을 통해 이루어지기 때문에 최종 연도에 적용할 중심세율 수준을 미리 공표한다면 이에 맞추어 경제 주체들 간의 자원 재배분이 이루어질 수 있기 때문에 한국 경제가 감당할 수 있다고 판단된다.

그러나 공식계수가 만일 5로 결정된다면 한국에 적용될 최고 양허세율이 5%로 제약되어 현행의 8% 중심 세율체계는 그 의미를 잃어버릴 수밖에 없다. 따라서 이러한 경우에는 현행의 중심세율을 가진 기본관세율 체제를 유지한다면 중심세율이 현행의 절반 정도 수준으로 대폭 인하하는 것이 불가피하다. 이러한 조치는 여러 측면에서 한국 산업에 매우 큰 충격을 줄 수밖에 없으므로 관세인하기간을 최대한 활용하여 단계적으로 관세를 인하하는 방안을 강구하는 지혜가 필요하다고 판단된다.

DDA 협상 타결 이후 모든 관세가 일시에 인하되는 것은 아니기 때문에 목표연도를 설정하여 기본 관세율을 제시하고 목표연도에 도달하는 동안의 관세율은 탄력관세 등의 제도를 적극적으로 활용하는 등의 관련 제도의 병행활용이 필요하다고 본다. 이를 통하여 점진적인 관세인하를 실시함으로써 경제 주체들로 하여금 관세인하여 적응할 수 있는 시간적 여유를 제공하는 것이 필요하다고 본다.


## 2) 중심관세율체계 유지 · 보완

현재 한국의 기본 관세율 체계는 주지하다시피 8%의 중심관세율체계를 유지하고 있다. DDA 타결 이후에는 이러한 관세율 체계를 어떻게 조정하는 것이 타당할 것인가라는 질문에 원칙론적으로 기본체계를 유지하는 것이 바람직하다고 생각된다.

그 논거는 첫째, 관세부과로 인한 경제적 비효율성이 분산도가 높을수록 커지게 되는 데 있다. 예를 들어, 두 품목의 평균 관세율은 동일하지만 분산이 다른 경우 사중손실(死重損失)[16]의 크기는 분산도가 높을수록 커지기 때문이다.

둘째, 균등관세는 차등관세보다 투명하고 관리가 용이하며, 특정 이익집단의 정치적 로비에 의해 좌우될 가능성이 적다. 특히, 특혜를 부여하는 산업이 국민경제에서 차지하는 비중이 작을수록 균등관세율체계가 경제적 후생을 증대시킬 가능성이 커진다는 것이 이론적으로 입증된 사례도 있다.[17]

---

16) '사중손실(Dead Weight Loss)'이란 세금을 더 거두면 소비자는 소비를 줄이고, 근로자는 일을 덜하고, 생산자는 생산을 줄이면서 대응한다. 경제 주체들의 이런 행위 변화 때문에 더 거둔 세금을 모두 재정지출을 늘려 국민에게 돌려준다 해도 세금 인상 전의 사회후생 수준을 회복하지 못한다. 이렇게 세금 인상으로 사라져 버린 부분이 바로 사중손실이다.

### 3) 품목별 대응 방안

DDA 타결에 따른 영향은 모든 분야에 미치기 마련이지만 한국과 밀접한 관련이 있는 분야를 중심으로 살펴보면 다음과 같다.

#### (1) 섬유류

우선, 의류 분야인데 관세인하의 충격은 선진국은 물론이고 개도국에서도 매우 큰 것으로 나타나고 있다. 이는 의류산업이 대부분의 국가에서 매우 높은 관세를 부과하는 대표적인 고관세 적용 산업인 데서 기인한다.

한편, 한국의 입장에서 볼 때 선진국의 대표적인 고관세 품목의 관세율이 대폭 낮아져 상대적으로 많은 기회를 획득하는 한편 국내시장의 개방폭도 매우 커질 것으로 전망된다. 현재 한국의 의류산업 관세율도 매우 높은 관세율이 적용되고 있는데,[18] 의류산업 관세율 인하가 국내산업 가운데 가장 클 것으로 전망되었다.

#### (2) 자동차

다음으로 자동차산업을 볼 필요가 있는데, 자동차산업은 선진국보다는 개도국에서 높은 관세를 부과하는 산업이고 한국 수출에 매우 높은 비중을 차지하는 산업이기도 하다.

---

17) 정재호 외(2003)의 연구 결과를 살펴보면 현재의 중심세율체제 유지가 바람직하다는 결과를 제시하고 있다.
18) 한국은 공산품에 대해서는 8% 중심세율 체제를 유지하고 있지만 예외적으로 섬유류에 대해서는 10%, 13%, 16%의 기본세율을 적용하고 있다.

DDA 이후의 영향력을 전망해 보면 선진국은 대부분 낮은 관세를 적용하고 있는 데 비해 개도국은 매우 높은 관세를 부과하고 있어 DDA 타결 시 선진국은 그 충격이 크지 않지만, 개도국은 그 충격이 매우 클 것으로 전망된다.

### (3) 농산물

한편, 농산물의 경우 현실적으로 시장개방에 매우 취약하다는 특성을 가지고 있는데, 농산물의 주요 품목에서 양허세율이 바로 실행세율의 역할을 하고 있어서 양허세율의 인하는 실행세율의 인하를 의미한다. 따라서 현재 농산물 세율 운용의 기조가 그대로 유지된다는 전제하에서는 양허세율의 인하는 바로 세율의 인하를 의미한다. 그러나 현재 명확한 합의가 도출되지 못하고 있으며, 각국 간의 이해관계가 매우 상충되는 측면을 고려할 때 과거 UR에서 행해졌던 감축보다 조금 더 큰 폭의 인하가 이루어질 수 있을 것으로 전망된다.
그러나 그 폭이 아주 클 것으로 보기에는 선진국 농산물 수입국과 개도국의 반발이 만만하지 않을 것으로 생각된다.
따라서 한국으로서는 전체적인 흐름 속에서 농산물의 시장 개방 폭의 최소화라는 기본 입장을 견지하고 한국과 의사를 같이하는(like a mind) 국가들과의 공조를 통한 합의를 도출하는 것이 현실적으로 최적의 방법으로 생각된다.

### (4) 향후 전망

향후 스위스공식계수가 5로 정해지든 10으로 정해지든지 간에 관세율이 높은 민감 산업의 관세감축이 가장 크기 때문에 어떠한 분야이든지 간에 선진국과 개도국이 모두 크게 부담을 느낄 수밖에 없다. 다만, 선진국의 경우에는 DDA로 인해 품목 간 관세율 편차가 감소하는 것으로 나타나고 있으나, 개도국들의 경우에는 이와 상이하다. 즉 개도국들은 기존 품목 간 관세율 차이가 감소하기는 하지만 선진국처럼 감속하지는 않는 것으로 판단된다. 이는 개도국의 관세율 구조 자체가 품목 간에 매우 큰 편차를 보이고 있기 때문이다.

결국, 비선형 관세인하공식인 스위스공식의 채택으로 인해 고관세 품목의 관세가 많이 감소함으로써 DDA 협상은 세계 교역증가에 크게 기여할 것으로 예상된다. 그러나 전체적인 관세율 인하는 선진국과 개도국 간에 현존하는 관세율 차이로 인해 분명히 한계가 있을 수밖에 없다. 또한 농산물 분야와 함께 시장개방이 논의되어야 하기 때문에 쉽게 협상이 이루어지기 어려운 문제점도 있다. 이러한 상황에서 한국도 자국의 관세율이 인하되면 다른 국가들의 관세장벽이 함께 낮아진다는 사실을 분명하게 인식할 필요가 있다.

## 4) WTO체제하의 FTA 타결에 따른 대응 논리 개발

현재 한국은 이미 여러 다수의 국가와 FTA를 타결하고 있다.[19] 이에 따라 좋은 방향이던 그렇지 않던 간에 기본 관세율의 정책적 방향성은 어떠한 형태이든지 고민할 수밖에 없다.

이러한 FTA는 현재 개별 국가별로 FTA가 체결되고, FTA는 특성

---

19) "한·미 FTA 타결에 따른 한국 소프트웨어 산업의 대응 방안", 국제지역학회 2006년『동계학술발표대회 논문집』, 2006. 12.

상 모든 품목을 일시에 무세화하는 것이 아니라, 관세철폐 예외품목, 관세유예기간 설정 품목, 그리고 즉시 관세 철폐품목 등으로 나누어져 철폐가 이루어지기 때문에 결국 해당 국가별로 차등관세를 적용하는 결과가 발생할 수밖에 없다.[20]

이러한 논리는 역으로 생각해 보면, 한국이 이러한 품목을 선별하여 관세를 차등 부과할 수 있기 때문에 이를 최대한 활용하는 것이 가장 큰 일반론적 차원에서의 대원칙이라 할 것이다.

따라서 앞에서 제시된 대안에 따른 해결(In Bound)적 차원의 대안을 우선적으로 적용하되, FTA 타결이 각 국가별로 이행될 경우, 해당 국가별로 품목별 산업별 차등관세를 어떻게 적용할지, 즉 어떤 품목에 대하여 관세철폐와 관세철폐의 예외를 적용하고 이와 동시에 어떤 품목을 관세 유예기간 설정 품목으로 정할지에 대한 판단이 필요하다.

물론, 이러한 판단에 의거한 정확한 품목 및 기준율 및 방법의 제시는 될 수 없을 것이나, 기존의 앞에서 제시된 대원칙을 근거로 국가별 건별(Case By Case)로 선정하는 운용의 묘가 필요하다고 본다. 현재, 이에 대한 연구가 충분히 이루어졌는가는 매우 회의적이다. 특히, 부품 등 중간재산업이 발달한 일본과의 FTA를 진행해야만 하는 한국의 입장으로서는 더더욱 염려되는 부분이기도 하다.

따라서 향후 개별 국가별로 이루어지는 FTA뿐만 아니라, FTA 대상국과 관계없이 한국 경제 전체를 놓고 볼 때 장기적으로 어떤 품목과 산업에 대하여 관세 보호가 어느 정도 수준에서 필요한 것인가에 대하여 보다 심도 깊은 접근이 이행되어야 한다. 그리고 이를 토대로 하여 향후 보다 명확한 기본관세율체계가 확립되어야만 할 것으로 본다.

---

20) 정재호·류덕현, "우리나라 산업구조 및 실효관세율 변화 연구", 『정책보고서』 04－03, 한국조세연구원, 2004.

## 4. DDA 관세협상과 한국의 대응 방향


### 1) 국내외 관세 여건 동향

세계시장의 전반적인 관세인하가 이루어질 경우, 한국은 가장 큰 혜택을 받는 국가 중의 하나라고 할 수 있다. 단수평균관세율 수준만을 높고 볼 때 한국의 관세율 수준은 주요 선진국 수준보다는 높다고 할 수 있다. 그러나 공산품 가공도별 세율구조(실효보호율)에 있어서는 선진국들보다 덜 왜곡된 양상을 보이고 있다. 단순평균만을 비교한다면 한국의 가공도별 세율구조는 미국이나 EU뿐만 아니라 일본보다도 낮은 것으로 나타나고 있어, 이와 관련된 관세 구조의 왜곡은 상대적으로 낮다고 할 수 있기 때문이다. 따라서 최종재 위주의 관세인하 협상이 이루어진다고 하더라도 역관세의 왜곡효과가 관세인하의 긍정적 효과보다는 상대적으로 약할 것으로 예상된다. 특히 원자재와 중간재의 수요탄성치가 최종재 탄성치보다 크다는 점을 감안하면 역관세구조의 중간재 및 자본재 산업보호효과는 상대적으로 더 커질 것으로 예상할 수 있다.

따라서 다자간 관세인하가 이루어지는 경우 긍정적인 후생 효과를 기대할 수 있다. 한국은 교역 대상국 전체의 평균관세가 1%포인트 하락하면 교역조건의 변화를 감안할 때 수출은 약 0.41%에서 0.76%포인트 상승할 것으로 예상되고 있다. 반면 한국의 평균관세율을 1%포인트 인하하면 수입은 약 0.16%에서 0.29%포인트 증가할 것으로 예상된다. 따라서 한국의 경우 다자간 관세인하의 결과 후생증진과 아울러서 무역수지의 개선도 기대할 수 있다. 특히 섬유제품, 금속 및 기계류, 자동차 및 선박의 수출증가가 클 것으로 예상된다. 수입의 경우 농산물, 섬유화학제품, 1차 금속 등의 수입이 크게 증가할 것으로 예상된다. 동시적 관세인하에 따르는 무역수지변동 폭이 가장 큰 교역대상국은 EU라고 할 수 있으며, 일본에 대한 무역수지개선도 기대되나, 미국의 경우 무역수지변동이 거의 없을 것이라고 예상된다.

또한 향후 협상에서는 관세정점과 관세저점의 격차 심화에 따르는 왜곡을 완화하는 협상을 도모할 것으로 예상된다. 이에 관련해서는 한국이 상대적으로 유리한 입장에 있다고 할 수 있다. 국제적 고율관세 품목(관세율 절대수준이 15% 이상인 관세품목)의 수를 보면 미국은 전체 품목의 2%에 해당하는 112개 품목이 고율관세 품목에 해당된다. 한국의 경우 고관세 품목은 제조업 제품의 1% 미만인 33개 품목에 불과하다. 한국도 농산물을 포함하는 경우 고관세 품목이 비율이 더 높아지기는 하겠지만, 일본의 3%나 EU의 5%와 비교할 때 관세인하 압박과 관련해서 이들보다 불리한 입장에 놓여 있다고 할 수 없다.

국내적 고율관세 품목(관세율이 국가 평등관세율의 3배 이상 되는 품목)의 경우 미국은 관세품목의 약 6%(289품목)가 국내적 고율관세 품목에 해당된다. 일본은 국내적 고율관세품목이 3%, EU는 약 2.7%(270품목)에 이른다. 한국 제조업제품의 경우 국내적 고율관세품목 역시 1% 미만이기 때문에, 농산물을 포함한다 하더라도 관세협상에 있어서 미국이나 EU, 일본 등보다 불리한 입장에 있다고 할 수 없다.

국제적 고율관세나 국내적 고율관세에 있어서 뿐만 아니라, 미소관세 분야에 있어서도 유리한 입장이 있다. 한국의 관세율구조가 중심관세율을 중심으로 분산이 크지 않아 상대적으로 고율관세나 미소관세(nuisance tariff)의 비중이 크지 않다. 이에 따라 3% 이하의 미소관세 철폐에 대한 압박도 상대적으로 더 작다고 할 수 있다. HS 6단위를 기준으로 할 때 미국의 경우 기초금속제품 광물제품, 기계 및 기구를 포함하는 948개의 공산품과 일부 채소와 농업부문 원재료를 포함하는 245개의 농산물 품목이 이에 해당된다. EU의 경우 3% 미만의 미소관세품목이 1160개로 15% 이상의 고관세 품목 72개(8단위는 270개)에 비해 그 수가 매우 많다는 특징이 있다. 미소관세품목의 대부분이 우리나라의 주요 수출상품이라는 점을 감안하면 향후 관세협상에서 미소관세의 철폐를 관철하는 것이 바람직하다고 할 수 있다.


## 2) DDA 관세협상 방안

따라서 한국은 뉴라운드 관세인하협상이 시작되면, 부문별 인하방식보다는 일정 시한 내에 일괄인하를 포괄적으로 타결 짓는 협상원칙을 관철시킬 필요가 있다. 일괄인하 방식은 국가 간에 무차별적으로 일률적인 평균관세인하는 추진하는 것이므로 세계관세율의 인하에 기여할 수 있다. 부문별 인하방식은 각 부문의 세계 무역에서 큰 비중을 차지하는 국가들이 주도하는 협상이 되기 때문에 무임승차의 문제가 발생할 수 있으며, 후발국의 유치산업 보호노력을 원천적으로 봉쇄할 가능성이 있다. 아울러 한국은 관세조화를 중시하는 협상방식을 제안할 필요가 있다. 이는 한국이 갖고 있는 균등관세율체계가 갖고 있는 장점을 활용하는 수단이 되기 때문이다. 한국은 한국이 경쟁력을 가지고 있는 분야의 관세철폐를 관철시킬 수 있어야 하며, 대상품목 중 경쟁력을 가지고 있는 품목에 대한 주요 수입국의 무역구제 움직임을 예의 주시할 필요가 있다.

또한 뉴라운드 관세협상에 있어서 한국은 평균관세의 인하뿐만 아니라 각국의 고관세 구조를 완화하는 등 다각적인 관세인하가 이루어지도록 해야 할 것이다. 평균관세율의 인하 필요성은 여전히 개도국의 평균관세율 수준은 아직 높을 뿐만 아니라 일부 선진국은 한국 못지않은 높은 수준을 나타내고 있기 때문이다. 특히 섬유, 의복, 신발, 자동차 등 일부 품목에 있어서는 선진국의 고관세로 인한 시장왜곡 현상이 매우 심하므로 고관세의 제거를 매우 주요한 관세협상의 목표로 삼아야 할 것이다.

이러한 목표의 추진에 있어서는 일괄적인 관세인하를 위하여 Formula Approach를 추진하는 것이 국익은 물론 관세인하협상에 있어서 국가 간의 균형 잡힌 이해관계 측면에서 가장 바람직하다. 특히 공산품 분야의 관세협상에 있어서 미국이 주장하는 바와 같이 부문별협상이나 품목별협상으로 추진되는 것을 막고 전 분야에 일정한 공식을 적용할 필요가 있다는 것이다. 또한 공식적용 방식을 채택할 경우에도 선형공식보다는 고관세율을 비례적으로 크게 감소시킬 수 있는 Swiss Formula를 사용할 필요가 있다. 특히 동경라운드나 UR에서의 경험을 되살려 공식의 예외 없는 적용이라는 원칙을 확보해야 할 것이다.

물론 앞에서도 언급한 바와 같이 미국 등 일부 선진국의 공식에 입각한 관세인하가 현실적으로 어려울 가능성이 있다. 그럼에도 불구하고 관세인하 협상에 있어서 상호주의가 반드시 적용될 수 있도록 협상력을 발휘해야 한다. 즉 분야별 접근방식을 채택하는 경우라 할지라도 공산품의 분야별 시장개방과 고관세 품목의 감축을 대상으로 상호주의가 성립되어야 한다.

　이상의 방식은 모두 개도국의 시장개방과 선진국의 고관세율 해소를 상호주의적 입장에서 교환한다는 원칙에서 고려된 것이다. 전자의 방식은 협상의 대상이 Formula의 파라미터 값에 국한된다는 점에서 가장 기술적인 어려움이 작다. 그리고 현재 일부 국가가 이러한 방식을 제안하고 있지만 채택 여부가 불투명한데 그 이유는 무엇보다도 미국이 UR에서와 마찬가지로 분야별 접근방식을 선호하고 있기 때문이다. DDA에서도 이러한 방식이 채택될 경우 개도국의 이해관계라고 할 수 있는 선진국의 고관세 구조의 완화가 수반되지 않는다면 관세협상은 상당히 어려운 과정을 겪을 가능성이 크다.

　특히 중요한 것은 개별 개도국들은 자국의 시장이 상대적으로 협소한 탓에 각각의 협상력이 매우 떨어짐을 감안해야 한다. 그러므로 개도국들 간의 연대형성(Coalition Formation) 또는 협력을 도출하기 위한 협상력의 발휘가 요망된다. 그러나 현실적으로 최빈개도국(最貧開途國)들은 GSP, 지역 간 협정 등 다양한 특혜무역조치의 수혜자라는 점에서 인센티브를 결여할 수도 있다. 따라서 실제로 연대의 형성이 가능한 국가들은 이러한 혜택에서 제외되어 있는 주요 수출 개도국들이라고 볼 수 있다. 특히, 미국과 EU와 지역 간 협정을 맺고 있지 않거나 일방적 관세특혜의 대상이 아닌 국가들과의 연대를 통하여 전반적인 관세인하를 통하여 관세 특혜상의 차별수준을 완화해 나가도록 해야 할 것이다.

# 제5장

# 결 론

    한국에서 근대적인 관세제도가 실시된 것은 1883년 한일통상협정 체결 이후이다. 그러나 한일합병 이후 한국이 자주적인 관세제도를 수립한 것은 1948년 정부수립 이후로 60여 년 전의 일이다. 그 후 한국의 관세율정책은 1950～60년대에는 재정수입확보에 우선순위를 두었고 1970년대에는 경제개발계획에 맞추어 산업 정책적 측면을 강조하였다. 1984년을 기점으로 중심관세율체계(균등관세율체계와 차등관세율체계 사이)로 전환하면서 산업중립적인 관세율정책을 추진하였고 현재와 같은 관세율체계의 기본구조가 확립되었다.

    한편 그동안 국내외적 경제 환경은 크게 변화하였다. 한국경제가 급속히 개방되고 산업별 기술발전도 상당한 속도로 진전됨에 따라 산업구조나 수출입구조에도 적지 않은 변화가 일어났다. 예컨대 한국의 총산출액 중 제조업이 점하는 비중에는 큰 차이가 없지만 서비스업이 차지하는 비중은 50%에 이른 반면 농림어업과 광업을 크게 감소하는 추세이다. 수출 측면에서도 목재품목에서 반도체·선박·무선

통신기기 · 철강 · 자동차 · 컴퓨터 등으로 자리바꿈을 하였다.

본 연구는 이런 경제적인 변화를 염두에 두면서 한국 정부수립 이후 현재까지 58여 년 기간 동안, 특히 1967년 GATT다자간무역체제 편입 이후와 1995년 신WTO MTN체제 강화 후 한국의 관세율구조가 어떻게 변화되어 왔고 향후 어떠한 방향으로 조정되어야 할 것인가를 분석하였다. 분석결과 다음과 같은 기본 "패러다임"하에서 관세율이 정립되어야 할 것으로 파악되었다.

## 1. 기본관세율 구조의 정립방향

최적관세율체계(最適關稅率體系)가 무엇인가에 대한 해답은 그동안 많은 연구 결과가 제시되었음에도 불구하고 아직도 의견의 일치를 보지 못하고 있다. 그러나 한국의 경우 산업구조가 중공업 위주로 전환하면서 주요 수출품목이 선진국제품과 치열한 경쟁을 벌이고 있고 성장단계상 한국은 당분간 자본집약적인 산업과 중간재산업의 성장에 의존할 수밖에 없는 실정이다. 따라서 한국의 첨단산업이 선진국산업과 경쟁관계에 도달하였을 때의 바람직한 관세율정책이란 제한된 국내자원이 이들 산업에 효율적으로 배분될 수 있도록 유도하는 것, 즉 시장경제체제의 강화에 있으므로 이에 부응하는 관세율체계는 산업중립적(産業中立的) 균등관세율체계라 할 수 있을 것이다.

또한 현실적인 측면에서도 중간재와 완제품 간의 세율차이를 축소함으로써 단순 가공조립형 산업구조를 지양하고 우회도가 큰 산업과 국내부품산업의 육성이 가능하고 아울러 관세율 인상을 통해 특정한 산업의 보호 및 육성이라는 관세의 보호관세적 측면이 부각될 경우, 향후 업계로부터 지속적으로 특정산업이나 품목의 보호를 위하여 관세율 인상요청이 재개될 가능성이 있어 관세율차등은 정치적·사회적 비용을 초래하게 될 것이다.

세계 각국이 WTO체제 내에서 추가 관세율인하협상을 준비하는 이때 가공단계별 차등관세율체계에 입각한 관세율인상은 이러한 국제적인 관세율의 인하추세에 역행하고 차등관세율체계하에서는 발생되지 않기 때문에 산업중립적 균등관세율체계가 차등과세율체계보다 효율적인 체계라 할 수 있고 이러한 관점에서 실효보호이론의 권위자인 Corden(1978), Macario(1964), Balassa와 Harberger(1990) 교수들이 균등관세율체계의 채택을 권고한 바 있다.

따라서 1980년대 초부터 지속적으로 추진해 온 산업정책기조가 시장경쟁원리에 입각한 산업의 경쟁력강화 및 산업구조의 고도화에 있음을 감안할 때 관세율정책의 일관성유지를 위하여도 기본관세율체계는 산업중립적 균등관세율체계에 입각하여 마련되어야 할 것이다. 이러한 관세율체계의 기본방향에 입각하여 기본관세율구조의 정립방향을 제시하면 다음과 같다.

① 국제경쟁력 보유산업과 국제경쟁력 잠정산업의 자생적 성장을 촉진하기 위하여 산업부문 간의 실효보호율 격차를 최대한 완화하도록 산업중립적 균등관세율체계를 지속적으로 견지해 나가되 이를 효율적으로 뒷받침하기 위하여 Corden(1978) 교수가 권고한 바와 같이 현재의 관세율단계인 0−1−2−3−4−5−7−8−10−13−16% 중 몇 가지의 기본적인 명목중심 관세율을 선정

하여 가공단계별로 산재해 있는 관세율을 가공단계별 중심관세 율수준으로 수렴시키되 높은 세율은 대폭인하하고 낮은 세율은 소폭인하하는 조화인하(Across-the-Board) 방식을 도입하고 중심관세율로의 수렴방법도 관세정책당국의 준비기간을 감안하고 최근 경제여건의 변화속도가 가속화되고 있음으로 양허관세율의 분포도를 기본관세율 체계 개편 시 함께 고려하여야 한다.

② 관세율표상의 원자재, 중간재, 완제품의 분류기준은 관세율책정의 기본근간이 되는 것이므로 한국은행의 산업여관표상의 분류기준과 일치될 수 있도록 표준분류표(Code)를 만들고 그러한 표준분류표에 맞게 관세율체계를 다시 개편해 보았을 때 어느 정도 관세율을 올려야 하는지 내려야 하는지를 종합분석하여 중간재에 대한 관세율정책방안을 새롭게 마련해야 한다.

③ 탄력관세와 관세감면은 기본관세율체계를 크게 왜곡시키기 때문에 명료성과 객관성이 보장되는 세부운용세칙을 조속히 마련하여 시행하고 그 적용기한에 있어 반드시 일몰법(Sun-Set Law)체계로 전환함으로써 기본관세율 중심의 관세율운영이 준수되도록 하여야 한다.

④ 유망유치산업에 대하여는 한시적, 예시적 보호를 허용하되 이러한 지원 대상 유망유치업종수를 극소화하여 정책오류로 인한 자원낭비를 피하도록 하여야 한다. 특히 불가피하게 예외세율을 적용할 경우에도 기본관세율보다는 한시적인 적용을 목적으로 하고 있는 잠정관세율을 적극 활용하는 것이 바람직하다.

## 2. MTN 양허관세율정립방향

　세계시장의 전반적인 관세인하가 이루어질 경우, 한국은 가장 큰 혜택을 받는 국가 중의 하나라고 할 수 있다. 단순평균관세율 수준만을 놓고 볼 때 한국의 관세율 수준은 주요 선진국 수준보다는 높다고 할 수 있다. 그러나 공산품가공도별 세율구조(실효보호율)에 있어서는 선진국들보다 덜 왜곡된 양상을 보이고 있다.

　따라서 한국은 MTN관세인하협상이 시작되면, 부문별 인하방식보다는 일정 시한 내에 일괄인하를 포괄적으로 타결 짓는 협상원칙을 관철시킬 필요가 있다. 일괄인하 방식은 국가 간에 무차별적으로 일률적인 평균관세인하를 추진하는 것이므로 세계관세율의 인하에 기여할 수 있다. 부문별 인하방식은 각 부문의 세계 무역에서 큰 비중을 차지하는 국가들이 주도하는 협상이 되기 때문에 무임승차의 문제가 발생할 수 있으며, 후발국의 유치산업 보호노력을 원천적으로 봉쇄할 가능성이 있다. 아울러 한국은 관세조화를 중시하는 협상방식을 제안할 필요가 있다. 이는 한국이 갖고 있는 균등관세율체계가 갖고 있는 장점을 활용하는 수단이 되기 때문이다. 이는 한국이 갖고 있는 균등관세율체계가 갖고 있는 장점을 활용하는 수단이 되기 때문이다. 한국은 한국이 경쟁력을 가지고 있는 분야의 관세철폐를 관철시킬 수 있어야 하며, 대상품목 중 경쟁력을 가지고 있는 품목에 대한 주요 수입국의 무역규제 움직임을 예의 주시할 필요가 있다.

　또한 MTN 관세협상에 있어서 한국은 평균관세율의 인하뿐만 아니라 각국의 고관세 구조를 완화하는 등 다각적인 관세인하가 이루어지도록 해야 할 것이다. 평균관세율의 인하 필요성은 여전히 개도국의 평균관세율 수준은 아직 높을 뿐만 아니라 일부 선진국은 한국 못지않은 높은 수준을 나타내고 있기 때문이다. 특히 섬유, 의복, 신발, 자동차 등 일부 품목에 있어서는 선진국의 고관세로 인한 시장 왜곡 현상이 매우 심각하므로 고관세의 제거를 매우 주요한 관세협상의 목표로 삼아야 할 것이다. 관세율정책과 관련하여 MTN협상주제는 양허의 범위, 관세율인하의 폭, 고율관세의 처리, 미소관세(Nuisance tariff rates)문제, 관세율인하방식 등을 들 수 있다. 이와 관련 한국의 경우 임수산물에 미양허품목이 존재하고 있고 고율관세는 농산물에 집중되어 있으며 미소관세는 의류, 목재제품, 원자로－보일러, 기계류, 전기기기, 항공기 및 부분품 등에 존재하는바 최근 경제여건의 변화속도가 가속화되고 있으므로 앞으로 2008년부터 3년간에 걸친 관세율체계 개편(안)을 마련하여 새로운 협상 전에 관세율을 조정할 경우 협상력을 상실할 가능성이 있다.

그러므로 앞으로 동 관세율체계개편(안)을 한국 측 양허안에 반영하여 협상 시 실현되도록 추진하여야 한다. 따라서 향후 협상과정에서 협상력(Batgaining Power)을 보존하는 차원에서 시행시기를 예의 검토할 필요가 있다. 한편, 수산물협상이 공산품 분야에 포함됨에 따라 일률적인 관세인하가 예상되므로, 최근 국내외 어업환경의 변화와 함께 앞으로 생산자 입장에서는 상당히 어려운 상황을 맞이할 수 있을 것이다.

따라서 수산물에 대해서는 관세 분야뿐만 아니라 수산보조금, 안전성문제 등 비관세 분야도 동시에 고려한 입체적인 협상전략을 수립할 필요가 있다. 농산물에 대한 관세는 원료농산물의 생산과 소비에 직접 영향을 끼칠 뿐 아니라 경공업제조업 분야에서 상당한 비중을 차지하고 있는 식품관련산업에도 영향을 준다는 면에서 정책적으로 아주 중요하다. 특히 농업협상의 시장접근 분야에서의 핵심쟁점은 관세율인하의 폭을 어느 수준으로 하고 관세율인하에 대한 협상방식을 어떻게 할 것인가의 문제로 좁혀질 것으로 예상된다.

이러한 상황하에서 농산물의 기본관세율은 원료농산물 생산자에 대한 정책적 배려를 감안하여 원칙적으로는 현행관세율구조(0-2-3-5-7-8-10-30-40-50%)를 견지하되 팥, 녹두, 땅콩, 참깨, 대두, 옥수수 등 자급도가 낮아 농민보호도가 낮고 소비자보호가 필요한 품목에 대해서는 한국 스스로 관세율을 과감히 인하하되 쌀, 인삼, 감자, 고구마, 보리, 맥주 등 자급도가 높은 품목에 대하여는 국제협상을 통하여 관세율을 인하해 나감으로써 실리를 추구해야 할 것이므로 앞으로 WTO 농산물 분야 협상 시 관세감축방식에 있어서 감축 폭을 최소화하고 감축함에 있어서 품목별 신축성을 최대한 확보하는 협상전략을 취해야 한다.


## 3. 역관세율조정방향


역관세 개념은 일반적으로 두 가지로 사용되고 있는데, 하나는 최종재와 동 최종재의 원료인 원자재 및 중간재 등의 관세율 사이에 차등관세구조가 아닌 반대의 역의 관계(역차등관세: reverse tariff rate escalation)가 존재할 때 이를 역관세가 존재한다고 한다. 다른 하나는 실효관세율이 음(-)의 보호수준을 나타낼 때를 의미한다. 결국 전자는 후자를 포함하는 개념으로 역차등관세가 나타날 경우 명목관세율보다 실표관세율이 낮아질 것이고 정도가 심할 경우에는 실효관세율이 결국 음(−)의 보호수준을 나타내기 때문이다.

본 연구에서는 분석대상 범위 등을 고려하여 실효관세율이 음(−)의 보호수준을 나타내는 협의의 개념에 기준하여 역관세 현상을 분석하였다.

균등관세율체계를 크게 흩트리는 것은 역관세율체계인데 우선 역관세현상에 대한 정확한 진단이 필요한바 어떤 품목의 제조용부품이라 해서 무조건 역관세현상이 발생했다고 판단하지 말고 두 품목 간에 역관세현상이 발생한 것인가, 또는 유사물품 간 세율불균형현상이 발생한 것인가를 먼저 구분하여야 하고 이러한 구분을 위해 일단 GATT의 관세차등구조연구(Trariff Escalation Study)에 의거한 분석이 필요하다. 예컨대 중간재로 분류되는 품목(관세율 5%)의 제조용으로 수입되는 투입재(관세율 8%) 역시 GATT의 관세차등구조연구에 의거 중간재로 분류된다면 이를 역관세현상을 파악해서는 아니 되고 유사물품 간 세율불균형현상으로 파악하여야 할 것이며, 동 투입재가 GATT의 관세차등구조연구상 원자재로 분류되어 역관세현상이 발생한 것으로 판단되었을 경우 이를 시정하기 위하여 기본관세율조정, 탄력관세율제도와 지정공장제도 그리고 보세공장제도에 의한 감면세정책을 활용할 수 있으나, 기본관세율과 탄력관세율제도의 조정을 통해서 역관세현상을 전부 시정하기에는 구조적으로 한계가 있고 또한 특정성이라는 지정공장제도의 활용은 가급적 삼가되 어떤 품목이라도 신청해서 운용할 수 있는 보세공장제도를 적극 활용하는 방법이 특정성이라는 문제를 피해 나갈 수 있는 바람직한 방법이라고 판단된다.

역관세 조정문제의 한 예로 NAFTA 역관세 해소를 위해서는 원유에 대한 관세율 인하가 필요한데, 원유의 관세율 수준은 NAFTA에서 나타나는 역관세 해소보다는 더 중요하게 고려할 사항들이 있음을 염두에 두어야 한다.

한편, 전기 및 전자기기 산업 등 제조업에서는 개별 산업 간의 연관 관계가 복잡하게 나타나기 때문에 한 산업의 역관세 해소를 위해서는 여러 중간재 산업의 관세율을 조정해야 하기 때문에 어느 중간재에 대해 보호를 할 것이고 어느 중간재를 개방할 것인지에 대한 판단도 필요하다. 특히 컴퓨터와 주변기기 산업처럼 해당 산업의 중간대가 여러 산업에 걸쳐 폭넓게 분포되어 있을 경우에는 최종재보다는 보다 많은 중간재 산업의 보호가 더 나은 정책대안으로 여겨진다. 다만, 집적회로 산업처럼 컴퓨터와 주변기기 산업도 무역특화지수가 매우 높기 때문에 수출품에 대한 관세환급제도의 적극 활용과 제도적 개선을 통해 최종재 보호수준을 높일 수 있을 것이다.


## 4. FTA 체결에 따른 관세율 정립 방향


본 연구에서는 향후 한국 관세율정책 특히, 다자간 무역체제하에서의 기본관세율정책이 지향할 바에 대한 논의이다. 그러나 현재 여러 국가들과의 FTA 체결을 준비하고 있는 상황에서는 또 다른 정책적 판단과 후속적인 연구가 필요하다. 현재 개별 국가별로 FTA가 체결되고, FTA는 특성상 모든 품목을 일시에 무세화하는 것이 아니라 관세철폐 품목 등으로 나누어 철폐가 이루어지기 때문에 결국 해당 국가별로 차등관세를 적용하는 결과가 발생하고 있다. 또한 한국이 이런 품목을 선별하여 관세를 차등 부과할 수 있기 때문에 이를 최대한 활용하는 것이 최상의 정책임은 분명하다. 따라서 해당 국가별로 품목별 산업별 차등관세를 어떻게 적용할지, 즉 어떤 품목에 대해 관세철폐 예외를 적용하고 관세유예기간 설정 품목으로 정할지에 대한 판단이 필요하다. 특히, 중간재 산업이 발달한 일본과 FTA 협상을 진행하고 있기 때문에 더욱 염려되는 상황이다.

따라서 향후 연구는 개별 국가별로 이루어지는 FTA뿐만 아니라 FTA대상국과 상관없이 한국 경제 전체를 놓고 볼 때 장기적으로 어떤 품목과 산업에 대해 관세 보호가 필요한지를 연구할 필요가 있고 이런 연구 결과가 향후 기본관세율체계에 반영되어야 한다.


## 5. 관세율법률체계정비방향


한국의 관세법 구조는 과세요건, 관세의 부과 징수, 불복절차, 관세 감면, 국제 관세 협력, 보세운송 및 보세구역, 통관, 관세형벌, 관세법 조사처분, 관세율에 관한 사항을 모두 규정하고 있는 단일법의 형태로 구성되어 있다.

이와 같이 관세 전반에 걸쳐 한 법에서 규정함으로써 법률구조가 복잡하고 법 내용이 정치하지 못하며 개정 등 정비작업에도 매우 어려움이 수반된다. 그런데 주요국의 사례를 보면 ① 관세납부에 관한 법률(과세요건 및 부과 정수), 관세 절차법(통관·보세), 관세범처벌 및 절차법 등으로(국제관세법) ② 또 다른 경우로는 관세법과 관세율법(세율 및 탄력관세)으로(일본) ③ 그리고 관세법, 통관절차법(보세 및 통관), 관세율법 등으로 각각 세분하여 법을 분리 운용하고 있다.

관세법을 현행과 같이 세율을 포함한 단행법구조로 할 것인지 아니면 이원화할 것인지의 여부는 매우 중요한 사항이다. 현재와 같이 일원적인 관리의 경우에는 형식적인 측면에서는 관리의 간소화에 기여할 수 있으나 예외 없는 관세화(Without tariffcation)시대에 있어서는 세율관리의 철저화를 꾀할 수 없다는 단점이 있다.

관세 등 조세법률관계(租稅法律關係)에 있어서는 법적안정성의 보장과 수요자의 신뢰이익의 보호라는 차원에서 법체계에 대한 급격한 변경은 다소의 문제가 수반된다고 하겠으나 최근 국내외 경제 상황의 급격한 변화에 따라 기존의 입법내용을 변경하기 위한 세율법 개정이 수시로 이루어지고 있고 경우에 따라서는 위임 입법의 한도를 일탈한 탄력관세 운용을 통하여 관세율 변경을 자주 하게 된다. 말하자면 관세실체·절차법과는 달리 관세율 개편은 개별 품목마다의 내외 가격차, 수급상황, 생산합리화의 전망 등 여러 요인에 의거 적정관세율 수준검토작업이 연중 핵심과제로 항상 검토되어야 하고 그 결과를 일본의 관세 개정절차에서와 같이 정례적으로 실시할 필요성이 있다. 그리하여 관세의 관한 실체 및 절차법은 WTO에서 정한 투명성의 원칙에 따라 일단 전면 선진국 수준으로 개편을 완료하고 난 후에는 향후 자주 오늘날과 같이 개정할 필요가 없다. 즉 법적안정성이 요청되는 분야이다. 그러나 관세율은 그와는 정반대로 대내외 경제 환경의 변화에 따른 관세율조정의 수요가 끊임없이 대두된다. 즉 중·장기적으로 WTO-APEC 관세인하계획대응을 필두로 단기적으로는 DDA 및 FTA개시에 따른 농업 및 서비스 부문의 재협상 시 공산품에 대한 추가 관세인하 요인 발생 등이 그것이며 대내적으로도 완제품과 중간재를 구분하지 않은 현행 관세율체계에 차등구조를 도입하여 중간재와 완제품에 차별관세율을 도입할 필요성이 있다. 특히 가공 식품류의 경우 원료에 대한 관세율과 제품에 대한 관세율의 차이, 즉 역관세 문제 등의 조정이라든가 원자재 무세, 중간재 및 완제품 차등관세 체계정비 등 산적한 여러 관세율 조정 문제는 관세법과는 별도로 수시 개선해야 할 필요성이 존재한다. 따라서 관세법은 법적 안정성 측면에 중점을 두고 필요시 개정하는 방향으로 운용하고 관세율법(가칭)은 거의 매년 수시 개정함으로써 국내외 환경 변화에 신속히 대처하도록 하여야 한다.

그렇게 함으로써 관세의 산업보호기능 강화 유인, 관세기능다양화에 따른 입법 시각의 명확화, 이해용이성, 예견가능성 및 탄력성에의 부응, 관세율과 관세실체·절차법 동시개정작업에 따른 비효율성 제거 등의 효과를 꾀할 수 있다.

## 한국문헌

### 서 적

강태구 · 김태기 · 박복재, 『무역학개론』, 무역경영사, 2006.

강인수 · 김태준 · 박태수 · 이호생 · 채욱 · 한홍렬, 『국제통상론』, 박영사, 2003.

김성준, 『국제무역이론 및 정책』, 도서출판 두남, 2004.

김세영 · 허윤, 『국제무역론』, 율곡출판사, 2004.

김세원, 『무역정책』, 무역경영사, 1996.

김시경, 『최신무역학개론』, 삼영사, 1999.

김정수, 『신국제무역론』, 박영사, 1996.

김정수, 『국제통상정책론』, 박영사, 2000.

김정수, 『무역정책론』, 박영사, 1994.

김홍대, 『신무역학개론』, 형설출판사, 1984.

권기관 · 도충구 · 이원복 · 서동옥, 『국제통상학개론』 홍익출판사, 2001.

문창권 · 이병진 · 이용완, 『무역학원론』, 삼지원, 1996.

문창권 · 장흥훈 · 이용완, 『무역학개론』, 청목출판사, 2005.

박대위 · 구종순, 『무역개론』, 박영사, 2005.

박병호, 『무역정책론』, 법문사, 1985.

박병호, 『현대무역학개론』, 박영사, 1989.

박상태, 『관세정책의 변천과 평가』, 한국관세연구원, 1997.

박상태, 『관세정책요론』, 한국관세무역연구원, 1995.

박수이, 『국제무역사』, 박영사, 1994.

박종수, 『국제통상론』, 박영사, 2005.

박종수, 『국제통상관계론』, 박영사, 1995.

박종수, 『관세론』, 법문사, 1988.

박종신 · 이춘삼 · 이호건 · 이창형 · 성용모 · 박승락, 『세계화와 국제무역』,
　　　동성출판사, 1996.

박희종 · 전형구, 『국제통상정책론』, 도서출판 두남, 2003.

방희석 · 이충배, 『무역개론』, 청람 도서출판, 2005.

산업연구원, 『UR 세부점검』, 1994.

서근태, 『무역학원론』, 박영사 2003.

서정두, 『국제통상법』, 삼영사, 1998.

신동천, 『국제무역의 연산균형분석』, 세경사, 1999.

신현종, 『세계통상정책론』, 박영사, 1999.

신현종, 『무역정책론』, 박영사, 1996.

신현종, 『무역학개론』, 박영사, 1985.

오근연, 『국제무역론』, 학현사, 2004.

옥선종, 『무역학원론』, 법문사, 1986.

외교통상부, 『2006년판 외국의 통상환경』, 2006.

외무부, 『우루과이라운드 협상결과 및 평가』, 1994.

외무부, 『ISBP 및 e－UCP 반영 국제무역결제』, 두남출판사, 2005.

윤기관 · 오근엽 · 강승원 · 조원권 · 문희철, 『국제통상의 이해』, 법문사, 2004.

이강현 · 김미아, 『무역학개론』, 무역경영사, 1996.

이　균 · 김종성 · 이강빈 · 이수일 · 김웅진 · 박종삼, 『무역학원론』, 박영사,
　　　2004.

이　균, 『국제무역론』, 박영사, 2002.

이　균, 『관세론』, 박영사, 2001.

이　균, 『관세이론』, 법경사, 1992.

이승근, 『관세사지』, 한국관세사회, 1999.

이은섭,『WTO 통상법』, 진영사, 1998.

이춘삼,『글로벌 무역의 이해』, 우용출판사, 2006.

이춘삼,『중국통상법』, 대왕사, 2004.

이춘삼,『한국통상법』, 법문사, 1999.

이춘삼,『국제통상법』, 박영사, 1999.

이춘삼,『현대무역학개론』, 동성사, 1997.

이춘삼,『국제상무론』, 동성사, 1992.

이춘삼,『국제관세제도론』, 동성사, 1991.

이춘삼,『국제관세제도론』, 동성사, 1991.

이춘삼,『무역학세미나』, 박영사, 1987.

이춘삼,『한국관세사』, 한국관세연구원, 1985.

이춘삼,『한국조세연구』, 세경사, 1985.

이춘삼,『무역학개론』, 박영사, 1983.

이춘삼,『신무역실무론』, 박영사, 1981.

이춘삼,『무역 관계법』, 법문사, 1980.

이신규,『국제통상의 이해』, 도서출판두남, 2001.

임홍근·강이수,『관세법』, 삼영사, 1976.

장효상,『국제경제법 연습』, 법영사, 1998.

정홍주·이영수,『국제통상의 이해』, 문영사, 2004.

조용득,『국제무역학개론』, 형설출판사, 1992.

재무부 관세국,『관세율 개편자료』, 1978.

재무부 관세국,『관세율정책운용 실적 및 방향』, 1991.

재무부,『1988 관세율 개편백서』, 1988.

재무부,『관세구조의 현황』, 1997.

재무부,『관세국 뉴라운드(UR)협상 관련자료』, 1986.

재무부,『관세율 개편구조』, 1987.

재무부,『대한민국 관세율표』, 1968.

재무부,『UR 협상 결과』, 1994.

재무부관세국, "관세율정책 운용 실적 및 방향", 1991.

재정경제부, 『관세율 개편내용』, 1999.

재정경제부, 『한·미 자동차 협상관련자료』, 1998.

재정경제부, 『UR 협상대책 자료』, 대외경제정책연구원, 1993.

재정경제부, 『WTO ITA 양허표』, 1997.

재정경제부, 각년도별 『관세율 세번 자료』, 2006.

최의목·문창권, 『무역정책』, 삼영사, 1991.

최해범, 『현대무역학원론』, 일신사, 1996

황남일, 『무역정책론』, 대왕사, 1994.

## 논 문

김용대, "연산 일반균형모형을 이용한 한국의 관세인하 정책의 경제적 효과 분석", 단국대대학원 경영박사 학위논문, 2005.

김진수·안종석, "경제여건 변화와 관세율 구조의 개편방향", 한국관세연구원, 1994.

대외경제정책연구원, 『WTO 출범과 신 교역 질서』, 1994.

류경덕, "실효보호율 측정에 의한 관세율조정에 관한 연구", 무역학회지 제14권 1989. 2.

문석웅, "산업별 국내재·수입재간 대체탄력성에 관한 연구-CGE모형에 의한 업데이트 시뮬레이션 기법의 응용", 한국경제학회 정기 학술대회 발표논문, 1998.

박상태, "우리나라 관세율 체계의 적정성과 개선방향에 관한 연구", 건국대학교 경제학 박사학위논문, 2002.

선근태·최봉, "우리나라 산업부문의 실효보호관세율에 관한 연구", 무역학회지 제19권 1호, 1996.

신동천, "수입재와 국내재의 대체탄력성에 관한 연구", 『경제학연구』, 1996.

신동천·윤덕룡, "통일비용과 적정투자배분", 『경제학연구』, 1999.

이길남·윤영한, "WTO의 기술적 무역장벽 및 위생·검역 조치의 문제점과 대응방안", 국제상학, 2006. 12.

이기동·유건우, "불완전경쟁 시장에서의 반덤핑법의 수입과 최적관세의 결정", 『국제경제연구』, 한국국제경제학회, 1998.

이동화, "다국적기업의 국제거래에 대한 관세의 과세 방법 연구: 국제조세조정에 관한 법률과의 비교와 그 조화", 『한국관세학회지』 제3권 제2호, 2005.

이명헌·성명재, "조세정책 효과분석을 위한 모형개발: 외부 불경제 유발 재화의 소비세율 인상 효과분석", 『연구보고서 02-06』, 한국조세연구원, 2002.

이명헌·성명재, "관세율 인하의 경제적 효과분석: 소득계층별 후생효과를 중심으로", 『연구보고서 01-06』, 한국조세연구원, 2001.

이명헌·정재호, "뉴라운드 대비 관세정책 개발을 위한 연구: 관세율 변화 파급효과 분석을 위한 모형 개발", 『연구보고서 00-06』, 한국조세연구원, 2000. 12.

이용기, "무역자유화와 우리나라 수입농산물의 최적관세율 결정", 『경제학연구』, 한국경제학회, 1998.

이용기·양승만, "쇠고기 수입자유화의 경제적 효과와 최적관세율", 『산경연구』, 영남대학교 산경연구소, 1995.

이원영, "관세율 조정의 경제의 효과분석: 일반균형의 접근", 『한국개발연구』 제12권 제1호, 2000.

이준구, "수출촉진을 위한 최적관세 이론", 『경제학연구』, 한국경제학회, 1984.

이춘삼, "중국의 무역구제제도와 WTO DDA 규법과의 비교연구-반덤핑 및 상계관세제도를 중심으로-", 청주대학교 산업경영연구소, 산업경영연구, 제27권 3호, pp.267~294, 2004. 12.

이춘삼, "관세납세자제도의 개선에 관한 연구", 청주대학교 산업경영연구소, 『산업경영연구』, 제23권 제1호, 2000. 2.

이춘삼, "관세법전면개편에 대한 연구", (1999년도 재정경제부 조세개혁 연구과제), 한국관세연구소, 2000. 1.

이춘삼, "21세기 새로운 관세제도 마련을 위한 관세법 전면 개편방향",

한국무역협회, 『학술발표논문집』, 1999. 12.

이춘삼, "관세법체계의 정비와 개선에 관한연구", 한국우역협회, 『무역학회지』, 제24권 제3호, 1999. 12.

이춘삼, "우리나라의 관세정책결과에 관한 체제의 분석", 『관세』, 한국관세협회, 1983. 2.

이춘삼, "관세감면제도 개편과제", 전국경제인연합회, 1983. 10.

이춘삼, "현행관세의 평가와 방향", 『관세』, 한국관세협회, 1982. 12.

이춘삼, "관세환급에 관한 이론 검토", 관세, 한국관세협회, 1981. 6.

이춘삼, "무역의 확대와 관세정책의 방향", 한국무역학회지, 제3권, 한국무역학협회, 1978. 9.

이춘삼, "산업정책과 관세지원", 『관세』, 한국관세협회, 1981. 9.

이춘삼, "우리나라 관세율 구조의 개선방안에 관한 연구", 『경상논총』, 제22권 청주대학교 1981. 12.

이춘삼 "수출주도형 경제개발정책하의 관세개선방향", 『관세』, 한국관세협회. 1980. 12.

이춘삼, "탄력관세의 제도의 장치와 운영", 『관세』, 한국관세협회, 1980. 7.

장근호·이명헌, "WTO 뉴라운드에 대비한 관세율정책의 현황과 개편방향", 『연구보고서 99－02』, 한국조세연구원, 1999.

장근호·미영헌 "WTO뉴라운드에 대비한 관세율정책의 현황과 개편방향", 한국조세연구원, 1999.

정재호·류덕현, "우리나라 산업구조 및 실효관세율 변화연구", 한국조세연구원, 2004.

정재호, "향후 우리나라 관세율정책의 방향에 대한 소고", 2003. 한국조세연구원.

정재호, "향후 우리나라 관세율정책의 방향에 대한 소고", 『재정포럼』, 제84호, 한국조세연구원, 2003.

정재호, "WTO 제5차 각료회의와 DDA 협상의 진행", 『재정포럼』, 제88호, 한국조세연구원, 2003.

정재호, "WTO DDA 협상 어떻게 진행되고 있나?", 『재정포럼』, 제82호,

한국조세연구원, 2003.

정재호・이명헌, "기본관세율 전면개편을 위한 적정 중심관세율 및 가
    공단계별 세율 차등폭에 대한 분석", 한국조세연구원, 2003.

정재호・성명재・이명헌, "관세율 체계 개선을 위한 연구: 국제비교 및
    일반균형 모형의 응용", 한국조세연구원, 2003.

정재호・이명헌, "관세환급제도가 우리 경제에 미치는 영향", 『정책보고
    서 02-06』, 한국조세연구원, 2002.

정재호・이명헌, "농산물 관세율체계 개편방안", 『한국조세연구원』, 2000.

최낙균・박순찬, "DDA협상의 시나리오별 경제적 효과분석", 대외경제
    정책연구원, 2002.

최낙균・이명헌・이경희・정재호, "국제관세의 비교분석 및 부문별무세
    화협상의 경제적 효과: WTO 뉴라운드 공산품협상에의 시사점",
    대외경제정책연구원, 2001.

최낙균・이명헌・주문배, "WTO 뉴라운드 공산품협상의 시나리오별 실
    증분석과 우리나라의 협상전략", 대외경제정책연구원, 2000.

최낙균, "WTO 뉴라운드공산품 협상의 시나리오별 실증분석과 우리나라
    의 협상전략", 『정책연구』, 00-04, 대외경제정책연구원, 2000.

표학길, "우리나라의 산업별・자산별 자본스톡추계(1954~1996)", 연구
    보고서 98-01, 한국조세연구원, 1998.

한국은행, "우리 경제의 장기 성장 기반 확충을 위한 과제-구조적 저
    성장진입가능성과 대응방향", 『금융경제연구』, 167호, 2003.

한국관세연구소, "우리나라 관세율 구조의 연혁", 『관세』, 1979.

## 외국문헌

津田昇, 『關稅制度入門』 海文堂, 1971.

野奇正剛, "東京 ラウンド全貌" 日本關稅協會, 1980.

朝倉弘敎, "世界關稅史研究" 日本關稅協會, 1983.

池本清, 『GATTと關稅理論』 國際問題, 1983.

三宅正太郎, "貿易摩擦とがシト" 日本關稅協會, 1985.

日本 大藏省 關稅研究所, 『關稅率表論』, 日本大藏省關稅研究所, 1988.

日本 大藏省 關稅研究所, 『關稅率表論』, 日本大藏省關稅研究所, 1998.

ABARE, WTO Agricultural Negotiations: Market Access Issues. 1999.

Abbott, P. and A. Morse, "TRQ Implementation in Developing Countries", Presented at the Conference on Agriculture and the New Trade Agenda in the WTO 2000 Negotiations, World Bank., 1999.

Agenda in the WTO 2000 Negotiations, World Bank, 1999.

Agriculture, Presented at the Conference on Agriculture and the New Trade

AHODA, "Trade Liberalization Results of the Urguay Round", Preesented on the Informal Workshop on the New Trading System. April 1994.

Austalia, Customs Tariff Schedule. 2000.

Canada, Customs Tariff. 2000.

Chambers, Robert G., "Applied Production Analysis: A Dual Approach", Cambridge University Press, 1988.

China, Customs Tariff Schedule. 2000.

Choi, S.K. et al., "Effective Protection Rates of Food and Agricultural Products in Korea", Journal of Rural Development 21(2), Korea Rural Economic Development. 1998.

Corden, W. M "Trade policy and Economic Welfare" Oxfort Clorendon press.1994

Corden, W. M "Import restriction and Tariff", Oxfort: Clorendon press 1994.

Corden, W. M "The Theory of Protection", london Oxford University Press, 1977.

Corden, W. M., "Trade Policy and Economic Welfare", Clarendon Press, Oxford. 1974.

Corden, W. M "The Effective Tariff Rate, the Unifor Tariff Equivalent and Average Tariff", Economic Record. Vol.79, 1971.

Corden, W. M "The Substitution Problem in the Theory of Effective Protection", Journal of Politicaleconomic Vol.79, 1971.

Corden, W. M., "Import Restrictions and Tariffs: A New Look at Australian Policy", Economic Record 34, pp.331~346, December 1958.

Decaluwe, B., Patry, A., Savard, L. and Thorbecke, E. "Poverty Analysis Within a General Equilibrium Framework", CREFA Working Paper 9909, 1999.

Diamond, A. and J. Mirrlees, "Optimal Taxation Public Production I: Production Efficiency", 『American Economic Review』 61, No.1, pp.8~27, 1971.

Dixit, P. and T. Josling., 1997. State Trading in Agriculture: An Analytical Framework, IATRC, Working paper #97－4.

EU, 2000. Common Customs Tariff. 2000.

Fuss, Melvyn and Daniel McFadden, "Production Economics: A Dual Approach to Theory and Applications", The Theory of Production, North－Holland Publishing Company, Volume 1, 1978.

Gibson, P. et. al., "Profiles of Tariffs in Global Agricultural Markets", USDA / ERS. 2001.

G. P. Sampson, "Effectiv Protection and the Substitution Problem: Austria Case", Economic Record 51, June 1975.

Harberger, A., "Principles of Taxation Applied to Developing Countries: What have we learned?" in Boskin, M and McLure, C. (eds.) "World Tax Reform, Case Studies of Developed and Developing Countries", 1990.

Ingco, M. and F. Ng., "Distortionary effects of state trading in agriculture: Issues for the Next Round of Multilateral Trade Negotiations", 1998.

J. N. Bhagwati and T.N.Srinivasan, "Lectures on International Trade,

Massachustts", The MIT Press, 1983, pp.127~129.

Japan, Customs Tariff Schedule. 2000.

Johnson, H. G., "Tariffs and Economic Development: Some Theoretical Issues", Journal of Development Studies, pp.3~30, 1964.

Jorgenson, Dale W., Econometrics Volume I : Econometrics Modeling of Producer Behavior, The MIT Press, 2000.

M. B. Krauss, "A Geometric to International Trade", Oxford, Basil Blackwell, 1979.

OECD, "Review of Tariffs Synthesis Report", TD / TC(99)7 / FINAL, 1999.

OECD, "Review of Tariffs Synthesis Report", TD / TC(99)7 / FINAL, 1999.

OECD, Post－Uruguay Round Tariff Regimes: Achievements and Outlook, Paris. 1999.

OECD, Review of Tariff Synthesis Report. 1999.

OECD, Indicators of Tariff & Non－tariff Trade Barriers, 1997.

Panagariya and Rodrik, "Political－Economy Arguments for a Uniform Tariff", NBER Working Paper Series No.3661, 1991.

Ramsey, F. P., "A Contribution to the Theory of Taxation", Economic Journal 37, 1927.

Scully, D., The Economics of TRQ Administration, Working Paper #99－6, IATRC. 1999.

U.S.A. Harmonized Tariff Schedule of the United States. 2000.

USDA / ERS, Agriculture in the WTO, USDA, WRS－98－4. 1998.

USDA / ERS, Agricultural Policy Reform in the WTO: The Road Ahead. 2001.

USDA / ERS, ERS's WTO Briefing Room, Various Issues. 2002.

Varian, Hal R., Microeconomic Analysis, Third Edition, Norton, 1992.

Wobst, P., "Structural Adjustment and Sectoral Shifts in Tanzania", IFPRI Research Report 117, 1999.

WTO, "ARTICLE VII OF THE GENERAL AGREEMENT ON TARIFFS

AND TRADE 1994", 1994.

WTO, "Market Access: Unfinished Business", Special Studies 6, 2001.

WTO, "WTO Members' Tariff Profiles", TN / MA / S / 4 / Rev.1, 1 November 2002.

WTO, "Analysis and Information Exchange(AIE)", Various Issues. 1997 / 98.

WTO, "Committee on Agriculture", Various Issues. 2000~2002.

## Web Site

관세청, http://www.customs.go.kr

국제해사기구, http://www.imo.org

농림부, http://maf.go.kr

대한무역투자진흥공사, http://kotra.or.kr

산업자원부, http://mofet.go.kr

세계표준화기구, http://www.iso.org

외교통상부, http://www.mofat.go.kr

외교통상부 자유무역협정국, http://www.fta.go.kr

정보통신부, http://www.mic.go.kr

한국무역협회, http://kita.net

한미 FTA민간대책위원회, http://www.yesfta.or.kr/

IBRD, http://www.ibrd.org

ICC, http://www.icc.org

IMF, http://www.imf.org

OECD, http://www.oecd.org

UNCTAD, http://www.unctad.org

WTO, http://www.wto.org

http://www.mof..gov.cn

http://www.chinatax.gov.cn

http://www.china－customus.com

http://www.mofcom.gov.cn

http://www.wcoomd.org/ie/index.html

http://china.customs.com

http://usinfo.state.gov

http://lanic.utexas.edu/

http://usinfo.state.gov/

http://europa.eu.int/

http://english.peopledaily.com.cn

http://peopledaily.com.cn/

http://europa.eu.int/comm/

· 저자 ·

장진민(경영학 박사)

· 약  력 ·
길림대학교 과학기술대 지구금속 및 비금속물리탐측학과 졸업
청주대학교 경상대 무역학과 국제무역 및 금융 석사
청주대학교 경상대 무역학과 국제통상 박사
현재 산동재정대학교 국제투자센터 부주임

· 주요논저 ·
「韓國의 關稅率 構造에 관한 硏究」(2007. 6)

# 한국의 관세정책의 변화와 그 전망

· 초판 인쇄    2008년 2월 25일
· 초판 발행    2008년 2월 25일

· 지 은 이    장진민
· 펴 낸 이    채종준
· 펴 낸 곳    한국학술정보㈜
            경기도 파주시 교하읍 문발리 513-5
            파주출판문화정보산업단지
            전화  031) 908-3181(대표) · 팩스  031) 908-3189
            홈페이지  http://www.kstudy.com
            e-mail(출판사업부)  publish@kstudy.com
· 등    록    제일산-115호(2000. 6. 19)
· 가    격    16,000원

ISBN    978-89-534-8163-3 93320(Paper Book)
        978-89-534-8164-0 98320(e-Book)